Diseño y composición: Gerardo Miño

Edición: Primera. Abril de 2015
Tirada: 500 ejemplares

ISBN: 978-84-15295-89-1

Lugar de edición: Buenos Aires, Argentina

Cualquier forma de reproducción, distribución, comunicación pública o transformación de esta obra solo puede ser realizada con la autorización de sus titulares, salvo excepción prevista por la ley. Diríjase a CEDRO (Centro Español de Derechos Reprográficos, www.cedro.org) si necesita fotocopiar o escanear algún fragmento de esta obra.

© 2015, Miño y Dávila srl / Miño y Dávila editores sl

Dirección postal: Tacurí 540
(C1071AAL) Buenos Aires, Argentina
Tel: (54 011) 4331-1565

e-mail producción: produccion@minoydavila.com
e-mail administración: info@minoydavila.com
web: www.minoydavila.com

Rolando Costa Picazo

Tierra de Nadie

(Poesía inglesa de la Gran Guerra)

A Regina y Pablo

con cariño

Índice

PRIMERA PARTE 17

Sección I. La Gran Guerra 19
    Cronología de la Gran Guerra. Foco: el Frente Occidental 23

Sección II. La poesía de guerra: primera etapa 27
    Julian Grenfell 29
    John McCrae 31
    Rupert Brooke 32
    Charles Sorley 35

Sección III. La poesía de guerra: segunda etapa 37
    Poetas mujeres 40

Sección IV. Memorias de la guerra: Graves, Blunden y Sassoon 53
    Robert Graves 53
    Edmund Blunden 57
    Siegfried Sassoon 62

SEGUNDA PARTE. ANTOLOGÍA POÉTICA 69

Sección I. Edmund Blunden 71
    Selección de poemas de Edmund Blunden 73
  // *Two voices* [Dos voces] 73
  // *Illusions* [Ilusiones] 75
  // *Preparations for Victory* [Preparativos para la Victoria] 77
  // *Come On, My Lucky Lads* [Vamos, mis venturosos muchachos] .. 79
  // *At Senlis Once* [En Senlis una vez] 81
  // *The Zonnebeke Road* [El camino de Zonnebeke] 83
  // *The Ancre at Hamel: Afterwards* [El Ancre en Hamel: Después] .. 85
  // *Report on Experience* [Informe sobre la experiencia] 88
  // *Vlamertinghe* [Vlamertinghe] 90
  // *1916 Seen from 1921* [1916 visto desde 1921] 92
  // *Can You Remember?* [¿Puedes recordar?] 94
  // *The Morning before the Battle* [La mañana antes de la batalla] .. 95

SECCIÓN II. Robert Graves 97
    Su poesía 99
    Comentarios sobre algunas de sus obras 102
    Selección de poemas de Robert Graves 106
// *It's a Queer Time* [Es un tiempo extraño] 106
// *The Morning before the Battle* [La mañana antes de la batalla] 109
// *A Dead Boche* [Un germano muerto] 110
// *Two Fusiliers* [Dos fusileros] 111
// *To Robert Nichols* [A Robert Nichols] 113
// *To Lucasta on going to the war– For the fourth time* [A Lucasta, al ir a la guerra– por cuarta vez] 115
// *The Next War* [La próxima guerra] 117
// *Not dead* [No muerto] 119
// *Lost Love* [Amor perdido] 120
// *Dead Cow Farm* [La granja de La Vaca Muerta] 121
// *The Assault Heroic* [El heroico asalto] 122
// *Reproach* [Reproche] 124
// *Recalling War* [Recordando la guerra] 125
// *My Name and I* [Mi nombre y yo] 128
// *The Survivor* [El sobreviviente] 130
// *The Face in the Mirror* [El rostro en el espejo] 131

SECCIÓN III. Siegfried Sassoon 133
    Selección de poemas de Siegfried Sassoon 136
// *To Victory* [A la victoria] 136
// *In the Pink* [Feliz de la vida] 137
// *Stand-to: Good Friday Morning* [Alerta: Mañana de Viernes Santo] 139
// *The Kiss* [El beso] 140
// *To His Dead Body* [A su cadaver] 142
// *They* [Ellos] 143
// *Blighters* [Muchachos] 144
// *Base Details* [Pormenores de la base] 145
// *To Any Dead Officer* [A cualquier oficial muerto] 146
// *Dreamers* [Soñadores] 148
// *Does It Matter?* [¿Importa?] 149
// *Sick Leave* [Licencia por enfermedad] 150
// *Attack* [Ataque] 151
// *Survivors* [Sobrevivientes] 152
// *Banishment* [Destierro] 153
// *In Barracks* [En las barracas] 154
// *Suicide in Trenches* [Suicidio en las trincheras] 156
// *The Dug-out* [El refugio subterráneo] 157

///	*Reconciliation* [Reconciliación]	158
///	*Aftermath* [Consecuencias]	159
///	*Everyone Sang* [Todos cantaron]	161
///	*On Passing the New Menin Gate* [Al pasar por la nueva muralla de Menin]	163
///	*Alone* [Solo]	164

Sección IV. Wilfred Owen 165
    Selección de poemas de Wilfred Owen 172

///	*The Fates* [Los hados]	172
///	*Song of Songs* [Canción de canciones]	174
///	*Inspection* [Inspección]	175
///	*Anthem for Doomed Youth* [Antífona para la juventud condenada]	176
///	*On My Songs* [Sobre mis canciones]	177
///	*From My Diary, July 1914* [De mi diario, julio de 1914]	179
///	*Apologia pro Poemate Meo* [Apologia pro Poemate Meo]	181
///	*Miners* [Mineros]	184
///	*Dulce et Decorum Est* [Dulce et Decorum Est]	186
///	*Insensibility* [Insensibilidad]	188
///	*Strange Meeting* [Extraño encuentro]	192
///	*Arms and the Boy* [Las armas y el muchacho]	196
///	*Futility* [Futilidad]	197
///	*The Next War* [La próxima guerra]	199
///	*Greater Love* [Mayor amor]	200
///	*Mental Cases* [Enfermos mentales]	202
///	*The Parable of the Old Man and the Young* [La parábola del viejo y el joven]	204
///	*Disabled* [Lisiado]	205
///	*Exposure* [Exposición]	207
///	*Spring Offensive* [Ofensiva de primavera]	210
///	*Cramped in That Funnelled Hole (fragment)* [Apretados en ese estrecho agujero (fragmento)]	213
///	*It Is Not Death (fragment)* [No es la muerte (fragmento)]	214
///	*A Farewell (fragment)* [Una despedida (fragmento)]	215

Sección V. Isaac Rosenberg 217
    Selección de poemas de Isaac Rosenberg 225

///	*On Receiving News from the War* [Al oír noticias de la guerra]	225
///	*The Dead Heroes* [Los héroes muertos]	227
///	*First Fruit* [Primer fruto]	229
///	*The Jew* [El judío]	230
///	*August 1914* [Agosto 1914]	231
///	*The Troop Ship* [El barco de tropas]	232
///	*From France* [Desde Francia]	233

/// *Home Thoughts from France* [Pensamientos del hogar desde Francia] 234
/// *Marching (As Seen from the Left File)* [Marchando (Visto desde la fila izquierda)].. 235
/// *In the Trenches* [En las trincheras] 236
/// *Break of Day in the Trenches* [Amanecer en las trincheras] 237
/// *The Immortals* [Los inmortales] 239
/// *Louse Hunting* [A la caza de piojos].. 240
/// *Returning, We Hear the Larks* [Al regresar, oímos las alondras] 242
/// *Dead Man's Dump* [El basurero de los muertos]...................................... 244
/// *Through These Pale Cold Days* [En estos días pálidos y fríos]................ 250

Bibliografía 253

――――――――――――――――― /// ―――――――――――――――――

Adiós a las armas

A la reina Isabel.

Sus cabellos de oro el tiempo de plata ha tornado;
¡Ay tiempo demasiado rápido, ay rapidez que nunca cesa!
Su juventud el tiempo y la vejez siempre ha desdeñado,
Aunque desdeñado en vano; la juventud cuando mengua
[se acrecienta:
Belleza, potencia y juventud, son flores que cuando
[decrecen se ven;
Deber, fe y amor, raíces por siempre verdes son.
. . . .
Su yelmo será ahora colmena para las abejas;
Y el soneto de amor, salmo sagrado.
De rodillas deberá servir ahora el caballero armado,
Y de oraciones nutrirse, caridad de la edad:
Mas aunque ahora se traslade de la corte a su hogar,
De su corazón puro su santo patrono jamás ha de dudar.
. . . .
Y cuando más triste descanse en la celda familiar,
Estas líneas a sus hijos como lección ha de enseñar:
"Benditos los corazones que a mi soberana quieren,
Malditas las almas que el mal le deseen".
Diosa, a este que fue tu caballero, su derecho dígnate
[a otorgar:
Que él ahora por ti pueda rezar.

George Peele (1558?-1596)

A Farewell to Arms

To Queen Elizabeth.

His golden locks time hath to silver turned;
O time too swift, O swiftness never ceasing!
His youth 'gainst time and age hath never spurned,
But spurned in vain; youth waneth by increasing:
Beauty, strength, youth, are flowers but fading seen;
Duty, faith, love, are roots, and ever green.
. . . .
His helmet now shall make a hive for bees;
And, lovers' sonnets turned to holy psalms,
A man-at-arms must now serve on his knees,
And feed on prayers, which are age's alms:
But from court to cottage he depart,
His saint is sure of his unspotted heart.
. . . .
And when he saddest sits in homely cell,
He'll teach his swains this carol for a song,-
"Blest be the hearts that wish my sovereign well,
Curst be the souls that think her any wrong."
Goddess, allow this aged man his right
To be your beadsman now that was your knight.

――――――――――――――――― /// ―――――――――――――――――

A Lucasta, al partir a las guerras

No me digas, dulce mía, que soy rudo
porque del convento
de tu casto pecho y tranquilo pensamiento
a las guerras y a las armas parto.
. . . .

Verdad, voy a una nueva amada,
rival primera en el campo de batalla;
y abrazo con fe renovada,
escudo, caballo y espada.
. . . .

Pero esta inconstancia es tal
que tú nunca habrás de adorar;
a ti, querida, no podría darte tanto amor
si más no amara el honor.

To Lucasta, Going to the Wars

Tell me not, sweet, I am unkind,
That from the nunnery
Of thy chaste breast and quiet mind
To wars and arms I fly.
. . . .

True, a new mistress now I chase,
The first foe in the field;
And with a stronger faith embrace
A sword, a horse, a shield.
. . . .

Yet this inconstancy is such
As you shall never adore;
I could not love thee, dear, so much,
Loved I not honour more.

Richard Lovelace (1618-1658)

Canción de los soldados

Cuando termine esta maldita guerra
basta de servicio militar.
Cuando me vista de civil
¡Ay, qué feliz que voy a ser!
No más iglesia el domingo,
no más rogar por un pase.
Puedes decirle al sargento
que los pases se los meta en el culo.

Soldiers´ song

When this bloody war is over
No more soldiering for me.
When I get my civvy clothes on,
Oh, how happy I shall be!
No more church parade on Sunday,
No more begging for a pass.
You can tell the Sergeant-Major
To stick his passes up his arse.

Condúceme de lo Irreal a lo Real,
Condúceme de la Oscuridad a la Luz,
Condúceme de la Muerte a la Inmortalidad
Que haya Paz Paz Paz

Brihadaranyaka Upanishad 1.3.28

No hay caminos para la paz;
la paz es el camino.

Mahatma Gandhi

Rolando Costa Picazo

Tierra de Nadie

(POESÍA INGLESA DE LA GRAN GUERRA)

PRIMERA PARTE

SECCIÓN I
La Gran Guerra

La Gran Guerra de 1914-1918 fue la primera guerra total. Sumió principalmente a Europa, pero comprometió de algún modo u otro a todos los países del mundo. Si bien el escenario de mayor contienda fue el Frente Occidental (en Francia y Bélgica), hubo muchos otros teatros, en África, Oriente Medio, los Balcanes, Italia, Polonia, además de la guerra en los océanos y en el aire. La Gran Guerra es el conflicto armado más devastador que hasta ese momento vio el mundo, no restringido a combatientes militares, puesto que involucró a civiles y a poblaciones enteras, destruyó ciudades y pueblos. Las incursiones aéreas y los ataques con gas venenoso causaron víctimas militares y civiles. Se la describió como "la guerra que terminará con la guerra", célebre frase con la que H. G. Wells tituló un libro de 1914, en que recopilaba artículos que había publicado en periódicos londinenses[1].

Si bien las causas de la guerra son difíciles de simplificar, muchos historiadores y estudiosos otorgan especial importancia a una serie de alianzas y rivalidades entre varios países europeos, a compromisos preexistentes, la creciente militarización, las ambiciones territoriales de países e imperios y la pelea por las fronteras. Desencadenó el desastre un asesinato político. El 28 de junio de 1914, en Sarajevo, capital de Bosnia, anexada al imperio austrohúngaro en 1908, un joven nacionalista serbio llamado Gavrilo Princip mató a tiros al heredero del trono de Austria, el archiduque Francis Ferdinand, y a su esposa. Al poco tiempo, veintitrés países habían entrado en el conflicto mundial. La destrucción humana, material y moral resultante de la conflagración resulta incomprensible. Más de sesenta y cinco millones de hombres fueron movilizados, y más de la mitad resultaron muertos, heridos o desaparecidos. Entre las principales consecuencias se mencionan la revolución bolchevique, el colapso o fragmentación de los imperios austrohúngaro y otomano, la ascensión de Mussolini en Italia, el fracaso de la democracia alemana y la creación del Reich de Hitler, seguida por otra guerra destructiva.

La Gran Guerra se caracterizó también por introducir o emplear nuevas máquinas y armas, como submarinos, aviones, dirigibles, radios, equipos sonoros de detección, tanques, camiones, ametralladoras y gas venenoso. El camuflaje y los cascos de acero reemplazaron los elegantes uniformes y se empezó a dejar de usar caballos.

En el tiempo, es posible rastrear las causas al final de la guerra franco-prusiana de 1871, al surgimiento de nuevas naciones y al fortalecimiento del nacionalismo y de ambiciones imperiales. En los años que van desde 1871 a 1914, hubo en Europa importantes crisis diplomáticas y pequeñas guerras causadas por rivalidades debidas a la posesión de colonias, la necesidad de materia prima, a nuevos mercados, a bases estratégicas y a la gran industrialización de los países europeos.

El fortalecimiento de Alemania y su deseo de mercados comerciales alimentó en ese país una visión de poder mundial, pero sus ambiciones imperiales se vieron bloqueadas principalmente por Gran Bretaña y Austria-Hungría y por la expansión en Europa Oriental de Serbia y Rusia. Sin embargo, el imperio ruso

---

[1] *The War that Will End War*, London: F. & C. Palmer, 1914.

(que había vencido a Japón en 1905), estaba convulsionado por movimientos políticos y erosionado por la corrupción y la ineficiencia, lo que en plena guerra llevaría a la Revolución Bolchevique (1917). Francia, por su parte, ansiaba vengarse de Alemania por la pérdida de Alsacia y Lorena, regiones que buscaba recobrar[2]. A su vez, Gran Bretaña había emergido de su "espléndido" aislamiento insular para incorporarse a las rivalidades existentes entre los países europeos y al balance de poder en el continente. Estaba decidida a frenar las ambiciones imperiales de Alemania y el desafío que representaba el avance germano para la supremacía naval británica. Por su parte, Serbia, después de su victoria sobre los turcos, había surgido como un importante poder militar.

Se habían constituido en Europa dos alianzas rivales: la secreta Triple Alianza que integraban Alemania, Austria-Hungría e Italia, formada por el canciller alemán Otto von Bismarck en 1882, y la igualmente secreta Triple Entente [pacto o acuerdo] de Rusia, Francia y Gran Bretaña, completada en 1907. En el caso de una amenaza de guerra, cada país integrante de estas coaliciones saldría en ayuda de cualquiera de sus aliados. Se respiraba una atmósfera de tensa rivalidad que presagiaba un desastre inminente. Los países europeos instituían el sistema de servicio militar obligatorio e invertían grandes sumas en la formación de armadas y ejércitos poderosos.

El asesinato del archiduque y su esposa encendió la chispa. Alegando (justificadamente) que el gobierno serbio era responsable, y aprovechando el incidente para frenar el expansionismo serbio, Austria-Hungría planeó una guerra local, para lo cual se aseguró la ayuda de Alemania. El 23 de julio envió un duro ultimátum a Serbia, con una serie de requisitos, exigiendo su aprobación en 48 horas. Respondiendo de inmediato, los serbios aceptaron las exigencias pero rechazaron una: que se permitiera el ingreso de tropas austríacas para poner fin al movimiento de conspiración contra Austria-Hungría, lo que era incompatible con la soberanía serbia. Como consecuencia, el imperio austrohúngaro declaró la guerra a Serbia el 28 de julio, y atacó al día siguiente.

Rusia salió en defensa de Serbia, ordenando una movilización general el 30 de julio. Dos días después, Francia y Alemania acudieron en ayuda de sus respectivos aliados. Ese día, 1° de agosto, Alemania declaró la guerra a Rusia, y dos días después, a Francia. Italia abandonó a sus aliados y declaró su neutralidad. Gran Bretaña declaró la guerra a Alemania el 4 de agosto, cuando las tropas alemanas invadieron Bélgica con el propósito de cruzar a Francia. Gran Bretaña alegó un tratado anterior (tratado de Londres de 1839), en que se comprometía a defender la integridad del territorio belga por la eternidad[3]. Hay una frase famosa que el ministro de Relaciones Exteriores, Sir Edward Grey, pronunció en Whitehall el 3 de agosto de 1914: "Se están apagando las lámparas en toda Europa; no veremos que se enciendan otra vez en el curso de nuestra vida"[4].

Los alemanes diseñaron una estrategia para no tener que luchar simultáneamente en dos frentes, el Occidental y el Oriental. Planearon atacar primero a Francia, mientras demoraban a los rusos en lo que sería el Frente Oriental. Para penetrar en Francia, debían hacerlo a través de Bélgica debido al sistema de fortalezas en el territorio francés (en Épinal, Toul y Verdún) y a la barrera de la región montañosa de las Ardenas. Luego de entrar en Bruselas el 20 de agosto, las tropas alemanas marcharon hacia París. Sin embargo, la resistencia francesa, con la ayuda de

---

2   Alemania las había anexado en la guerra franco-prusiana de 1870.

3   La neutralidad de Bélgica estaba garantizada por un tratado internacional de 1830, considerado por los poderes europeos como parte del sistema permanente del continente. Al referirse a este tratado, el ministro inglés Sir Edward Grey dijo que la independencia de Bélgica como nación soberana estaba ligada a su neutralidad, de manera que si esa neutralidad desaparecía, su independencia desaparecía también (Montgomery: 442). Por otra parte, durante la guerra franco-prusiana (1870-1871), William Gladstone, entonces Ministro de Hacienda, había anunciado la intención de Gran Bretaña de recurrir a las armas contra Francia o Alemania si uno de estos países violaba la neutralidad belga (Trevelyan: 535-536).

4   [http://en.wikipedia.org/wiki/The_lamps_are_going_out].

la Fuerza Expedicionaria Británica de ciento veinticinco mil hombres, creada hacía poco por Richard Haldane, Secretario de Guerra, y el triunfo aliado en la primera batalla del Marne (5 a 9 de septiembre de 1914), detuvieron el avance alemán, que formó una línea de trincheras en la zona del río Aisne. Para noviembre, había quedado formado el Frente Occidental, con una doble línea de trincheras paralelas, de los Aliados y de los alemanes, separadas por una Tierra de Nadie. El Frente se extendía desde el Canal de la Mancha hasta Suiza. Se cree que tan solo del lado de los aliados había doce mil millas de trincheras.

En los mapas de las trincheras se usa una terminología especial para diferenciar los distintos tipos. La trinchera de la línea del frente, *front line trench* (también llamada *fire trench*), era desde donde se disparaba al enemigo; inmediatamente detrás estaban las trincheras de apoyo, unidas a las anteriores por las *communicating trenches* (de comunicación o conexión); detrás venía el sistema de trincheras de reserva[5].

La guerra de trincheras era una nueva clase de contienda, de brutalidad gigantesca. Las profundas excavaciones, situadas en lados opuestos, protegidas por alambre de púa y ametralladoras, estaban separadas por una extensión de terreno infértil, que la lluvia y el defectuoso sistema de desagües (especialmente en Bélgica) convertían en lodazal. A diferencia de las fortificaciones, las trincheras no podían ser destruidas por fuego de artillería, y la "tierra de nadie" que las separaba no podía ser cruzada por la infantería sin enormes bajas. Incluso cuando una línea de trincheras era atacada con fuerte fuego de metralla, con el triunfo de los atacantes, el éxito no radicaba en la captura de la guarnición enemiga, sino simplemente en las bajas logradas y el haber ganado varios metros, lo que obligaba al enemigo a retroceder a nuevos atrincheramientos. Ningún bando utilizaba vehículos blindados; la infantería avanzaba al descubierto contra el alambrado y el fuego de ametralladora, con enormes pérdidas de miles de hombres por minuto.

Las trincheras eran un ejemplo claro de la condición de deterioro y putrefacción del frente de guerra. La situación bélica hacía imposible que los muertos se enterraran en seguida, o a veces en algún momento después. Los combatientes convivían con ellos, en proximidad y contacto permanentes. Muchos caídos, a quienes luego de heridos se los había dado por muertos, volvían a dar señales de vida. Sin embargo, la resurrección era por lo general momentánea y horrorosa. La mayoría terminaban absorbidos por el barro acumulado en el piso de las trincheras, y los cadáveres eran comidos por las ratas. En definitiva, resultaba imposible eludir la vista y el hedor de la putrefacción, de lo que hay muchas referencias en los poemas que nos ocupan. Dennis Welland hace referencia a la relación de fertilización que se producía entre la muerte y la naturaleza, y al contraste básico entre la carne descompuesta y el florecimiento de la naturaleza (Welland: 66).

Como se ha dicho, dos fueron los frentes principales durante la Gran Guerra, el Oriental y el Occidental. El Frente Oriental estaba delimitado aproximadamente por el mar Báltico al oeste, Minsk al este, San Petersburgo al norte y el mar Negro al sur, en una extensión aproximada de mil seiscientos kilómetros. Mientras que en el Frente Occidental se desarrolló una guerra de trincheras, en el Oriental las líneas de batalla eran más fluidas, y las trincheras nunca se desarrollaron plenamente. Es en el Frente Occidental donde lucharon los británicos, y son los poetas ingleses los que nos ocupan. Como se ha dicho, el Frente Occidental se extendía desde el Mar del Norte hasta las fronteras de Suiza, y ocupaba Bélgica y Francia.

Lamentablemente, la Gran Guerra se ganó este nombre terrible: marcó un hito de desastre en el mundo. Murieron millones de personas (se calcula que más de cuatrocientos millones), y no solo en el Frente; muchos otros, entre ellos mujeres y niños, fueron heridos y murieron después, o perecieron en bombardeos o de hambre o de enfermedades causadas por alimentación insuficiente o extenuación o por enfermedades endémicas, como el tifus, una de las secuelas del desastre. En Europa, los combatientes

---

5 [http://www.greatwar.co.uk/research/maps/british-army-ww1-trench-maps.htm].

destruyeron ciudades y pueblos, cosechas, puentes, ferrocarriles, bosques. Otros resultados de la trágica contienda fueron una destrucción material generalizada en los países europeos y un empobrecimiento gigantesco en el mundo, que entre otras consecuencias traería la Depresión de la década de 1930.

Poco de la Europa anterior a la guerra siguió en pie. Tres autocráticas dinastías fueron derrocadas en Rusia, Austria-Hungría y Alemania, respectivamente. Se trataba de regímenes que llevaban varios siglos. Si bien su caída trajo (en algunos casos) cambios bienvenidos, hubo también terribles resultados negativos, como el nazismo y una nueva guerra mundial. A la vez, se crearon nuevos estados republicanos en Europa Central, algunos con graves consecuencias que todavía subsisten. Sobre todo, hubo un cataclismo psicológico generalizado. De hecho, la Gran Guerra es un mojón que puede caracterizarse como una gran catástrofe internacional que marca el fin de una era y el comienzo de otra. Muchas de las consignas que llevaron a la lucha eran aparentemente loables. Se luchaba por "la moral de la humanidad" y su "derecho a la ley pública y a la justicia pública, que son los cimientos de la civilización", según dijo el Primer Ministro Herbert Asquith[6] en la Cámara de los Comunes el 6 de agosto de 1914; por "el derecho y la libertad", afirmó el Canciller alemán Herr Theobald von Bethman-Hollweg[7]; "Debemos hacer que el mundo sea seguro para la democracia", sostuvo el presidente estadounidense Woodrow Wilson[8] en el Congreso de su país el 2 de abril de 1917, al declarar la guerra. Sin embargo, la guerra pudo haber sido evitada si se respetaban los tantas veces invocados derechos humanos o si se dejaban de lado "ideales" como autodeterminación, libertad, democracia, paz, patriotismo... Quizá sea el escritor David H. Lawrence quien mejor resume en una frase memorable una de las consecuencias de la Gran Guerra: "Todas las grandes palabras fueron invalidadas para esa generación", escribe en el Capítulo 6° de *Lady Chatterley's Lover*. Se refería al hecho de que la guerra había desestabilizado los cimientos mismos de la sociedad inglesa, sembrando el temor, la duda, la confusión y la inseguridad en las generaciones de posguerra.

---

6   Herbert Asquith (1852-1928). Primer Ministro británico durante la Gran Guerra.
7   Bethmann-Hollweg (1865-1921).
8   Woodrow Wilson (1856-1924). Presidente de Estados Unidos. Propugnó la creación de la Sociedad de las Naciones como tribunal para decidir todas las disputas internacionales. Obtuvo el Premio Nobel de la Paz en 1919.

Cronología de la Gran Guerra.
Foco: el Frente Occidental

1914. *28 de junio.* Asesinato del archiduque Francis Ferdinand.
28 de julio. Austria-Hungría declaran la guerra a Serbia.
1° de agosto. Alemania declara la guerra a Rusia.
3 de agosto. Alemania declara la guerra a Francia.
4 de agosto. Tropas alemanas entran en Bélgica por Gemmerich.
Inglaterra declara la guerra a Alemania.
El presidente de EE.UU., Woodrow Wilson, declara la neutralidad de su país.
10 de agosto. Francia declara la guerra a Austria-Hungría.
11-12 de agosto. Tropas austrohúngaras invaden Serbia.
12 de agosto. Inglaterra declara la guerra a Austria-Hungría.
22 de agosto. Comienza la batalla de Mons.
23 de agosto. Japón declara la guerra a Alemania.
6 de septiembre. Comienza la batalla del Marne.
14 de septiembre. Comienza la batalla de Aisne.
25 de septiembre. Primera batalla de Albert.
1° de octubre. Primera batalla de Arras.
15 de octubre - 16 de noviembre. Primera batalla de Ypres.
28 de octubre. Turquía entra en la guerra de parte de los Poderes Centrales (Alemania, Austria-Hungría, el Imperio Otomano y Bulgaria).
21 de diciembre. Primer ataque aéreo alemán en Gran Bretaña.
25 de diciembre. Tregua (no oficial).
1915. *22 de abril.* Segunda batalla de Ypres (abril-mayo). Los alemanes lanzan el primer ataque con gas, en Ypres.
23 de abril. Muerte del poeta Rupert Brooke camino a Galípoli.
25 de abril - 10 de agosto. Los aliados desembarcan en Galípoli.
7 de mayo. Los alemanes hunden el trasatlántico estadounidense *Lusitania*, lo que causa una crisis diplomática entre EE.UU. y Alemania.
23 de mayo. Italia declara la guerra a Austria-Hungría.
26 de mayo. Muere el soldado poeta Julian Grenfell (1888-1915) luego de haber sido herido en la cabeza en Ypres.
31 de mayo. Primer ataque de un zepelín a Londres.
25 de septiembre - 18 de octubre. Batalla de Loos.
13 de octubre. Muere el soldado poeta Charles Sorley (1895-1915) en la batalla de Loos.
15 de diciembre. Comienza el retiro de tropas de Galípoli.
19 de diciembre. Sir Douglas Haig (1861-1928) es nombrado comandante de las tropas de la BEF (*British Expeditionary Force*, Fuerza expedicionaria británica) en Francia. Reemplaza en el cargo al mariscal de campo Sir John French (1852-1925).
Se publica *1914 and Other Poems*, de Rupert Brooke.

1916.	*6 de diciembre.*	David Lloyd George (1863-1945), del partido Liberal, reemplaza a Herbert Henry Asquith (1852-1828), también Liberal, como Primer Ministro.
	9 de enero.	Los aliados se retiran de Galípoli. Han sufrido doscientas catorce mil bajas en la que se considera la campaña peor comandada de la guerra.
	27 de enero.	Gran Bretaña introduce la conscripción con la ley del Servicio Militar.
	21 de febrero - 18 de diciembre.	Un ataque alemán en Verdún inicia la batalla más prolongada de la guerra, cuyo resultado final es una victoria aliada.
	1° de julio.	Se inicia la ofensiva anglo-francesa en el Somme.
	28 de agosto.	El mariscal de campo Paul von Hindenburg (1847-1934) es nombrado Jefe del Estado Mayor alemán.
	15 de septiembre.	Primera vez que los británicos usan tanques.
	6 de diciembre.	David Lloyd George es nombrado Primer Ministro británico.
		Se publica *Over the Brazier*, poemario de Robert Graves.
		Se publica *Marlborough and Other Poems*, de Charles Sorley.
		Se publica *Moses*, del poeta soldado Isaac Rosenberg. Comprende una obra teatral, *Moses* (no pensada para ser representada), y 7 poemas.
1917.	*3 de febrero.*	EE.UU. rompe relaciones diplomáticas con Alemania.
	11 de marzo.	Los británicos toman Bagdad.
	15 de marzo.	El zar Nicolás II abdica como resultado de la Revolución Rusa.
	6 de abril.	EE.UU. declara la guerra a Alemania.
	9 de abril.	Comienza la ofensiva en Arras (abril 9-14). En esa batalla muere el poeta soldado Edward Thomas (1878-1917).
	18 de mayo.	El general John Pershing (1860-1948) es nombrado al mando de la AEF (*American Expeditionary Force*, Fuerza Expedicionaria estadounidense).
	29 de junio.	Las primeras tropas estadounidenses desembarcan en Francia.
	Julio.	Sassoon y Owen se conocen en el hospital militar de Craigloc Khart.
	7 de julio.	Sassoon envía al oficial de mando de Litherland su Declaración de protesta contra la continuación de la guerra.
		El poeta soldado Robert Graves (1895-1985) es herido y se lo da por muerto.
	31 de julio.	Comienza la Tercera batalla de Ypres (conocida como Passchendaele).
	Octubre - noviembre.	Gobierno comunista en Rusia, con Lenin al frente. Rusia hace una paz por separado con Alemania.
	Noviembre.	Se publica *Fairies and Fusiliers*, de Robert Graves.
	9 de diciembre.	Los británicos toman Jerusalén.
		Se publica *Poems*, de Edward Thomas.
		Se publica *The Old Huntsman*, de Siegfried Sassoon (1886-1967).
1918.	*8 de enero.*	El presidente Wilson anuncia el Programa de los 14 Puntos para la paz mundial. Tienen que ver específicamente con fronteras, soberanía nacional, reparaciones y otros temas relacionados con la guerra.
	Febrero.	Sassoon es enviado a Egipto.
	1° de abril.	Muerte del poeta soldado Isaac Rosenberg (1890-1918) mientras hace su patrulla nocturna.
	Mayo.	Sassoon vuelve al Frente.

	13 de julio.	Sassoon es herido en la cabeza.
	Julio.	Se publica *Counter-Attack*, de Sassoon.
	15 de julio.	Segunda batalla del Marne.
	18 de julio - 7 de agosto.	Los alemanes retroceden en el Marne.
	22 de agosto.	Penetración aliada en Albert.
	Septiembre.	El poeta soldado Wilfred Owen (1893-1918) vuelve al Frente.
	Octubre.	Luego de una tentativa de suicidio, el poeta soldado Ivor Gurney (1890-1937) es dado de baja.
	1° de octubre.	Se concede la Cruz Militar a Owen.
	5 de octubre.	Fuerzas aliadas capturan la línea Hindenburg.
	4 de noviembre.	Owen es muerto mientras intenta que sus hombres crucen el canal del Sambre.
	9 de noviembre.	Abdica el káiser Guillermo II.
	11 de noviembre.	Se firma el armisticio. Se estima que hubo diez millones de muertos, veinte millones de heridos en combate y cinco millones de civiles muertos a causa del hambre o la enfermedad.
1919.	*2 de noviembre.*	Se publica una selección de poemas de Wilfred Owen en la revista *Wheels*.
1922.		Ivor Gurney es internado en Barnwood, instituto para enfermos mentales, cerca de Gloucester, por el resto de su vida.
		Se publica en Londres *Poems*, de Isaac Rosenberg, editado por Gordon Bottomley, con una introducción de Laurence Binyon.
1928.		Se publica *Undertones of War*, del poeta soldado Edmund Blunden (1896-1974).
1929.		Se publica *Goodbye to All That*, de Robert Graves (2ª ed. en 1957).
1936.		Se publica *Sherton's Progress*, de Siegfried Sassoon.
1941.		Se publica *Poems Newly Selected 1916-1935*, de Siegfried Sassoon.
1945.		Se publica *Siegfried's Journey: 1916-1920*, de Sassoon.
1955.		Se publica *The Poems of Wilfrid Owen*. Editado con una memoria y notas de Edmund Blunden.

SECCIÓN II
La poesía de guerra: primera etapa

Hubo muchas y variadas reacciones a la guerra y a la situación de Europa, tanto durante el conflicto bélico como en los años que llevaron a ella, no solo en Gran Bretaña, sino en muchos otros países[9], en los que dejaron oír su voz grandes poetas, como el griego Constantine Cavafy (1863-1933); Stefan George (1868-1933), Kurd Adler (1892-1916), Gottfried Benn (1886-1956), Antón Schnack (1892-1973), Wilhelm Klemm (1881-1968)[10] y Ernst Toller (1893-1939) en Alemania, Alexander Blok (1880-1921) en Rusia... Ya antes de 1914 hay sangre en muchos poemas de estos autores y, a partir de la declaración de guerra, ya no hay sino sangre. Porque poesía y guerra van de la mano, tradicionalmente, y hay algunas guerras, como la del 14, marcadas literariamente, que despertaron o avivaron voces poéticas.

En Gran Bretaña hay un primer período de entusiasmo patriótico, de fervoroso apoyo a la patria y a su ejército, al rey y al glorioso pasado, en que se canta a la valentía de los soldados y a la justicia de la causa bélica: la guerra es una cruzada y el soldado un caballero armado. Se evocan símbolos tradicionales. Se rinde homenaje al heroísmo de los que lucharon en guerras anteriores, con referencias a los grandes triunfos de Trafalgar y Waterloo y a sus héroes, Nelson y Wellington. Asimismo, en muchos poemas se expresa un sentido, nuevamente redescubierto, de la belleza del terruño, al que se empieza a echar de menos con anticipada nostalgia. Se refuerza el sentimiento religioso. La voz poética del soneto *"Peace"* [Paz], de Rupert Brooke, que habla por los soldados ingleses, da gracias a Dios por haberlos despertado de un sueño y haberles infundido poder para convertirlos en nadadores que dejarán atrás un mundo envejecido, frío y extenuado. La importancia otorgada a Brooke como poeta arquetípico de la guerra halla fundamental sustento en el hecho de que el día de Pascua de 1915, el Deán de la catedral de St. Paul escogiera su soneto *"The Soldier"* como texto para su sermón, en que argumentaba que "el entusiasmo de un puro y elevado patriotismo" jamás había logrado "una expresión más noble" (George Walter: xiv). En *"Before Action"* [Antes de la acción], por su parte, de William Noel Hodgson[11], un poema en forma de oración, el último verso de cada una de sus tres estrofas es un ruego a Dios: *"Make me a soldier"* [hazme un soldado], *"Make me a man"* [hazme un hombre] y *"Help me to die"* [ayúdame a morir]:

---

9   Véase Bridgewater, Patrick, *The German Poets of the First World War*, New York: St. Martin's Press, 1985, y Cruickshank, John, *Variations on Catastrophe: Some French Responses to the Great War*, Oxford: Clarendon Press, 1982. Sobre Cavafy hay una traducción reciente al inglés, *C.P.Cavafy. Collected Poems*, tr. Daniel Mendelsohn, New York: Alfred A. Knopf, 2009.

10 Jorge Luis Borges tradujo del alemán varios poemas de Klemm, que publicó en la revista *Grecia*, Madrid, Año 3, N° 50, 1° de noviembre de 1920. Están en *Textos recobrados 1919-1929*, Buenos Aires: Emecé Editores, 1997, pp. 72-74, donde se incluye otro poema expresionista de Klemm (pp. 53-54). Asimismo, otros poemas de Klemm traducidos por Borges se incluyen en *Textos recobrados 1919-1929*, uno en la p. 75 y otro, titulado "La batalla del Marne", en las pp. 179-180.

11 William Noel Hodgson, 1893-1916, muere el primer día de la ofensiva del Somme, 1° de julio de 1916.

Antes de la acción	*Before action*
Por todas las glorias del día	*By all the glories of the day*
y la fresca bendición de la tarde;	* And the cool evening's benison*
por ese toque último del sol que yacía	*By that last subset touch that lay*
sobre las colinas cuando se iba el día;	* Upon the hills when day was done,*
por la belleza pródigamente desbordada	*By beauty lavishly outpoured*
y las bendiciones recibidas con indiferencia;	* And blessings carelessly received,*
por todos los días que he vivido	*By all the days that I have lived*
hazme un soldado, Señor.	* Make me a soldier, Lord.*
Por todos los temores y esperanzas de los hombres,	*By all of all man's hopes and fears*
y todas las maravillas que cantan los poetas,	* And all the wonders poets sing,*
la risa de los años despejados,	*The laughter of unclouded years,*
y todas las cosas tristes y preciosas;	* And every sad and lovely thing;*
por las románticas épocas atesoradas	*By the romantic ages stored*
con este alto empeño humano,	* With high endeavour that was his,*
por todas las catástrofes insensatas	*By all his mad catastrophes*
haz de mí, un hombre, Señor.	* Make me a man, O Lord.*
Yo, que en mi familiar colina	*I, that on my familiar hill*
sin comprender contemplaba	* Saw with uncomprehending eyes*
cómo el atardecer derramaba	*A hundred of thy sunsets spill*
su fresco sacrificio esperanzado,	* Their fresh and sanguine sacrifice,*
antes que este sol columpie su espada al mediodía	*Ere the sun swings his noonday sword*
debo decir adiós ahora a todo esto:	* Must say good-bye to all of this;*
por todo el deleite que he de perder,	*By all delights that I shall miss,*
ayúdame a morir, Señor.	* Help me to die, O Lord.*

En Inglaterra, la promulgación de la Ley del Servicio Militar Universal, del 27 de enero de 1916, coincide con un cambio de actitud. La referencia a "sacrificio voluntario" ya no aparece: alistarse para defender al Rey y la Patria ya no es una opción, sino una obligación. Los poemas de resignación y alabanza empiezan a desaparecer. Un ejemplo típico del cambio es *"They"* [Ellos], de Siegfried Sassoon, que incluimos en la antología dedicada a este poeta. De hecho, cuando no se blasfema contra Dios, Él está ausente de la poesía de los últimos años de la contienda. En su memoria de la guerra, *Goodbye to All That*, Robert Graves escribe:

> Difícilmente un soldado en cien se sintiera imbuido de un sentimiento religioso, ni siquiera de la clase más grosera. Habría sido difícil seguir siendo religioso en las trincheras, incluso de haber sobrevivido a la irreligiosidad del batallón de entrenamiento en Gran Bretaña. (Graves, p. 157).

Ilustra Graves estas palabras con la referencia a un sargento del Segundo Batallón, que se burla de lo que se lee en los diarios acerca de que era milagroso que se disparara contra los crucifijos sin que jamás le pasara nada a la figura de Jesús. Y se ríe de dos "lectores de la Biblia" de su pelotón, cuyas cartas a madres, hermanas o novias siempre empezaban con "Querida Hermana en Cristo".

De igual manera, si bien no es típico que en su poesía uno de los poetas aquí estudiados, Edmund

Blunden, no se rebele abiertamente contra la guerra, los epígrafes que escoge para su libro *Undertones of War*, provenientes de la iglesia anglicana y de John Bunyan (predicador y autor de libros religiosos), respectivamente, son irónicos. El primero dice: "Es conforme a la ley que los hombres cristianos, ante la orden del Magistrado, lleven armas y luchen en las guerras" (*Artículos de la Iglesia de Inglaterra*, N° XXXVII). Y el segundo: "Sí, la forma en que se dispusieron en orden de batalla / es algo que recordaré hasta el día de mi muerte".

Lo mismo que con la religión sucede con el patriotismo. Dice Graves que en las trincheras el patriotismo era un sentimiento totalmente remoto. Se lo rechazaba como propio solo de los civiles o los prisioneros. Se consideraba que Inglaterra (apodada "Blighty"[12]) era "un buen lugar para ir y alejarse de la miseria del país extranjero donde se peleaba, pero se lo consideraba culpable de los camaradas heridos que eran hospitalizados, a lo que se agregaba acusaciones contra el Estado Mayor, el Cuerpo de Servicio del Ejército, las tropas de comunicación" y contra "todos los civiles, hasta los detestables periodistas, logreros, los exceptuados del reclutamiento, los objetores de conciencia y miembros del Gobierno" (Graves, p. 157).

Lo expresado por Graves caracterizará la actitud típica del período posterior, donde se generaliza el resentimiento de las tropas hacia civiles, funcionarios, generales, etc. Se odia a los "guerreros de sillón", al gobierno, y, en general, a todos los líderes y a todas las instituciones. Y hay una fisura entre los soldados y los civiles. Paul Fussell, autor de *The Great War and Modern Memory* (1975), cita un comentario de Philip Gibbs (1877-1962), periodista y novelista británico, reportero durante la Gran Guerra, que hace alusión al profundo odio que sentían hacia la Inglaterra civil los soldados que volvían allí de licencia:

> Odiaban a las sonrientes mujeres en la calle. Aborrecían a los hombres viejos... Deseaban que los acaparadores murieran por el gas venenoso. Rogaban a Dios que hiciera que los alemanes enviaran zeppelines a Inglaterra para que la gente supiera lo que significaba la guerra. (Gibbs, *Now It Can Be Told*, New York, 1920, p. 143. En Fussell, p. 86).

En las antologías y en diarios y revistas, se publican poemas de autores consagrados, como Thomas Hardy, Robert Bridges (Poeta Laureado), John Masefield, Rudyard Kipling, Walter De la Mare, E. G. Housman, D. H. Lawrence... A estos poetas se suman otros nuevos, muchos hoy olvidados, que en general escriben una poesía cargada de palabras altisonantes, impregnada de sentimentalismo.

Como ejemplo de los poetas más destacados de esta primera etapa, ubicamos a Julian Grenfell y a Rupert Brooke.

Julian Grenfell (1888-1915) no gozó de la fama de Brooke, aunque se distinguió por el popular poema "*Into Battle*". Nacido en Londres en 1888, hijo de Lord Desborough, se educó en Eton y Balliol College, Oxford. Se unió a los First Royal Dragoons en 1910 y sirvió como capitán de caballería en la India y en África del Sur durante los cuatro años siguientes. Al comenzar la Gran Guerra, fue enviado a Francia, donde tuvo una actuación destacada, que le valió el *Distinguished Service Order* [Orden de Servicio Distinguido]. Fue mal herido por fragmentos de granada cerca de Ypres y, como consecuencia de las heridas, murió en un hospital de Boulogne el 26 de mayo de 1915. La actitud de Grenfell poeta es la de un caballero medieval que lucha por su señor.

"*Into Battle*" apareció en *A Crown of Amaranth*, un libro que recopilaba poemas escritos por soldados "que dieron la vida por Gran Bretaña" (London: Erskine Macdonald, 1915). El poema se publicó en *The Times* el día después de la muerte de su autor.

---

12 "Blighty", palabra originada en la India, del indostanés *bilayati*, del árabe *wilayati*, es un término derogatorio que significa "europeo, foráneo", o "una herida que enviaba a uno a su país" (Eric Partridge, *A Dictionary of Slang and Unconventional English*, New York: The Macmillan Company, 1961, 1970). En sus memorias de la guerra, *Undertones of War*, Edmund Blunden menciona un *ragtime* popular durante la Gran Guerra, "*Take Me Back to Dear Old Blighty*" [Llévame de regreso a la querida y vieja Inglaterra] (*Undertones of War*, capítulo 12, p. 158).

Constituye un ejemplo representativo de un buen poema perteneciente a la primera, y patriótica, fase de la poesía de la Gran Guerra. La voz poética, ubicada en un entorno pastoril, paradójicamente elogia la vida que perderá en la guerra, vida que presenta como una fuente de renovada vitalidad y sustentable camaradería. Según James Anderson Winn, especialista estadounidense, autor de *The Poetry of War*, su celebración del "Júbilo de la Batalla" es la misma actitud de Aquiles en *La Ilíada*, cuando el héroe añora la salvaje alegría de la guerra (Winn: 53). John Lehmann observa que el poema de Grenfell no es específicamente un poema inglés, y que podría haber sido escrito igualmente por un valiente y dedicado soldado alemán, austríaco o ruso. Ve en el poema una trasposición simbólica e indudablemente consciente del orgasmo (Lehmann, pp. 14-15).

Grenfell era un soldado profesional, un atleta de enorme coraje y osadía y de profunda religiosidad, al parecer una personalidad perturbada, como revelan sus cartas, en muchas de las cuales hace un culto de la crueldad. En una de ellas, escrita en Bélgica en octubre de 1914, dice "adorar" la guerra: "Es como un gran picnic sin la carencia de propósito del picnic". En otras cartas asegura que jamás se ha sentido mejor en su vida que en el frente bélico (en "Julian Grenfell", por Viola Meynell, memoria publicada en *The Dublín Review*, London, 1917[13]).

Grenfell tiene otros poemas menores, que no han sido recopilados en un poemario.

―――――――― /// ――――――――

Hacia la batalla

La desnuda tierra está tibia con la Primavera,
y con la verde hierba y rebosantes árboles;
se inclina hacia la mirada del sol regocijante,
y tiembla en la soleada brisa;
y la Vida es Color, Luz y Tibieza,
y un eterno bregar por estas cosas;
y está muerto aquel que no pelea;
y el que muere peleando, se engrandece.

. . . .

El hombre que lucha, del sol
absorberá calor, y vida de la rutilante tierra;
de los vientos de ligeros pies, velocidad para correr,
y de los árboles, un nuevo nacimiento;
y encontrará, cuando haya terminado la pelea,
un gran descanso, y plenitud después de la escasez.

. . . .

Toda la brillante compañía del Cielo
lo cuenta en su elevada camaradería:
Sirio, y las Siete Cabrillas,
y el Cinturón de Orión, con su espada en la cintura.

. . . .

Los árboles del bosque, juntos de pie,
es cada uno su amigo;

Into Battle

*The naked earth is warm with Spring,
And with green grass and bursting trees
Leans to the sun's gaze glorying,
And quivers in the sunny breeze;
And Life is Colour and Warmth and Light,
And a striving evermore for these;
And he is dead who will not fight;
And who dies fighting has increase.*

. . . .

*The fighting man shall from the sun
Take warmth, and life from the glowing earth;
Speed with the light-foot winds to run,
And with the trees to newer birth;
And find, when fighting shall be done,
Great rest, and fullness after dearth.*

. . . .

*All the bright company of Heaven
Hold him in their high comradeship,
The Dog-Star, and the Sisters Seven,
Orion's Belt and sworded hip.*

. . . .

*The woodland trees that stand together,
They stand to him each one a friend;*

---

13 [http://www.archive.org/stream/juliangrenfell00meynuoft_djvu.txt].

con suavidad le hablan en el ventoso clima;	*They gently speak in the windy weather;*
lo guían al valle y al final de la colina.	*They guide ton valley and ridge's end.*
. . . .	. . . .
El cernícalo que revolotea de día,	*The kestrel hovering by day,*
y las pequeñas lechuzas que de noche ululan,	*And the little owls that call by night,*
le piden que sea veloz y sagaz como son ellos,	*Bid him be swift and keen as they,*
tan sagaz para oír como veloz para ver.	*As keen of ear, as swift of sight.*
. . . .	. . . .
El mirlo le canta: "Hermano, hermano,	*The blackbird sings to him, "Brother, brother,*
si esta es la última canción que has de cantar,	*If this be the last song you shall sing,*
cántala bien, pues puede no haber otra;	*Sing well, for you may not sing another;*
hermano, canta".	*Brother, sing".*
. . . .	. . . .
En las monótonas, dubitativas horas de la espera,	*In dreary doubtful waiting hours,*
antes de que el bronceado furor comience,	*Before the brazen frenzy starts,*
los caballos le muestran más noble potencia;	*The horses show him nobler powers;*
¡Ay, paciente mirar, y corazón intrépido!	*O patient eyes, courageous hearts!*
. . . .	. . . .
Y cuando el candente momento irrumpa,	*And when the burning moment breaks,*
y todo lo demás no importe,	*And all things else are out of mind,*
y solo el Júbilo de la Batalla lo tome	*And only Joy-of-Battle takes*
de la garganta, y lo ciegue,	*Him by the throat, and makes him blind,*
. . . .	. . . .
a través de la alegría y la ceguera ha de saber,	*Through joy and blindness he shall know,*
sin que le importe mucho, que ni siquiera	*Not caring much to know, that still*
plomo ni acero han de alcanzarlo, pues	*Nor lead nor steel shall reach him, so*
no será tal la Voluntad del Destino.	*That it be not the Destined Will.*
. . . .	. . . .
La atronadora línea de batalla está de pie,	*The thundering line of battle stands,*
y en el aire gime y canta la Muerte:	*And in the air Death moans and sings:*
pero el Día lo aferrará con fuertes manos,	*But Day shall clasp him with strong hands,*
y la Noche lo abrazará con suaves alas.	*And Night shall fold him in soft wings.*

——————————————— /// ———————————————

El canadiense **JOHN MCCRAE** (1872-1918) es otro poeta, recordado generalmente por un solo poema, ilustrativo de la primera etapa poética de la Gran Guerra. El poema por el que se lo recuerda, "*In Flanders Fields*", da título a su poemario, *In Flanders Fields and Other Poems* (London: Hodder & Stoughton Ltd., 1919). Había sido publicado en forma anónima en la revista *Punch* el 8 de diciembre de 1915. Fussell nos recuerda que la amapola de Flandes (*Papaver rhœas*), usada en este poema, y símbolo tradicional de la memoria de los veteranos de guerra, es roja, mientras que la variedad californiana (*Platystemon californicus*) es amarilla o anaranjada. Es la de Flandes la que figura en la tradición elegíaca pastoril (Fussell, p. 247), que a partir de las guerras napoleónicas es asociada con el sacrificio de la guerra. Figura en otros poemas de la primera guerra, como "*Break of Day in the Trenches*" [Amanecer en las trincheras], de Isaac Rosenberg, donde hay una referencia a "Amapolas cuyas raíces están en las venas del hombre", rojas como su sangre.

McCrae, descendiente de inmigrantes escoceses, nació en Guelph, Ontario, y se recibió de médico en la University of Toronto. Sirvió como artillero y oficial en una batería de artillería del Canadian Contingent en la segunda guerra Boer (1899-1902), y al comenzar la Gran Guerra se alistó como médico del Cuerpo Médico del ejército canadiense[14]. Se desempeñó como cirujano en Francia durante la segunda batalla de Ypres (en Flandes) y luego tuvo a su cargo el Hospital General N° 3 en Boulogne. Murió de neumonía en el Frente.

Fussell (p. 249) contrasta el tono pastoril de las dos primeras estrofas de *In Flanders Fields* con la retórica de "folleto de reclutamiento" de la tercera, que él con justicia critica como propagandística. De hecho, este poema, muy posiblemente el más famoso de los primeros años de la guerra, fue publicado en *The Times* el día después de la muerte de McCrae.

———————————————— /// ————————————————

En los campos de Flandes

En los campos de Flandes danzan las amapolas,
hilera tras hilera, entre las cruces
que marcan nuestro espacio, y vuelan en el cielo
las alondras, aún cantando valientemente,
oídas apenas en medio del fragor de los cañones.

. . . .

Somos los muertos; hace unos días
vivíamos, sentíamos el alba, veíamos resplandecer el ocaso,
amábamos y éramos amados, y ahora yacemos
   en los campos de Flandes.

. . . .

¡Retomad nuestra querella con el enemigo!
A vosotros, con declinantes manos arrojamos
la antorcha; ¡que sea vuestra para mantenerla en alto!
Si nos defraudáis a quienes morimos
no dormiremos, aunque crezcan las amapolas
   en los campos de Flandes.

In Flanders Fields

In Flanders Fields the poppies blow
Between the crosses, row on row,
That mark our place, and in the sky,
The larks, still bravely singing, fly,
Scarce heard amid the guns below.

. . . .

We are the dead; short days ago
We lived, felt dawn, saw sunset glow,
Loved and were loved, and now we lie
   In Flanders fields.

. . . .

Take up our quarrel with the foe!
To you with failing hands we throw
The torch; be yours to hold it high!
If ye break faith with us who die
We shall not sleep, though poppies grow
   In Flanders fields.

———————————————— /// ————————————————

Rupert Brooke (1887-1915), posiblemente mejor poeta que Grenfell o McCrae, figura byroniana, arquetipo del hombre apuesto y gallardo, se alistó al principio de la guerra, murió de septicemia en abril de 1915 en el frente y se convirtió en una figura legendaria, símbolo de la talentosa y brillante juventud sacrificada en la guerra. Educado en instituciones de excelencia, como Rugby y King's College, Cambridge, se había convertido en la figura del joven rebelde, presidente de la Fabian Society, fundada en 1884, que agrupaba a socialistas moderados y ateos, y miembro de "The Apostles", sociedad a la que pertenecían James y Lytton Strachey, E. M. Forster, Maynard Keynes, G. E. Moore y otros importantes intelectuales. En 1911 publicó un pequeño poemario (*Poems*. London: Sidgwick & Jackson) y ayudó a Edward Marsh a planear la influyente serie de volúmenes conocidos como *Georgian Poetry*[15]. Más adelante alternó con los miembros del grupo de Bloomsbury, muchos de ellos amigos de la época de Cambridge, que se reunían en casa de los hermanos Stephen, uno de cuyos integrantes era la escritora Virginia Woolf. El grupo

---

14 Se unieron a las tropas británicas contingentes de Australia, Canadá, Nueva Zelanda y Sudáfrica.

15 Véase la nota 56, en p. 58.

de Bloomsbury escandalizaba a la sociedad inglesa de su tiempo con su proceder opuesto a toda clase de convencionalismos. Se decía que Brooke y Virginia habían nadado desnudos juntos en un arroyo en la zona de Cambridge[16].

Al declararse la guerra, Brooke se alistó en el Batallón Hood y recibió una comisión de la Royal Naval Division. En la primavera de 1915 se embarcó para el Egeo con la desafortunada expedición de Churchill a los Dardanelos. Murió a consecuencia de una infección y fue enterrado en Siros, una isla del grupo de las Cícladas. La mayoría de los poemas de Brooke aparecieron en 1915. La edición definitiva de su obra poética se publicó en 1946: *The Poetical Works of Rupert Brooke*, editada por Geoffrey Keynes (London: Harcourt, 1946).

A la muerte de Rupert Brooke, Winston Churchill escribió su obituario en *The Times*, homenaje que contribuyó a canonizarlo como el caballero oficial víctima de la guerra. Decía:

> Rupert Brooke ha muerto. Un telegrama del Almirantazgo en Lemnos nos informa que su vida se cerró en el momento en que parecía haber llegado a su primavera. Una voz se había hecho audible, una nota se había pulsado, más verdadera, más conmovedora, mejor capacitada para hacer justicia a la nobleza de nuestra juventud en armas que libra esta guerra que cualquier otra, con un poder de llevar consuelo a todos los que los miramos con tanta fuerza desde lejos. Esa voz ha sido repentinamente acallada. Solo los ecos y la memoria permanecen, pero perdurarán[17].

Henry James, que había conocido a Brooke en los Estados Unidos, en Cambridge (Nueva Inglaterra), en 1908, escribió en una carta a Marie Belloc-Lowndes[18] el 27 de abril de 1915, cuatro días después de la muerte de Brooke el 23 de abril:

> Confieso que no tengo filosofía, ni piedad, ni paciencia, ni arte de reflexión, ni teoría de compensación para enfrentar cosas tan espantosas, tan crueles y demenciales, que me resultan tan inexpresablemente horribles e irremediables y que contemplo con ojos airados y casi cegados... Es la destrucción de nuestra espléndida hombría joven, la simiente malgastada del futuro lo que más deploro y hallo desgarradora[19].

Cuando Brooke murió en el Egeo en 1915, Inglaterra lloró a todos sus soldados en su figura. En los primeros meses de la contienda, había escrito seis sonetos sobre la guerra, que expresaban un noble idealismo y altísimo patriotismo y resumían los valores tradicionales de Honor, Coraje y Gloria. Le dieron merecida fama. Se titulaban *"The Treasure"* [El tesoro], *"Peace"* [Paz], *"Safety"* [Seguridad], *"The Dead I"*, *"The Dead II"* [Los muertos I y II] y *"The Soldier"*. Todos expresan sentimientos de patriotismo convencional referidos a una guerra idealizada. El soneto titulado *"Peace"* se refiere a la guerra como limpia y purificadora, y a los soldados como nadadores que se arrojan al elemento que habrá de depurarlos (*as swimmers into cleanness leaping*). En la inmersión se producirá en ellos un cambio fundamental. *"The Soldier"*, el poema más célebre de Brooke, es característico de la poesía *Georgian*, aquí reforzada por el tema de la guerra y el amor a la patria, enfatizados por el uso de "Inglaterra" tres veces e "inglés" dos veces. Sin asomo de modestia, se afirma que los restos mortales del poeta constituirán una tierra más rica que la del país extranjero donde caiga y sea enterrado.

La publicación de la extensa correspondencia entre Rupert Brooke y su amigo James Strachey, un

---

16   Carta de Vita Sackville-West a Harold Nicolson, 8 de abril de 1941, reproducida en *Harold Nicolson: The War Years 1939-1945*, Vol. II, New York: Atheneum, 1967. Virginia Woolf escribió la reseña de *The Collected Poems of Rupert Brooke* en *The Times Literary Supplement* del 8 de agosto de 1918.

17   [http://net.lib.byu.edu/english/WWI/poets/rbobituary.htm].

18   Marie Belloc Lowndes (1868-1947), novelista inglesa, conocida por su obra *The Lodger* [El inquilino], 1913, basada en los asesinatos de Jack el Destripador.

19   Citado por Fred Kaplan en *Henry James. The Imagination of Genius*, New York: William Morrow & Co., 1992, p. 554.

homosexual declarado, echan nueva luz sobre Brooke, su complicada sexualidad y su encuentro carnal con un condiscípulo, Denham Russell-Smith. Demuestran también que Brooke, socialista y ateo, despreciaba a la Inglaterra conservadora y que la mayoría de sus poemas están escritos para hombres jóvenes. Todo esto puede leerse en *Friends and Apostles: The Correspondence of Rupert Brooke and James Strachey, 1905-1914*, editado por J. Keith Hale (New Haven: Yale University Press, 1999)[20]. Incluimos dos de los "sonetos de 1914", quizá los más conocidos, así llamados por los editores por el año en que fueron escritos.

Los muertos II

Estos corazones fueron urdidos con humanos goces e
                                  [inquietudes,
maravillosamente regados por el pesar, aprestados para
                                  [el regocijo.
Los años les brindaron su afecto. Era de ellos el amanecer,
y el ocaso, y los colores de la tierra.
Habían visto el movimiento, y escuchado música; conocido
el sueño y la vigilia; amado; ufanádose de tener amigos;
sentido el rápido estímulo del asombro; se habían
                                  [sentado solos;
acariciado flores y pieles y mejillas. Todo esto ha
                                  [terminado.

. . . .

Hay aguas que cambiantes vientos truecan en risa
y que los opulentos cielos iluminan todo el día. Y después,
la escarcha, con un gesto, inmoviliza las olas que bailan
y la sinuosa hermosura. Deja una blanca
e inviolada gloria, una refulgencia acumulada,
una amplitud, una paz brillante, bajo la noche.

The Dead II

These hearts were woven of human joys and cares,

Washed marvellously with sorrow, swift to mirth.

The years had given them kindness. Dawn was theirs,
And sunset, and the colours of the earth.
These had seen movement, and heard music; known
Slumber and waking; loved; gone proudly friended;
Felt the quick stir of wonder; sat alone,

Touched flowers and furs and cheeks. All this is ended.

. . . .

There are waters blown by changing winds to laughter
And lit by the rich skies, all day. And after,
Frost, with a gesture, stays the waves that dance
And wandering loveliness. He leaves a white
Unbroken glory, a gathered radiance,
A width, a shining peace, under the night.

El soldado

Si me muriera, pensad esto de mí:
que hay un rincón en una tierra extranjera
que será siempre Inglaterra. Oculto
en esa tierra rica habrá un polvo más rico,
un polvo que Inglaterra engendró, conformó, al que le
                                  [dio conciencia,
al que una vez le entregó sus flores para amar, sus sendas
                                  [para andar,
un cuerpo de Inglaterra, que respiró el aire inglés,
al que bañaron sus ríos, y bendijeron los soles de la patria.

. . . .

The Soldier

If I should die, think only this of me:
That there's some corner of a foreign field
That is for ever England. There shall be
In that rich earth a richer dust concealed;
A dust whom England bore, shaped, made aware,

Gave, once, her flowers to love, her ways to roam,

A body of England's, breathing English air,
Washed by the rivers, blest by suns of home.

. . . .

---

20   Véase también: [http://rictonorton.co.uk/brooke.htm].

Y pensad que este corazón, libre ya de toda maldad,	And think, this heart, all evil shed away,
un pulso de la mente eterna, nada menos,	A pulse in the eternal mind, no less,
en algún lugar devuelve los pensamientos que Inglaterra [le dio;	Gives somewhere back the thoughts by England given;
. . . .	. . . .
sus vistas y sonidos; sueños felices como su día;	Her sighs and sounds; dreams happy as her day;
y risa, de amigos aprendida; y mansedumbre,	And laughter, learnt of friends; and gentleness,
de corazones en paz, bajo un cielo de Inglaterra.	In hearts at peace, under an English heaven.

———————————————————— /// ————————————————————

CHARLES SORLEY es un poeta cuya actitud hacia la guerra puede ubicarse en un espacio intermedio entre el primer momento de entusiasmo y celebración patriótica y un segundo estadio de desilusión en que se ve todo con desnudo realismo y se sueña con la neutralidad. Escocés, nacido en Aberdeen en 1895, hijo de un profesor de filosofía de la Universidad de Cambridge, en 1913 decidió pasar un tiempo en Alemania. Cuando estalló la guerra, regresó a Inglaterra y se alistó. Se unió al Suffolk Regiment y fue enviado al frente como oficial. Murió el 13 de octubre de 1915, en la batalla de Loos. Tenía veinte años. Dejó solo treinta y siete poemas, que se encontraron entre sus pertrechos. Con ellos estaba el más conocido de todos, *"When You See Millions of the Mouthless Dead"*, que se publicó en *Marlborough and Other Poems* (Cambridge: Cambridge University Press, 1916), poema caracterizado por un crudo realismo.

Robert Graves menciona y destaca en sus memorias a este "capitán de los Suffolks de veinte años, uno de los tres poetas de importancia muertos durante la guerra. (Los otros dos fueron Isaac Rosenberg y Wilfred Owen)" (*Goodbye to All That*, p. 141).

Fussell observa que Sorley presenta la transformación del hombre en cadáver como un proceso en tres partes. Primero es hombre; luego, cuando lo hieren, es un animal que se retuerce y se sacude en agonía, o hace horribles ruidos como ronquidos; finalmente, es una "cosa". En una carta, dice expresar "un horrible agradecimiento" cuando ve que el hombre a su lado está muerto: "No tendremos que llevarlo a cuestas bajo el fuego, gracias a Dios; bastará con arrastrarlo"[21]...

La carta dice:

Mirando hacia el futuro se ve un holocausto en alguna parte: y en el presente hay –gracias a Dios– suficiente "experiencia" para mantener el juicio de punta (una manera un tanto insensible de expresarlo, quizá). Pero en el frente, de noche, en la Tierra de Nadie y en el largo cementerio, hay libertad y estímulo. En el susurro de los pastos y en el sombrío golpeteo de los lejanos trabajadores; en la tensión y el silencio del encuentro, cuando uno lucha en la oscuridad por una victoria moral sobre la patrulla enemiga; en el lamento de la bomba que ha explotado y en los gritos animales de los hombres heridos. Luego, la muerte y el horrible agradecimiento, cuando vemos que el hombre de al lado ha muerto: "No tendremos que llevarlo a cuestas bajo el fuego, gracias a Dios; bastará con arrastrarlo". El acarreo de un cuerpo sin resistencia en la oscuridad, con la cabeza destrozada que traquetea; el alivio debido a que la cosa ha dejado de gemir; debido a que el proyectil o la bomba que hizo del hombre un animal ha hecho del animal un cadáver. Para entonces, uno está endurecido, purgado de toda falsa piedad, quizá más egoísta que antes. Lo espiritual y lo animal se dividen de una manera tanto más pronunciada en las horas del combate, y se posesionan del cuerpo por turnos, velozmente. (Char-

---

[21] *The Letters of Charles Sorley*, Cambridge: Cambridge University Press, 1919, p. 305. Citado por Fussell, p. 126.

les Sorley. Carta a Arthur Watts, 26 de agosto de 1915, en *The Letters of Charles Sorley*, Cambridge: Cambridge University Press, 1919).

Sorley había estudiado el idioma alemán y su literatura, y sintió profundamente, y con dolor, el conflicto bélico que enfrentaba a dos países que amaba, lo que lo condujo a un idealismo impracticable. Hay una carta en que da voz al problema ético y emotivo de lealtades divididas que ocasiona en él la guerra:

Inglaterra: estoy harto del sonido de esa palabra. Al entrenarme para luchar por Inglaterra, me estoy entrenando para luchar por esa hipocresía deliberada, por esa terrible pereza de perspectiva que es propia de la clase media, y por esa pasmosa "indolencia imaginativa" que nos ha caracterizado de generación en generación... [...] Creo que después de está guerra, todos los hombres valientes renunciarán a su país y admitirán que son extraños y peregrinos en la tierra... (En Silkin, p. 75).

―――――――――――――――― /// ――――――――――――――――

Cuando ves millones de los muertos sin boca

Cuando ves millones de muertos sin boca
que marchan en pálidos batallones en tus sueños,
no digas cosas amables, como han dicho otros hombres,
cosas que habrás de recordar. Porque no es necesario
[hacerlo.
No los elogies. Pues, sordos ¿cómo sabrán
que no son maldiciones que apilas sobre cada cabeza
[herida?
Ni lágrimas. Sus ciegos ojos no ven brotar tus lágrimas.
Ni honores. Es fácil estar muerto.
Di solo esto: "Están muertos". Añade luego a eso:
"Pero muchos hombres mejores han muerto antes".
Entonces, si examinando toda la abigarrada multitud
encuentras el rostro de alguien que amabas,
es un espectro. Nadie tiene el rostro que conociste.
La gran muerte ha hecho todo suyo para la eternidad.

When you see millions of the mouthless dead

When you see millions of the mouthless dead
Across your dreams in pale battalions go,
Say not soft things as other men have said,
That you'll remember. For you need not so.

Give them not praise. For, deaf, how should they know
It is not curses heaped on each gashed head?
Nor tears. Their blind eyes see not your tears flow.
Nor honour. It is easy to be dead.
Say only this, "They are dead". Then add thereto,
"Yet many a better one has died before".
Then, scanning all the o'ercrowded mass, should you
Perceive one face that you loved heretofore,
It is a spook. None wears the face you knew.
Great death has made all his for evermore.

―――――――――――――――― /// ――――――――――――――――

SECCIÓN III
La poesía de guerra: segunda etapa

Para cuando se introdujo la conscripción, en 1916[22], ya centenares de miles de británicos se habían ofrecido como voluntarios. La cifra de británicos movilizados, que incluía las tropas coloniales, es de ocho millones noventa y cinco mil (Harper, p. 368). El ejército que luchó y murió en los frentes de batalla de Francia y Bélgica fue la mayor fuerza de voluntarios en la historia, e incluía una gran proporción de la juventud educada del país. Esto explica la calidad de la poesía de guerra y de las memorias de guerra, cuyos autores eran jóvenes cultos, poseedores de sólidos conocimientos, a la par que de inteligencia y sensibilidad. Las capillas e iglesias de las universidades y colegios ingleses están colmadas de monumentos y placas que conmemoran a sus ex alumnos muertos en la Gran Guerra. Lo mismo sucedió en Francia, que movilizó a ocho millones cuatrocientos diez mil hombres (Harper, p. 368) y perdió un millón trescientos mil de entre veinte y treinta y dos años. En un monumento conmemorativo situado en una población cercana a Limoges, que muestra a la Virgen Dolorosa lamentándose por sus hijos, hay una inscripción que causó una gran controversia en su tiempo. Dice: "*A nos chers enfants*", palabras seguidas por el nombre de los muertos, y abajo "*Maudite sois la guerre*".

En lo que llamamos el segundo período de la poesía inglesa de guerra, la muerte será vista como mucho menos heroica. Faltará, asimismo, la disposición generalizada de dar la vida por la patria, y aparecerá la crítica a los políticos, que se han quedado en casa. Son "*armchair warriors*", guerreros de sillón, y se los critica por incompetentes, sobre todo los que integran el Estado Mayor. Graves escribe que la continuación de la guerra era tan solo el sacrificio hecho por una idealista generación más joven a las órdenes de estúpidos mayores (Graves, p. 202). Es que se ha abierto una brecha entre la Nación en Gran Bretaña y la Nación Allende los Mares:

> La Nación en Gran Bretaña aún creía en el mito patriótico de una hermosa, heroica guerra contra enemigos diabólicos. La Nación Allende los Mares, en contacto con las realidades de la vida y la muerte, estaba totalmente desilusionada con respecto a la naturaleza heroica de la lucha. Por cierto, a medida que continuaba la guerra, la Nación Allende los Mares se sentía más y más unida sólidamente en sentimiento, no contra los alemanes, sino contra lo que les parecía la insensible, estúpida Nación en Gran Bretaña, el gobierno y, sobre todo, los "espadones"[23] del Estado Mayor. (De Sola Pinto, p. 142).

Fussell aduce que las tropas acusan a la plana mayor del ejército de desconocer la verdadera condición del frente y de tener miedo de acercarse a las trincheras. Culpaban a los generales del desastre del ataque a Passchendaele[24]. Después de semanas

---

22 El *Military Service Act* del 27 de enero de 1916 establecía la obligación de alistarse a los hombres entre dieciocho y cuarenta y un años [http://www.1914-1918.net/msa1916.html].

23 "*Brass Hats*", personajes de elevada jerarquía en la milicia.
24 Passchendaele (hoy Passendale) es una población cerca de Ypres, en Bélgica (Flandes oeste). La batalla conocida

de frustrante espera, llegó la orden (tardía) de atacar. Las tropas tuvieron una enorme dificultad para avanzar. Se empantanaban. Los soldados británicos lucharon en el fango líquido causado por las fuertes lluvias y el colapso del sistema de desagües; muchos se ahogaron, y los cadáveres no pudieron identificarse. Se había tardado cuatro meses en tomar la aldea. Fussell ejemplifica la dramática situación con la visita del teniente general Sir Launcelot Kiggell, del Estado Mayor, en su primera visita al campo de batalla. El vehículo en que iba se enterró en el fango, y el hombre rompió en llanto, desesperado al ver las condiciones en que luchaban las tropas (Fussell, p. 84).

En la poesía asoman la protesta y la crítica, el cinismo y la furia. Y la desilusión, la desesperanza. Ha perdido empuje la peregrina idea de que la guerra durará unas pocas semanas[25]. Ya no hay resignación. Desaparece la retórica del poeta en su papel de "bardo". El tema de la muerte se torna prioritario, y el tono de los poemas se vuelve irónico o sarcástico. Cambia también el estilo poético. Desaparecen las grandes palabras altisonantes. Surge en algunos poetas un lenguaje coloquial, que aflora en un estilo directo que trasmite palabras, expresiones y giros tal cual se los usa en el idioma de todos los días. Se cree que uno de los primeros poemas en expresar una postura en contra de la guerra es *"In the Pink"* [Feliz de la vida], de Siegfried Sassoon, publicado en *The Old Huntsman*, de 1917. Lo había escrito el 10 de febrero de 1916. *The Westminster Gazette* se negó a publicarlo, porque pensó que podía perjudicar el reclutamiento. Lo hemos incluido en la selección de poemas de Sassoon, en general llenos de indignación y furia.

Muchos poetas sienten que el solo hecho de vestir un uniforme, en especial de oficial, los inhibe de criticar. La situación bélica misma, además, produce un fuerte estrés. Hay muchos casos de neurosis de guerra, para la cual se usa entonces el término generalizado de "neurastenia". Las causas son obvias: no solo el carácter mismo de la guerra de desgaste o agotamiento, sino también la pésima condición de la vida en las trincheras, el constante riesgo de muerte, la pérdida de los camaradas… A todo esto, en el caso de los oficiales poetas, se suman los sentimientos conflictivos entre la responsabilidad que han asumido como oficiales y el sentido innato de lealtad, por una parte, y la tortura permanente de la situación bélica. Dos de los poetas de guerra, Owen y Sassoon, son enviados a un establecimiento, Craiglockhart Hospital, para su rehabilitación. Craiglockhart funcionó veintiocho meses durante la guerra y hasta 1919. De hecho, allí se conocieron estos dos poetas[26], y allí Owen empezó a escribir su poesía de guerra, entusiasmado e inspirado por Sassoon, que era ya un poeta reconocido. Uno de los médicos, William Halse Rivers, es una poderosa influencia para Sassoon, y brinda amistad y guía. Hay toda una sección sobre Craiglockhart Hospital en *Sherston's Progress*, uno de los volúmenes de las memorias sobre la guerra de Sassoon[27]. Luego de pasar un tiempo en Craiglockhart, tanto Sassoon como Owen sintieron la carga de la culpa por estar lejos del frente y la urgencia por regresar a Francia como única forma de redención.

Graves se refiere a la "neurastenia" en *Goodbye to All That*. En una visita que hace a Craiglockhart, el Dr. Rivers le explica que la acción de una de las glándulas endocrinas (Graves cree que la tiroides) causaba en el soldado una lenta declinación general en su utilidad militar en el frente. Sin el funcionamiento normal de la glándula, el hombre realizaba sus tareas con apatía,

---

como de Passchendaele (o tercera batalla de Ypres) se libró entre julio y noviembre de 1917. Si bien fue una victoria británica, costó ciento cuarenta mil muertos. Los aliados capturaron cinco millas (ocho kilómetros) de territorio. Passchendaele es sinónimo del sufrimiento de la demoledora guerra de desgaste o agotamiento.

25 Los alemanes habían tenido la misma ilusión. El káiser despidió a sus tropas la primera semana de agosto de 1914 con las siguientes palabras: "Estarán de vuelta en casa antes de que hayan caído las hojas de los árboles" (citado por Tuchman, p. 141).

26 Es sorprendente que, en *Sherston's Progress*, que dedica una gran parte a Craiglockhart Hospital, Sassoon no haga referencia a Owen.

27 Part I. Rivers. *Sherston's Progress*, pp. 7-54. Nos referimos a esto en nuestros comentarios sobre las memorias de Sassoon.

como drogado, hasta que se vencía su resistencia. Graves observa que, en su caso particular, la glándula tardó diez años en recuperarse (Graves, pp. 143-144). Agrega que, en el frente, los oficiales hacían menos que los soldados, pero gastaban más los nervios, razón por la cual el doble de casos de neurastenia se producía entre los oficiales. Muchos se volvían dipsómanos, llegando a tomar al menos "dos botellas de whisky por día, hasta tener la suerte de ser heridos o de ir a su casa de otra manera" (Graves, p. 144).

Todos estos sentimientos y conflictos afloran en la poesía de la segunda etapa. En un grupo de poetas, surge una tendencia que rechaza el sacrificio inútil, la pérdida de una valiosa juventud en una matanza sin sentido, y se ataca a los políticos, al aparato bélico, a la propaganda... Se olvidan cánticos y lemas patrióticos. La poesía se torna realista: los poetas soldados describen los horrores con que se ven obligados a convivir, el sufrimiento diario, su propio dolor, su sacrificio... Paradójicamente, o no, es entonces cuando inspirados poetas hablan desde su propia, dolorosa experiencia, acerca de la muerte de sus camaradas y la vida de las trincheras, entre ratas y cadáveres, en un mundo convertido en fango, que recuerda al légamo primordial. Prevalece la oscuridad. Los soldados son incapaces de ver, sumidos como están en las trincheras. De allí que muchos poemas se caractericen por la ausencia de imágenes visuales. La guerra es la realidad, y el acicate, que lanza una constelación de poetas, de las que nosotros destacamos a cinco: Wilfred Owen, el más prometedor, muere en la guerra, aunque deja un buen número de poemas excelentes; Robert Graves, por el contrario, seguirá produciendo poesía y prosa de calidad e importancia durante una larga vida entregada a la literatura; a otros dos, Siegfried Sassoon y Edmund Blunden, les costará tratar de superar la experiencia que los marcó para siempre: su producción no mengua, pero su obra poética no puede olvidar el holocausto padecido. Isaac Rosenberg, que también muere en el frente, es el único soldado raso: los otros son oficiales. Un hombre solitario por naturaleza, consciente de su diferencia como judío, Rosenberg sufre enormemente. No tiene tiempo ni espacio privado para escribir. Graves, Sassoon y Blunden dejaron documentos fundamentales, autobiografías y memorias que historian su experiencia y cuya singular importancia radica precisamente en el hecho de ser testimonios directos de la guerra. Owen y Rosenberg dejan sus cartas. Todos, sus poesías.

Una voz se alza contra la poesía de guerra, la del más grande poeta en lengua inglesa del período que va desde las décadas finales del siglo XIX hasta la mitad del XX: William Butler Yeats. Quizá por ser irlandés, y porque en ese momento Irlanda estaba convulsionada por ideas revolucionarias contra Gran Bretaña, y se acentuara en los irlandeses un fuerte deseo de independencia, fuera natural que Yeats poco se interesara por la suerte de los ingleses. Si bien escribió un par de poemas de guerra, ambos sobre irlandeses ("*In Memory of Major Robert Gregory*" y "*An Irishman Foresees His Death*", incluidos en el poemario *The Wild Swans at Coole*, de 1919), declaró oponerse a la poesía de guerra. En un breve poema escrito el 6 de febrero de 1915, "*On Being Asked for a War Poem*", decía: "*I think it better in times like these / A poet's mouth be silent, for in truth / We have no gift to set a statesman right...*" [Creo que es mejor en tiempos como estos / que la boca de un poeta permanezca en silencio, porque en verdad / no tenemos la aptitud de corregir a un estadista...].

Dejó sentada su posición crítica negativa referida a la poesía de guerra en su *Introduction to the Oxford Book of Modern Verse 1892-1935* [Introducción al libro de Oxford de poesía moderna, 1892-1935], antología en la que omitió a todos los poetas de la Gran Guerra, y explicó sus razones:

> Tengo aversión a ciertos poemas escritos en medio de la Gran Guerra; están en todas las antologías. Sin embargo he incluido "*End of the War*" [Fin de la Guerra], de Herbert Read, escrito mucho tiempo después. Los autores de estos poemas eran invariablemente oficiales de coraje y capacidad excepcionales, uno de ellos un hombre a quien constantemente se lo seleccionaba para tareas peligrosas; todos, creo, recibieron la Cruz

Militar; sus cartas son vívidas y ocurrentes. No carecían de alegría –pues toda competencia es alegre– pero (en las palabras de los más conocidos) se sentían obligados a suplicar por el sufrimiento de sus hombres. En poemas que durante un tiempo tuvieron una considerable fama, escritos en primera persona, hicieron suyo ese sufrimiento. He rechazado estos poemas por la misma razón que hizo que [Matthew] Arnold retirara su *"Empedocles on Etna"* de circulación: el sufrimiento pasivo no es un tema para la poesía. En todas las grandes tragedias, la tragedia es una alegría para el hombre que muere; en Grecia, el coro trágico danzaba. (*Introduction*, p. xxxiv.)

En una carta vuelve al tema. Escribe allí:

Mi antología se sigue vendiendo, y los críticos se enojan más y más. Cuando excluí a Wilfred Owen, a quien considero indigno del rincón de poetas de un diario de pueblo, no sabía que estaba excluyendo a un Hombre-sándwich reverenciado de la revolución & que alguien ha puesto a su peor y más famoso poema en una vitrina del Museo Británico; sin embargo, de haberlo sabido, lo hubiera excluido lo mismo. Es todo sangre, suciedad & caramelo succionado (fíjate en la selección de la antología de Faber's: a los poetas los llama "bardos", a una muchacha, "doncella" y habla de "guerras titánicas")[28]...

Poetas mujeres

Merece un libro aparte el destacado papel que desempeñaron las mujeres poetas en la guerra, conocido en nuestros días, en gran parte, a partir de la década de 1980, luego de la popularidad de los estudios de género. En el caso específico del conocimiento de las poetas que escribieron sobre la Gran Guerra, contribuyó muy especialmente la aparición de la antología de Catherine Reilly titulada *Scars Upon My Heart: Women's Poetry of the First World War* (London: Virago, 1981).

Muchas mujeres tuvieron una participación activa en la Gran Guerra, como enfermeras (cerca del Frente), operadoras telefónicas, policías, operarias en fábricas de municiones, en transporte, cultivo y labranza. Todas merecen un lugar destacado en el esfuerzo de guerra. En 1917 se estableció el W.A.A.C., *Women Army Auxiliary Corps* [Cuerpo Auxiliar del Ejército de Mujeres], donde el trabajo consistía en la conducción de pesados camiones, tareas de limpieza y de oficina (Sillars, p. 12). Asimismo, debemos mencionar el V.A.D., *Volunteers Aid Detachment* [Destacamento de Auxilio Voluntario], fundado en 1909 en Gran Bretaña, un servicio de enfermeras, conductoras de ambulancias, cocineras, ayudantes de cocina, planchadoras, etc.

Es indudable que todas las mujeres, sin distinción, además de como seres humanos y ciudadanas, sufrieron como hermanas, hijas, novias o esposas de soldados en las trincheras. Algunas de las poetas ya eran autoras de poemarios o colaboradoras en diarios y revistas o partícipes en antologías, pero habían sido olvidadas. De hecho, todo período literario se constituye a veces tardíamente en la historia y se enriquece o gana en complejidad con el redescubrimiento de una multiplicidad de fuerzas, ideologías y contradicciones. Los estudios de género han despertado el justo interés en las mujeres poetas de la Gran Guerra, y han contribuido de manera decisiva a la exhumación de muchas de ellas. En la antología arriba mencionada, más de ochenta años después, Catherine Reilly identifica a quinientas treinta y dos poetas británicas, ignoradas en publicaciones del momento. En una serie de populares antologías contemporáneas, como las tituladas *"Georgian Poetry"* (véase nuestra nota 56 en p. 58), donde figuran poemas de varias decenas de poetas, algunos de ellos poetas soldados (Rupert Brooke, Edmund Blunden, Robert Graves, Robert Nichols, Isaac Rosenberg y Siegfried Sassoon) hay solo una mujer, Vita Sackville-West, con una selección de siete poemas, ninguno de los cuales se refiere a la guerra.

---

28 Carta del 26 de diciembre de 1936, en *Letters on Poetry from W. B. Yeats to Dorothy Wellesley*, p. 113 [http://www.english.emory.edu.LostPoets/Yeats.html].

Por otra parte, en ninguna de las dos antologías poéticas más difundidas que se ocupan del tema, publicadas durante la guerra, *Soldier Poets*, de Galloway Kyle (London: E. Macdonald, en dos partes, primera serie, 1916, y segunda, 1917) y *The Muse in Arms*, editada por Edward Bolland Osborn (London: John Murria, 1917), hay ningún poema de autoras mujeres.

El tema del género mereció la atención de Virginia Woolf, sin duda la escritora más importante que vivió y escribió durante la Gran Guerra. En su libro *Three Guineas* [Tres guineas], de 1938, se refiere a la situación de la mujer en general y, en particular, a su relación con el tema de la guerra.

Hay en esta escritora feminista un sentimiento profundo por la exclusión de la artista mujer. En la época que le tocó vivir (1882-1941), la educación de las mujeres de clase intelectual o clase media alta seguía un patrón menos definido que el de los varones. Se las dejaba en manos de gobernantas y se las educaba para cultivar las gracias (dibujo, música, comportamiento social y un francés rudimentario), aunque a algunas se les proporcionaba una educación más seria. Ya en 1870 se habían entreabierto las puertas de las universidades a las mujeres.

En *Three Guineas*, publicado en 1938, escrito en los años de la Guerra Civil española, con la amenaza de la Segunda Guerra en el horizonte, Woolf se refiere específicamente al problema de la mujer en relación con la guerra, tema que le interesa especialmente, por ser mujer y pacifista. Se pregunta cómo impedir las guerras, y llega a la conclusión de que el deseo de dominación del padre es igual al de Hitler y que las batallas contra el estado patriarcal y contra el fascismo están relacionadas íntimamente. La guerra misma y el deseo de pelear derivan, en gran parte, del concepto de hombría y de la necesidad del hombre de probarse como tal. Woolf ve la guerra como el resultado ancestral de fuerzas impersonales, que están más allá del alcance del razonamiento.

Si bien en Gran Bretaña se otorgó el voto a la mujer en 1918, su situación siguió estando en marcada desventaja tanto social, económica como políticamente. En educación, las mujeres tardaron en lograr la igualdad total con los hombres. Las universidades de mujeres no eran miembros de Oxford ni de Cambridge, y las mujeres solo después de una dura lucha obtuvieron el derecho de poner su título (B.A. o M.A.) después del nombre. Tampoco se admitían mujeres en el tradicional *United Universities Club*, fundado en 1821. Solo a partir de 1971 empezó a permitirse el ingreso de mujeres, aunque solo como "miembros asociados"[29].

Refiriéndose a la actividad bélica a través de las épocas, Woolf ve que la pelea siempre ha sido propia del hombre, de manera innata. En el curso de la historia, muy pocos seres humanos han caído por la bala de un fusil esgrimido por una mujer, apunta Woolf. Cita una carta de Julian Grenfell[30], en la que el poeta soldado se refiere a la guerra como la mejor vida posible, y dice que peleando es totalmente feliz. Woolf llega a la conclusión de que los hombres tienen razones poderosas para defender la guerra: es una profesión, una fuente de felicidad y excitación y una manera de demostrar las cualidades masculinas, sin las cuales el hombre se deterioraría (Woolf, p. 8).

Woolf encuentra una noble excepción en un poeta muerto en la Gran Guerra, Wilfred Owen, y cita una de sus cartas desde el hospital de campaña del Somme, en la que Owen se refiere a uno de los mandatos esenciales de Cristo: Pasividad a cualquier precio. Y agrega Owen: "Sufre deshonor y deshonra, pero jamás recurre a las armas. Deja que te intimiden, que te ultrajen, que te maten, pero no mates... Cristo está, literalmente, en la Tierra de Nadie"[31] (Woolf, p. 8).

Sin embargo, la gran mayoría de los hombres siempre ha estado a favor de la guerra, y una de las principales razones de esto es el patriotismo, patriotismo que es ensalzado en las escuelas y universidades inglesas, para quienes el bien supremo es el amor a Inglaterra (Woolf, pp. 9-10).

En un ensayo sobre Virginia Woolf, el novelista E. M. Forster, contemporáneo y amigo de Virginia,

---

29 [http://www.oxfordandcambridgeclub.co.uk/].
30 Véase "Primera parte. Sección II. La poesía de guerra: primera etapa".
31 Carta de Owen a su madre, citada en Stallworthy: *Wilfred Owen. A Biography*, pp. 185-186.

escribe sobre la postura feminista de Woolf, desde una posición crítica:

> Estaba convencida de que la sociedad es una creación masculina, que las principales ocupaciones de los hombres son derramar sangre, hacer dinero, dar órdenes y usar uniformes, y que ninguna de estas ocupaciones es admirable. Las mujeres se visten por diversión o para sentirse bonitas; los hombres, por pomposidad; y no tenía compasión por el juez y su peluca, el general y su parafernalia, o el obispo y su manto, y ni siquiera por el inofensivo profesor y su toga... (Forster, p. 261).

Virginia Woolf sostiene que la educación inglesa inculcó las ideas patrióticas que hicieron que también las mujeres, en especial las hijas de hombres educados, corrieran a ofrecer su colaboración y esfuerzo a los hospitales, "algunas de ellas escoltadas aún por sus sirvientas"; condujeron camiones, trabajaron en los campos y en fábricas de municiones, y usaron sus inmensas reservas de encanto y de compasión para convencer a los hombres jóvenes que pelear era heroico y que los heridos en el campo de batalla merecían todo su cuidado y todos sus elogios... (p. 39).

Si bien existe una idea general de que las mujeres que escriben sobre la guerra escriben poemas anecdóticos y olvidables, triviales y de escaso valor, o sensibleros, no es esta una apreciación justa ni imparcial. Se necesitó una antología como la ya mencionada de Reilly y el impulso de Women Studies (Estudios sobre la mujer) para poner las cosas en su lugar e intentar hacer a un lado juicios cargados de discriminación y ceguera. Como sucede con poetas ingleses consagrados que, sin ser soldados, escribieron poemas sobre la guerra (Thomas Hardy, John Masefield, Walter de la Mare), la poesía de guerra de las mujeres se diferencia en actitud y sensibilidad de la poesía de los soldados poetas. Estos están en las trincheras, haciendo frente a las balas y al terror, y presentan su experiencia directa de las atrocidades de la guerra, lo que, en el caso de la mayoría (si no en la totalidad) de las mujeres está, por necesidad, ausente. Las mujeres se han quedado atrás, solas, lo que en autoras como Nora Bomford es un reproche de género: a ellas no se les permite arriesgar la vida. ¿Es porque no tienen el temperamento requerido? ¿Porque son distintas, inferiores? La actitud social del momento las relega al hogar, a una protección y una seguridad que las hace sentirse culpables. Ellas comparten con los hombres el dolor y la angustia y el dramatismo de la separación del ser amado. A esto las mujeres incorporan temas privativos de su sexo, como la desolación del hogar vacío o la reacción de los hijos sin padre. También en la poesía de las mujeres se da la diferencia entre una poesía inicial que celebra el patriotismo, el honor, la gloria y el coraje, y otra posterior que reemplaza el fervor de la patria por una oposición pacifista.

A continuación incluimos una nómina de algunas de las poetas más destacadas con algunos ejemplos representativos.

Marian Allen (1892-1953), poeta británica, es autora de *The Wind on the Downs* (1918), un breve poemario de sesenta y tres páginas. Su hermano murió en Bélgica en 1915 y su prometido, Arthur Greg, en 1917. Posteriormente, Marian se convirtió en una exitosa autora e ilustradora de libros infantiles. Nunca se casó[32].

---

32 [http://en.wikipedia.org/wiki/Marian_Allen].

El viento en los cerros (1916)	*The Wind on the Downs*
Quería escribirte acerca de los cerros	*I'd meant to write to you about the Downs,*
y de los caminos de blanca creta que se extienden	*And of the white chalk roads that stretch away*
hacia vistas distantes de apiñados pueblos de Sussex	*To distant views of the huddled Sussex towns*
y de molinos de viento de pie como centinelas, y grises.	*And windmills standing sentinel and grey.*
Quería trepar hasta poder ver el mar,	*I'd meant to climb until I saw the sea,*
el canal como el brillo de una cinta de plata;	*The channel like a silver ribbon shine;*
y sentir el viento del cerro soplando fuerte y libre,	*And feel the Down wind blowing strong and free,*
y oír los cañones desde la distante línea de batalla.	*And hear the guns from the far battle-line*
Otra vez estoy de pie sobre el pasto barrido por el viento,	*Again I stand upon the wind-swept grass.*
hace seis meses tan quieto y blanco de escarcha;	*Six months ago so stilled and white with frost;*
desde entonces sucedió tu extraña aventura,	*Since the your strange adventure came to pass,*
porque mientras recorro los cerros veo	*For as I wander on the Downs I see*
tu sombra en el viento que me sigue.	*Your shadow in the wind chase after me.*

Este cuasi soneto (tiene trece versos o tres cuartetos y un verso final, de rima alterna) de Marian Allen es un simple y sentido poema escrito en 1917, a los pocos días de la muerte del prometido de la poeta, el capitán Arthur Tylston Greg. El poema adopta la forma de una carta en que se presume que el destinatario aún vive, si bien las referencias a "tu extraña aventura" y a la "sombra" del último verso, ya sugieren muerte y el acoso de la sombra de un fantasma. Los "Downs" del título, que traducimos como "cerros", son un área de montañas de baja altura en el condado de Sussex, en el sudeste de Inglaterra, cuya costa bordea el canal de la Mancha. El cerro de mayor altura de los Downs, Blackdown, es de doscientos ochenta metros. El tema del poema, recurrente en la poesía de mujeres de esta época, es la añoranza del ser amado. El uso del paisaje agreste, con molinos de viento como "centinelas grises", el ruido de la batalla que llega del Frente belga, los pastos, blancos de escarcha sugieren una simpatía entre el ánimo abatido de la poeta y el paisaje invernal, recurso llamado "falacia patética".

Pauline Barrington (1876-?). Figura en la antología *Poems Written During the Great War 1914-1918: An Anthology* (ed. Bertrand Lloyd, London: George Allen & Unwin, 1918). Asimismo, se incluye un poema suyo en la prestigiosa revista estadounidense *Poetry. A Magazine of Verse* (ed. Harriet Monroe. Vol. XII, N° VI, September 1918).

Nora Bomford. Carecemos de datos, salvo que esta poeta, autora de un poema titulado *"Drafts"*, aquí incluido, adquirió notoriedad luego de su mención en la antología de Catherine Reilly, *Scars Upon My Heart*. Posteriormente se supo que es autora de *Poems of a Pantheist* (London: Chatto & Windus, 1916).

Reclutamientos	Drafts

Despertando a la oscuridad; el temprano silencio
    [quebrado
por el grito de la gaviota, y algo indefinido
y lejano. A través de sentidos, a medias despiertos,
una vaga pregunta se arrastra hasta la mente.
¿Qué está pasando? Colina abajo cobra vida un
    [movimiento
y en el recodo da un salto al reconocimiento;
entonces el corazón se despierta, y capta la realidad, y
    [se enferma:
"¿Estamos descorazonadas?"... "Mantened vivo el fuego
    [del hogar".
Ellos van sabrá Dios a dónde, con cantos a Inglaterra,
y yo estoy en la cama, con cintas en el camisón.
    . . . .
El sexo, nada más, componente no más importante
que los que hacen que una ceja se curve o baje,
en origen un simple accidente que, más tarde,
decidió la mayor diferencia de todas.
Y, en una guerra, involucra el riesgo de muerte
frente a una vida de normalidad física,
¡tan horriblemente segura! ¡Ay, maldita sea la consigna
del momento! Dios sabe que tenemos personalidades
    [iguales:
¿por qué deben los hombres enfrentar la oscuridad
    [mientras las mujeres nos quedamos
para vivir y reír y saludar al sol todos los días?
    . . . .
Ellos se han ido. La escolta de tambores palpita en la
    [distancia,
y colina abajo los gritos de las gaviotas cunden,
clamorosos. Pero con su estridente persistencia
creo que me están diciendo: "Tomos somos una Vida".
Una vida, tanto cuando flameábamos juntos,
igualmente unidos, igualmente indivisibles, como
    [entonces;
cuando no hay nada separado, ¿importa si
vivimos como mujeres o morimos como hombres?
¿o bajamos en picada como gaviotas? Todo es parte
de un instante supremo, el corazón inmortal.

Waking to darkness; early silence broken
By seagull's cried, and something undefined
And far away. Through senses half-awoken,
A vague enquiry drifts into one's mind.
What's happening? Down the hill a movement quickens
And leaps to recognition round the turning –
Then one's heart wakes, and grasps the fact, and sickens –
'Are we down-hearted'...'Keep the home fires burning'.
They go to God-knows-where, with songs of Blighty,
While I'm in bed, and ribbons in my nightie.
    . . . .
Sex, nothing more, constituent no greater
Than those which make an eyebrow's slant or fall,
In origin, sheet accident, which, later,
Decided the biggest difference of all.
And, through a war, involves the chance of death
Against a life of physical normality –
So dreadfully safe! O, damn the shibboleth
Of sec! God knows we've equal personality,
Why should men face the dark while women stay
To live and laugh and meet the sun each day?
    . . . .
They've gone. The drumming escort throbs the distance,
And down the hill the seagulls' cried are rife,
And clamorous. But in their shrill persistence
I think they're telling me – 'We're all one Life'.
As much one life as when we flamed together,
As linked, as indivisible, as then;
When nothing's separate, does it matter whether
We live as women or die as men?
Or swoop as seagulls? Everything is part
Of one supreme intent, the deathless heart.

Poema de Nora Bomford escrito en 1917, de tres estrofas de diez versos yámbicos, de rima alternada y un *heroic couplet* (líneas pareadas en pentámetro yámbico) final. La poeta da voz a una queja fundada en la desigualdad existente sobre la diferencia de género. El hecho de ser mujer la priva de arriesgar la vida, como lo hacen los soldados: le está vedado ser una ciudadana activa a la par del hombre. La mujer es relegada al hogar, lo que es expresado aquí con un lugar común: *keep the home fires burning*, que hemos traducido como "mantened vivo el fuego del hogar". La frase proviene de una canción patriótica de 1914, con música de Ivor Novello[33] y letra de Lena Gilbert Ford, que la lleva como título.

———————————————————— /// ————————————————————

Vera Brittain (1893-1970). Escritora, feminista y pacifista, fue enfermera voluntaria en la guerra, y como tal sirvió en Londres, Malta y Francia. Fue una de las primeras mujeres en graduarse en Oxford, después de la guerra. Algunos de sus poemas fueron incluidos en *Poems of the War and After* (London: Victor Gollancz, 1934). Narra sus experiencias durante la guerra y el inicio de su cruzada en pro del pacifismo en *Testament of Youth* (London: Victor Gollancz, 1933) y en su diario Chronicle of Youth (London: Victor Gollancz, 1934). Su novio, un hermano y dos amigos cercanos murieron en la guerra.

———————————————————— /// ————————————————————

Santuario de hospital

Cuando en un cataclismo del mundo lo has perdido todo,
cuando has sufrido y rezado, y visto que eran en vano
[tus rezos;
cuando ha muerto el amor y no puede renacer la
[esperanza,
ellos aún te necesitan: vuelve a ellos.
. . . .
Cuando los días tristes traen la pérdida de toda ambición,
y se ha ido el orgullo que para soportar te daba fuerzas;
cuando está roto el poder de decisión y destrozados los
[sueños,
vuélvete a ellos, que de tu atención dependen.
. . . .
Ellos también han sondeado la profundidad de la
[angustia humana,
viendo que todo lo que importaba se desvanecía en el
[viento.
Las oscuras moradas del dolor en donde languidecen
ofrecen la paz por la que finalmente rezas.

Hospital Sanctuary

When you have lost your all in a world's upheaval,
Suffered and prayed, and found your prayers were vain,

When love is dead, and hope has no renewal -

These need you still; come back to them again.
. . . .
When the sad days bring you the loss of all ambition,
And pride is gone that gave you strength to bear,
When dreams are shattered, and broken is all decision -

Turn you to these, dependent on your care.
. . . .
They too have fathomed the depths of human anguish,

Seen all that counted flung like chaff away;

The dim abodes of pain wherein they languish
Offer that peace for which at last you pray.

Poema escrito en 1918, cuando Vera Brittain regresó al Frente como enfermera del V.A.D., *Voluntary Aid Detachment* [Organización de Ayuda Voluntaria] luego de la muerte de su hermano Edward, de veinticinco años, el 15 de junio de 1918. Había luchado con el Regimiento 7° de Worcestershire. Vera también

33   Véase nuestra nota 134, en p. 133.

perdió en la guerra a su prometido Roland Leighton, íntimo amigo de su hermano[34].

En este poema de cuatro estrofas de métrica yámbica con rima alternada, Brittain desnuda su profundo dolor por la muerte de su hermano y de su prometido, insistiendo en la necesidad de no caer en la desesperación, insistencia que, irónicamente, el poema en sí prueba ineficaz. Es un poema declarativo, de escasos recursos poéticos. Es dable destacar el uso de palabras abstractas que expresan el estado anímico de la voz poética: *dead love,* *dead hope, loss of ambition, loss of pride, shattered dreams*, etc. La poeta refuerza su hondo sufrimiento con el ritmo insistente del poema, la repetición de términos como (*prayed/ prayer*) y la utilización de estructuras sintácticas con *when*, que se usan en cuatro versos del total de doce. En la tercera estrofa, como una suerte de remate, un símil, *like chaff*, inesperado en medio del estilo desnudo, adquiere gran fuerza y resume la idea básica de que en un estado de enorme desesperanza todo lo que podría servir de consuelo se desvanece como paja en el viento.

―――――――――― /// ――――――――――

Mary Weddburn Cannan (1893-1973). Es autora de los poemarios *In War Time* (Oxford: B. H. Blackwell, 1917) y *The Splendid Days* (Oxford: B. H. Blackwell, 1919). Se desempeñó en el Departamento de Espionaje del Ministerio de Guerra (*War Office*) en París en 1918. Asimismo, sirvió como enfermera en la guerra. Su prometido murió de influenza en el Frente. En 1934 publicó sus memorias, *The Lonely Generation*, que incluyen su participación en la guerra[34].

Margaret Postgate Cole (1893-1980), feminista, pacifista y socialista atea, fue miembro de la Fabian Society. Enseñó en Oxford y fue profesora de clásicos en un colegio para mujeres, St. Paul's Girls. Es autora de un famoso poema sobre la guerra, *The Fallen Leaves*[35].

Eva Dobell (1867-1973), enfermera voluntaria durante la guerra, es autora de poemas ocasionales sobre heridos y prisioneros de guerra, muchos de ellos incluidos en la antología *A Bunch of Cotswold Grasses* (London: Arthur H. Stockwell, 1919)[36].

Helen Parry Eden (nacida en 1885) es autora del poemario *Bread and Circus* (London: John Lane, 1914), de poemas publicados en las revistas *Punch* y *The Pall Mall* y en la antología *Coal and Candlelight and Other Verses* (London: John Lane, 1918). Chesterton elogió su poesía en la revista literaria británica *The New Age*, publicada entre 1907 y 1922. Se desconoce la fecha de su muerte.

Eleanor Farjeon (1881-1965). Autora inglesa conocida por sus cuentos infantiles, mágicos y nada sentimentales, muchos de los cuales se burlan del mundo de los adultos. Han sido traducidos al español. Fue una gran amiga del poeta Thomas[37],

---

34 [http://www.oucs.ox.ac.uk/www1/collections/brittain].
35 [http://www.spartacus.schoolnet.co.uk/Wcannan.htm].
36 [http://en.wikipedia.org/wiki/Margaret_Cole].
37 [http://en.wikipedia.org/wiki/Eva_Dobell].
38 Edward Thomas (1878-1917), poeta que luchó y murió en la guerra. Escribía poesía sin demasiado entusiasmo, hasta conocer al estadounidense Robert Frost, que lo alentó para que siguiera escribiendo. Su reputación poética ha crecido considerablemente, y hoy es considerado uno de los poetas más importantes de su generación. No confundir con David Cuthbert Thomas ("Tommy", 1895-1916), soldado galés, amigo de Robert Graves y de Sassoon. Tuvo una relación amorosa con este último. Véase en p. 119 la nota sobre los poemas de Robert Graves referida al poema "*Not Dead*".

que murió en la guerra. El poema *"Easter Monday"*, que traducimos abajo, fue escrito el 9 de abril de 1917, en memoria de Thomas.

Lunes de Pascua	***Easter Monday***
En la última carta que recibí de Francia me agradecías el huevo de Pascua de plata que yo había escondido en la caja de manzanas que te gustaba comer más que otras frutas. Encontraste el huevo el lunes antes de Pascua, y dijiste: "Bendeciré el lunes de Pascua ahora: era una mañana tan linda". Luego hablaste de la próxima batalla y dijiste: "Esta es la víspera. Adiós. Y ojalá reciba una carta pronto".	*In the last letter that I had from France You thanked me for the silver Easter egg Which I had hidden in the box of apples You liked to munch beyond all other fruit. You found the egg the Monday before Easter, And said. 'I will praise Easter Monday now - It was such a lovely morning'. Then you spoke Of the coming battle and said, 'This is the eve. 'Good-bye. And may I have a letter soon'.*
. . . .	. . . .
Ese lunes de Pascua era un día de alabanza; era una mañana tan linda. En nuestro jardín sembramos las primeras semillas, y en el huerto florecían los brotes del manzano. Era la víspera. Hay tres cartas que no recibirás.	*That Easter Monday was a day for praise, It was such a lovely morning. In our garden We sowed our earliest seeds, and in the orchard The apple-bud was ripe. It was the eve. There are three letters that you will not get.*

Este poema escrito en memoria del poeta Edward Thomas, amigo de Eleanor Farjeon, es un soneto simple, no rimado, en el que tácitamente Farjeon expresa dolor por su muerte. El dolor está en el contraste básico entre un día de conmemoración religiosa de la Pascua de Resurrección, y el florecimiento de la naturaleza, por una parte, y la muerte del poeta, por la otra. De tono conversacional y desprovisto de recursos poéticos, concentra la pena de la voz poética en el verso final, con la referencia a las cartas ya enviadas, que Thomas no habría de recibir.

Nina MacDonald. Otra poeta recuperada por Catherine Reilly en *Scars Upon My Heart*. Carecemos de datos, salvo que es autora de *Wartime Nursery Rhymes* (London: George Routledge and Sons, 1918).

Tres ratoncitos ciegos	***Three Blind Mice***
Tres ratoncitos ciegos que van bailando que van cantando todos heridos por una bala alemana por un campo que van cruzando, cerca de Verdún No les importa un rábano, porque siguen corriendo esos tres ratoncitos.	*Three blind mice Dancing along Singing a song They all got hit by a German gun While crossing a field, just outside Verdun They don't care a bit, for they still can run Those three blind mice.*

El hecho mismo de usar rimas infantiles para poemas de guerra, y por ende de muerte, denota una gran ironía. *"Three Blind Mice"* es una rima tradicional inglesa, publicada en *Deuteromelia* o *The Seconde part of Musicks melodie*, de 1609, cuyo editor, y posiblemente autor, era Thomas Ravenscroft. Ya en su origen tenía un fin irónico, de intención política contra la reina Mary I, quien, según se decía, cegó y ejecutó a tres obispos protestantes en 1555, aunque se cree que no fueron cegados antes de su ejecución. La rima, incorporada más tarde en *Mother Goose*, fue usada, con música, como cortina por *Los tres chiflados* [*The Three Stooges*] en sus cortos de las décadas de 1940 y 1950.

―――――――――――――― /// ――――――――――――――

Charlotte Mew (1870-1928) es una autora británica de vida trágica. Era hija mayor de siete hermanos, tres de los cuales murieron en la infancia. Otro de sus hermanos y una hermana fueron internados en hospitales psiquiátricos a los veintitantos años, por el resto de su vida. Charlotte vivió con una hermana. No es de extrañar que los temas de su poesía fueran la muerte, la locura, la soledad y la desilusión. Muy talentosa, fue reconocida por poetas como Thomas Hardy, John Masefield y Ezra Pound. Su obra ha sido reunida en *Collected Poems and Prose* (London: Carcanet/Virago, 1981). Puso fin a su vida el 24 de marzo de 1928.

―――――――――――――― /// ――――――――――――――

Mayo, 1915

Recordemos que la primavera habrá de regresar
a los chamuscados y ennegrecidos bosques,
 [cuyos lastimados árboles
con antigua y sabia paciencia la lluvia celestial esperan,
seguros del cielo, seguros de que el mar ha de enviar
 [su curativa brisa,
seguros del sol, de que incluso a ellos
seguramente la primavera, cuando quiera Dios,
volverá como sorpresa divina
a quienes hoy acompañan a sus amados Muertos,
 [sus manos en sus manos,
sus ojos en sus ojos
unidos en el Amor, unidos en su Dolor: ciegos a las
 [esparcidas cosas
y a los cambiantes cielos.

May, 1915

Let us remember Spring will come again
To the scorched, blackened woods, where the wounded
 [trees
Wait with their old wise patience for the heavenly rain,
Sure of the sky: sure of the sea to send its healing breeze,

Sure of the sun, and even as to these
Surely the Spring, when God shall please,
Will come again like a divine surprise
To those who sit today with their great Dead, hands in
 [their hands
Eyes in their eyes
At one with Love, at one with Grief: blind to the scattered
 [things
And changing skies.

Bello poema de Charlotte Mew, de duelo por los muertos en la guerra, con el trasfondo del inevitable ciclo de las estaciones que aparecen como tema de las cuatro primeras líneas. Se abre con la primavera, que trae el alivio de la lluvia a la naturaleza. El breve poema consta de once versos de regular rima alternada en los ocho primeros versos. Luego el noveno rima con el décimo primero, con el décimo libre. Interesa el uso insistente de *"sure"* y *"surely"*, que seguramente connotan la duda o escepticismo o al menos indiferencia de los deudos que solo tienen su dolor y están ciegos a lo que los rodea. "Sorpresa divina" refuerza la ironía: ¿qué consuelo pueden encontrar los dolientes?

―――――――――――――― /// ――――――――――――――

Marjorie Pickthall (1883-1922), canadiense nacida en Londres, bibliotecaria y conductora de ambulancia durante la guerra, es autora de los poemarios *Lamp of Poor Souls and Other Poems* (1916) y *The Wood Carver's Wife and Other Poems* (Toronto: McClelland & Stewart, 1922). Prolífica escritora, publicó numerosos artículos, alrededor de doscientos cuentos y cien poemas en revistas como *Atlantic Monthly*, *Harpers's* y *Scribner's*[39].

Hombres que marchan

Bajo el sereno cielo invernal
vi pasar un centenar de Cristos.
Cantaban, libres y desapasionados,
en su camino al calvario.

. . . .

Con mirada indiferente y labios sueltos
marchaban en sagrada camaradería.
Para que el cielo pudiera santificar el mundo,
entregaban sus terrenales sueños para engalanar
[la tumba.

. . . .

Con almas sin purificar y aliento resuelto
tomaron el sacramento de la muerte.
Y por cada cual, lejos y por separado,
siete espadas han partido un corazón de mujer.

Marching Men

Under the level winter sky
I saw a thousand Christs go by.
They sang an idle song and free
As they went up to calvary.

. . . .

Careless of eye and coarse of lip,
They marched in holiest fellowship.
That heaven might heal the world, they gave
Their earth-born dreams to deck the grave.

. . . .

With souls unpurged and steadfast breath
They supped the sacrament of death.
And for each one, far off, apart,
Seven swords have rent a woman's heart.

Poema de tres cuartetos de rima pareada que establece una analogía entre los soldados que marchan a la batalla y Cristo que arrastra la cruz en su Calvario. Según esta analogía, que hará también Wilfred Owen, todo soldado es una víctima propiciatoria del crimen de la guerra. La estrofa final refuerza la connotación religiosa del poema: el dolor que causa la muerte de los soldados en sus seres queridos se compara con el sufrimiento de María: "siete espadas", siete dolores, partieron el corazón de María, *mater dolorosa*.

Jessie Pope (1848-1941) es autora de tres colecciones de poemas de guerra: *Jessie Pope's War Poems* (London: Grant Richards, 1915), *More War Poems*, (London: Grant Richards, 1915) y *Simple Rhymes for Stirring Times* (London: C. Arthur Pearson, 1916). Sus poemas aparecieron también en revistas y diarios, como *Punch*, the *Daily Mail* y the *Daily Express*[39].

---

39 [http://library.vicu./utoronto.ca/collections/Special_Collections/f19_m_pickthall].
40 [http://www.oxforddnb.com/public/dnb/98109.html].

Margaret Sackville, Lady (1881-1963), socialista y pacifista, fue una autora prolífica. Era hija de un noble. Tuvo una relación amorosa con Ramsay MacDonald (1866-1937), de extracción humilde, que pertenecía al partido Laborista y fue Primer Ministro en 1924, 1929-1931 y de La Colición Nacional, 1931-1935[41]. Entre sus poemarios sobre la guerra se destacan *The Pageant of War* (London: Simpkin, Marshall, Hamilton, Kent & Co., 1916) y *Selected Poems*, 1919[42].

Un recuerdo

No había ningún sonido, ni llanto en la aldea,
nada que se pudiera contar como sonido, eso es, después
 [de la metralla;
salvo, detrás de un muro, un débil sollozar de mujeres,
el chirrido de una puerta, un perro perdido: nada más.

. . . .

Un silencio que podía oírse, un silencio sin lástima,
horrible, blando como sangre, allá por los caminos
 [manchados de sangre;
en el medio de la calle, dos cuerpos sin enterrar,
y una mujer herida de bayoneta mirando fijo en la plaza
 [del mercado.

. . . .

Gente humilde y desolada: no hay en ellos el orgullo de
 [la conquista;
su única súplica: "¡Danos, Señor, el pan nuestro de cada día!"
no nos acosa el fuego de la batalla, ni las granadas.
¿Quién habrá de librarnos del recuerdo de estos muertos?

A Memory

There was no sound at all, no crying in the village,
Nothing you would count as sound, that is, after the shells;
Only behind a wall the low sobbing of women,
The creaking of a door, a lost dog –nothing else.

. . . .

Silence which might be felt, no pity in the silence,
Horrible, soft like blood, down all the blood-stained ways;
In the middle of the street two corpses lie unburied,
And a bayoneted woman stares in the market-place.

. . . .

Humble and ruined folk –for these no pride of conquest,
Their only prayer: "O Lord, give us our daily bread!"
Not by the battle fires, the shrapnel are we haunted;
Who shall deliver us from the memory of these dead?

Este poema es un ejemplo de la poesía tradicional de Margaret Sackville. Consta de tres estrofas sin rima, sobre el recuerdo traumático que dejará la guerra en los sobrevivientes. Se inicia con una escena posterior a una batalla, donde dominan el silencio de la muerte y el llanto de las mujeres, con recursos de repetición de palabras clave (*sound, silence, blood*), y luego de agregar ejemplos de destrucción (caminos manchados de sangre, dos cuerpos sin enterrar, una mujer herida) concluye con una pregunta retórica referida al recuerdo imborrable que será la secuela de la guerra.

May Sinclair (1863-1946), sufragista, trabajó durante la guerra en la Unidad de Ambulancias en Francia. Relató sus experiencias en *Journal of Impressions in Belgium* (London: Hutchinson & Co., 1915). Después de la guerra se convirtió en una de las exponentes principales de la novela del fluir de la conciencia en Gran Bretaña. Si bien

---

41 [http://www.guardian.co.uk/politics/2006/nov/03/patrickbarkham].
42 [http://www.spartacus.schoolnet.co/TUsack].

es autora de pocos poemas, uno de ellos, "*Field Ambulance in Retreat*", fue incluido en *First World War Poems*, de Andrew Motion (London: Faber & Faber, 2003)[43].

Elizabeth Underhill (1875-1941) es una poeta religiosa, miembro activo del anglicanismo, autora de *Mysticism: A Study in the Nature and Development of Man's Spiritual Consciousness* (New York: Dutton, 1911), estudio sobre el tema del misticismo y la espiritualidad, que influyó de manera decisiva en el libro de T. S. Eliot *The Four Quartets* [Los cuatro cuartetos], de 1942. En su libro, Underhill examina el misticismo como proceso gradual de maduración hacia la comprensión de Dios. Underhill dedicaba sus mañanas a escribir y las tardes a ayudar a los pobres. Es autora de dos poemarios, tres novelas y varios tratados de filosofía y religión. Sus conferencias dictadas en la universidad de Oxford fueron recopiladas y publicadas con el título de *The Life of the Spirit and the Life of Today* [La vida del espíritu y la vida de hoy] (London: Methuen & Co., 1923).

―――――――――― /// ――――――――――

No combatientes

Que nunca se diga de nosotras
que reacias nos quedamos
como niñas hoscas, sin querer bailar
al son de la vehemente gaita que sonaba a través de los
　　　　　　　　　　　　　　　　　　　[campos de Francia.
Aunque agudas y bravías las notas,
penoso y lento el paso,
mancillada la pista de baile,
el compás abrumado de pesar,
y pavor
la figura solemne que trazaban los bailarines,
nosotras no vacilamos. Que no se diga eso de nosotras.
Que nunca se diga de nosotras
que no teníamos una guerra que librar,
que la condición de mujer,
o el peso de la edad
nos retuvo como esclavas.
Nadie nos ve luchar,
pero en la larga noche
batallamos para libertar
a todos los que debimos enviar a buscar la paz y morir
　　　　　　　　　　　　　　　　　　　　　　　　[por ella.
Cuando se han ido, nosotras, en un crepuscular lugar
enfrentamos al Terror cara a cara,
y luchamos
con él, para poder mantener viva nuestra fortaleza.

Non-combatants

Never of us be said
That we reluctant stood
As sullen children, and refused to dance
To the keen pipe that sounds across the fields of France.

Though shrill the note and wild,
Though hard the steps and slow,
The dancing floor defiled,
The measure full of woe,
And dread
The solemn figure that the dancers tread,
We faltered not. Of us, this word shall not be said.
Never of us be said
We had no war to wage,
Because our womanhood,
Because the weight of age,
Held us in servitude.
None sees us fight,
Yet we in the long night
Battle to give release
To all whom we must send to seek and die for peace.

When they have gone, we in a twilit place
Meet Terror face to face,
And strive
With him, that we may save our fortitude alive.

---
43 [http://spartacus.schoolnet.co.uk/wsinclair.htm].

Para ellos es la tarea dura, para nosotras el lecho vacío.	*Theirs be the hard, but ours the lonely bed.*
No se nos escatima nada: que esto no se diga de nosotras.	*Nought were we spared—of us, this word shall not be said.*
Que no se diga nunca de nosotras	*Never of us be said*
que dejamos de dar valor a nuestros valerosos muertos.	*We failed to give God-speed to our adventurous dead.*
No fue con ánimo quejumbroso	*Not in self-pitying mood*
que los vimos partir,	*We saw them go,*
cuando se fueron con las alas desplegadas de dolor:	*When they set forth on those spread wings of pain:*
tan contentos, tan jóvenes,	*So glad, so young,*
como pájaros que aún no han entonado sus mejores trinos	*As birds whose fairest lays are yet unsung*
y levantan vuelo a las alturas	*Dart to the height*
desde donde nos hacen llegar la pasión de su deleite:	*And thence pour down their passion of delight,*
así estalló su melodía.	*Their passing into melody was turned.*
Así se elevaron nuestros abatidos corazones,	*So were our hearts uplifted from the low,*
así nuestra pena se trocó en arrobamiento	*Our griefs to rapture burned;*
y, trepando con la música de esa multitud,	*And, mounting with the music of that throng,*
y abriéndose paso al infinito,	*Cutting a path athwart infinity,*
nuestros perplejos ojos	*Our puzzled eyes*
llegaron hasta el cielo curativo	*Achieved the healing skies*
y volvieron a encontrar	*To find again*
como un jirón de canto a los espíritus alados	*Each wingèd spirit as a speck of song*
ocultos en Tu honda eternidad.	*Embosomed in Thy deep eternity.*
Aunque de nuestros acogedores campos esa alada [alegría haya huido,	*Though from our homely fields that feathered joy has fled*
no nos quejamos. No podrá decirse eso de nosotras.	*We murmur not. Of us, this word shall not be said.*

Ya el título del poema "No combatientes" apunta a su tema: se trata de una apasionada defensa del rol activo desempeñado por las mujeres en la guerra, defensa expresada en una serie de negaciones dirigidas a la errónea idea generalizada de lo que ellas hicieron o dejaron de hacer: *No se diga esto de nosotras; No se piense esto de nosotras*. Fuimos igualmente combatientes, a pesar de no luchar en el Frente. Bailamos al son de los tambores de la guerra. Alentamos a nuestros hombres. Si el lecho de ellos fue duro, el nuestro fue solitario. De hecho, la estructura "no se diga esto de nosotras", con pequeñas variantes, encapsula el tema y se repite con insistencia en todo el poema, sumándose a una serie de recursos poéticos, como metáfora, símil, anáfora, personificación y estructuras paralelas, para reforzarlo. Entre las diversas metáforas, merece especial atención la que compara a los soldados que parten a la guerra con pájaros que dejan el nido y levantan vuelo. Se trata de una metáfora extendida que empieza con el verso "*Not in self-pitying mood / We saw them go*" y concluye en "*Each wingèd spirit as a speck of song / Embosomed in Thy deep eternity*. La fe religiosa de Evelyn Underhill halla expresión en la seguridad con que se anuncia que en el "infinito" "cielo curativo" se volverá a encontrar a los que partieron "como un jirón de canto a los espíritus alados / ocultos en Tu honda eternidad".

SECCIÓN IV
Memorias de la guerra: Graves, Blunden y Sassoon

Robert Graves

Robert Graves, nacido en 1895, se alistó en 1914, con una comisión como oficial, lo mismo que Blunden, Sassoon y Owen. También igual que ellos, sirvió en el Frente Occidental. Graves se unió a un regimiento galés, *the Royal Welch Fusiliers* [los Fusileros Galeses Reales], regimiento de infantería fundado en 1689 y en 2006 amalgamado con el *Royal Regiment of Wales* (RRW). Los tres poetas fueron amigos entre sí, sobre todo Graves y Sassoon, cuya amistad fue íntima. Sassoon fue amigo de Owen, a quien Graves conoció en Craiglockhart. Blunden era un hombre más solitario, quizá menos comunicativo. Graves lo menciona en el Capítulo 27 de sus memorias (*Goodbye to All That*). Nos dice que en octubre de 1919 lo encontró en Oxford, junto a otros ex soldados que regresaban a la universidad y se unían entonces a los muchachos recién ingresados. Graves y Blunden estaban entre los ex soldados, algunos de ellos con el grado de capitán, mayor, o incluso coronel, todos ellos reverenciados como "nobles salvadores". Graves había solicitado permiso para no residir en la universidad, sino en Boer's Hill, una aldea en una colina, a unos cinco kilómetros de Oxford. Blunden también residía allí, por ser un lugar alto, pues tenía pulmones débiles por haber sido gaseado en la guerra. Graves dice que Blunden, igual que él, estaba mal de los nervios. Escribe:

La guerra continuaba para nosotros dos, y todo lo traducíamos en términos de guerra de trincheras. En la mitad de una clase yo solía tener una muy clara experiencia repentina sobre los hombres marchando por el camino de Béthune[44]-La Bassée[45]; los hombres iban cantando, mientras niños franceses corrían a nuestro lado [...] y yo olía el hedor del patio del matarife de caballos en las afueras de la ciudad... (Graves, p. 239).

La obra de Graves, *Goodbye to All That* [Adiós a todo eso], publicada en 1929 y reeditada, en edición corregida, en 1957[46], si bien se centra en la guerra (que ocupa diecisiete capítulos de un total de treinta y dos), dedica los nueve primeros a su vida anterior y los últimos seis a la posterior. No obstante, la guerra es el trauma central en la vida de Graves, y esta autobiografía es su esfuerzo por tratar de decirle "adiós a todo eso" que marcó su existencia desde los diecinueve años, edad en que se alistó como voluntario, hasta

---

44 Béthune es un municipio y ciudad de Francia, situado en el departamento de Paso de Calais, a unas dos horas de París. En la Gran Guerra, la ciudad fue defendida por las fuerzas británicas. Durante la segunda ofensiva alemana, en abril de 1918, fue foco de un bombardeo alemán que prácticamente la destruyó. Hay muchos combatientes de ambos bandos enterrados en el cementerio local [http://en.wikipedia.org/wiki/B%C3%A9thune].

45 La Bassée, una población y comuna cercana a Béthune, al sudoeste de Lille y a dieciséis kilómetros del borde belga, está situada en lo que era la línea del Frente Occidental entre Aisne y el Mar del Norte. Hay un poema, "The Road to La Bassée", de Bernard Newmann y Harold Arpthorp, escrito en 1934, sobre la visita de estos dos veteranos de la Gran Guerra al sitio de la batalla de La Bassée de octubre de 1914 [http://www.greatwar.nl/frames/default-bassee.html].

46 En la entrevista de *The Paris Review* (véase bibliografía), dice Graves que reescribió el libro por completo, oración por oración, aunque nadie lo notó: "Es un producto enteramente nuevo".

los veintitrés, cuando llegó el armisticio. "Eso" de lo que se despedía incluía a Inglaterra. En referencia a ese tiempo, dice: "Hice varios intentos durante estos años para librarme del veneno de las memorias de la guerra" (*Goodbye to All That,* p. 262). De hecho, durante varios años padeció de las consecuencias de una neurosis de guerra, cuyos síntomas eran insomnio, crispamientos espasmódicos y accesos de llanto (*Goodbye to All That,* p. 298).

Para Graves, la experiencia traumática de la guerra, y punto culminante de sus memorias, es la herida que recibe el 19 de julio de 1916, en la ofensiva del Somme. Su batallón, bastante diezmado, situado en ese momento en una iglesia, cerca del bosque de Mametz[47], es atacado por los alemanes, que inician una ofensiva tan intensa que los ingleses se ven obligados a retroceder. Una bomba explota cerca de Graves (que comandaba una compañía), y recibe ocho heridas. Las esquirlas lo hieren en la cabeza, un fragmento le atraviesa el muslo derecho, peligrosamente cerca de la ingle, y otro le entra por la espalda, debajo del omóplato derecho, atravesando los pulmones y saliendo por el pecho. Lo llevan a una enfermería del frente, donde permanece inconsciente cuarenta y ocho horas. Es transferido al hospital general de Rouen, donde, en medio de la confusión general, lo dan por muerto, lo incluyen en la lista de bajas y comunican el deceso a su familia en una nota del 22 de julio. Cuando por fin descubren su error, lo envían a un hospital en Londres, donde se recupera. Todo esto se narra en el Capítulo 20 de su autobiografía. Al principio del Capítulo 21 transcribe una nota que publica en *The Times*:

> El capitán Robert Graves, de los *Royal Welch Fusiliers*, oficialmente declarado muerto a consecuencia de sus heridas, desea informar a sus amigos que se está recuperando de sus heridas en el hospital Queen Alexandra, Highgate. (*Goodbye to All That,* p. 187).

Goodbye to All That contiene mucha información sobre la "inestabilidad de la vida en la trinchera y la sordidez de los alojamientos" (p. 103); sobre los *"estaminets"* (bistrós o pequeños cafés), donde el soldado gastaba en huevos, café y cerveza gran parte del billete de cinco francos que recibía cada diez días; sobre los burdeles del Frente, como *"The Red Lamp"*, donde no era extraño ver una fila de ciento cincuenta soldados esperando turno delante de la puerta (p. 104); sobre las armas usadas en los primeros días de las guerras de trincheras, como una granada de mano improvisada con una lata de leche y explosivos (*"jam-tin"*), o un mortero de trinchera hecho con un tubo de gas. Luego se usaría una pequeña ametralladora automática (*"Lewis gun"*), el casco de acero y el tanque.

Las menciones de Graves a su oficio de escritor y a sus lecturas son mucho más escasas que las que hacen Blunden y Sassoon en sus respectivas memorias. Hay en especial una referencia que resulta particularmente reveladora, ya que quien está familiarizado con la obra de Graves sabe que era un corrector casi compulsivo[48]. Aludimos al consejo de despedida que le da Nevill Barbour, director de Charterhouse, la escuela a la que había asistido:

> Mi último recuerdo es un disparo de despedida del director: "Bien, adiós, Graves, y recuerda que

---

47 El bosque de Mametz fue el objetivo de la División 38ª. de los *Welch Fusiliers* entre el 7 y el 12 de julio de 1916, durante la Primera Batalla del Somme, que comenzó el 1º de julio y cuya fase final tuvo lugar entre el 13 y 18 de noviembre (batalla de Ancre). Los británicos creen haber ganado esta batalla, pero las lluvias y el fango hacen imposible que uno u otro bando se adjudique el triunfo. Los Aliados tuvieron seiscientas mil bajas y los alemanes seiscientas cincuenta mil. Es posible sostener que ganaron los británicos porque avanzaron diez kilómetros (Ferrell, p. 105). Fue en Mametz donde Siegfried Sassoon realizó, él solo, un ataque contra las trincheras enemigas el 4 de julio de 1916, hazaña por la que fue condecorado, y a la que hacemos luego una referencia. En su novela modernista *In Parenthesis*, el poeta y artista plástico británico David Jones hace una vívida descripción de la batalla de Mametz, en la que participó [http://en.wikipedia.org/wiki/Mametz_Wood_Memorial].

48 En la entrevista de *The Paris Review* (véase bibliografía), Graves se refiere a su libro *The White Goddess*. Dice: "Lo escribí en seis semanas. Me llevó diez años revisarlo".

tu mejor amigo es el cesto de papeles". Ha demostrado ser un buen consejo, aunque quizá no en el sentido al que él se refiriera: pocos escritores parecen enviar su trabajo final luego de tantos borradores como yo. (p. 54).

Graves se refiere a su relación con Sassoon y Blunden. Conoció al primero en noviembre de 1915, cuando se unió al Primer Batallón de los *Royal Welch Fusiliers*, Compañía "A". Visita la Compañía "C", donde es recibido en forma muy amigable, y se sorprende al ver un libro en una mesa: *The Essays of Lionel Johnson*. Es el primer libro que veía en Francia (aparte de sus propios volúmenes de poemas de Keats y de Blake) que no fuera un texto militar o una novelita "basura". Al abrirlo, ve que pertenece a Siegfried Sassoon, a quien aún no conoce. Pronto los dos hombres se han embarcado en una conversación, y charlan sobre poesía hasta el anochecer (p. 146). Graves ya tiene su primer poemario, *Over the Brazier*[49], listo para publicar, y se lo muestra a Sassoon, quien al hojearlo frunce el entrecejo y le dice que no se debería escribir sobre la guerra de una manera tan realista. Le muestra un poema suyo a Graves, que lee unos versos muy siglo XIX:

Regresad a saludarme, colores que eran mi alegría,
todavía no del lastimero carmesí de los hombres
[muertos...

Graves sabe que Sassoon no ha estado todavía en el frente. Hablando como un viejo veterano de guerra, le dice que pronto cambiará su estilo. Esa noche van al frente (p. 146).

Graves y Sassoon se hacen amigos íntimos. Graves cuenta que el batallón de Sassoon estuvo en combates intensos, y que Sassoon, cuyo sobrenombre en su División era "Mad Jack" (el loco Jack)[50], a causa de su valentía y arrojo, se había distinguido en un asalto cerca del bosque de Mametz. Él solo había tomado la extensión frontal de una trinchera en cuyo intento el Real Regimiento Irlandés había fracasado el día anterior. Avanzó con bombas, prácticamente sin protección, en plena luz del día, respaldado apenas por un par de soldados con fusiles, e hizo huir a los ocupantes. Al llegar, se sentó en la trinchera enemiga y empezó a leer un libro de poemas que había llevado. En otra ocasión, obtuvo una Cruz Militar por extraer a un cabo del cráter de una mina junto a las líneas alemanas, bajo fuego intenso, y llevarlo a salvo hasta la trinchera (*Goodbye to All That*, p. 174).

Así era Sassoon al principio, un arrojado patriota hecho y derecho. Su actitud cambió radicalmente después. Es que el choque de la guerra produce un cambio fundamental y se ahondan las diferencias entre los que fueron al frente y pelearon y los que se quedaron en Gran Bretaña. Graves empieza a criticar a políticos e incluso a los generales, que pergeñan tácticas sobre mapas y planos, con total desconocimiento del campo de batalla, y luego de un fracaso se culpan entre sí. Para Graves, con posterioridad a su experiencia de guerra, Inglaterra se convierte en un país que le resulta extraño. Como se ha dicho, el título mismo de sus memorias es no solo un adiós a las armas, sino también a Inglaterra, a la que solo volverá por temporadas, ya que vivirá el resto de su vida en el extranjero. Hay un comentario muy significativo en el Capítulo 21:

Inglaterra parecía extraña para nosotros, los soldados que regresábamos. No podíamos entender la locura de guerra que se propagaba desmesuradamente, en busca de una salida seudo militar. Los civiles hablaban un idioma extranjero; y era un idioma de periódicos. Yo encontraba imposible mantener una conversación seria con mis padres.

Graves cita una carta publicada en *The Morning Post*, dirigida a las trincheras, proveniente de una madre patriótica, que firma "a Little Mother". En ella, la mujer defiende el "honor y las tradiciones" de la raza británica y declara que no tolera el clamor

---

49 Se publicó en Poetry Bookshop en 1916.
50 En su libro sobre los poetas de la guerra, John Lehmann dice que es verdad que Sassoon era un soldado intrépido, pero que su sobrenombre no era "Mad Jack" sino "Kangaroo" (Lehmann, p. 38).

de los pacifistas, que olvidan la sangre derramada por los héroes de guerra (*Goodbye to All That*, pp. 188-191). La madre está escribiendo contra una reacción pacifista que había surgido contra la guerra. Se calcula que en los años de la contienda el número de objetores de conciencia llegó a totalizar dieciséis mil. Bertrand Russell fue el más famoso oponente de la guerra proveniente de la clase alta. Quería el triunfo de Inglaterra, naturalmente, pero se sentía torturado por el patrioterismo y consideraba que la guerra y la muerte de tantos hombres representaban una vuelta a la barbarie. En abril de 1916, Russell fue multado por escribir un folleto contra la conscripción. Además, fue despedido de su cargo de profesor de Trinity College, Cambridge. En 1918, en una publicación en el diario *The Tribunal*, se lo acusaba de perjudicar las relaciones de Su Majestad con los Estados Unidos. Se lo sentenció a seis meses de cárcel, durante los cuales pudo continuar escribiendo su *Introducción a la filosofía matemática*. Además de Russell, todo el círculo de Lady Ottoline Morrell se declaró pacifista. El grupo, conocido como "Garsington" (nombre de la mansión de los Morrell), incluía a conocidos escritores e intelectuales como Clive Bell, Lady Ottoline Morrell[51], Lytton Strachey, Osbert y Sacheverell Sitwell, John Middleton Murry, Herbert Read, E. M. Forster, Aldous Huxley, D. H. Lawrence...

Graves y Sassoon pasaron unos días de descanso en Harlech, en el norte de Gales, poniendo en orden sus respectivos poemas y haciéndose recomendaciones recíprocas. Graves propuso ciertos cambios en un poema de su amigo, titulado *"To His Dead Body"* [A su cadáver], que Sassoon había escrito cuando creía que Graves había muerto, en julio de 1916, y que hemos incluido entre los poemas de Sassoon.

Entre las muchas cosas que Graves y Sassoon comparten, se destaca una actitud de profundo respeto y amor a sus soldados. Ambos estaban convencidos de que su principal deber era para con sus hombres: debían facilitar, en lo posible, todo para ellos. Creían que en el frente era fundamental la diferencia que significaba para el soldado estar bajo el mando de alguien a quien podían considerar su amigo, alguien que los protegiera de las indecorosas indignidades del sistema militar y de los caprichos de un tirano despreciable con uniforme de oficial (*Goodbye to All That*, p. 192).

Varios estudiosos de la Gran Guerra se refieren al profundo sentimiento homoerótico que caracteriza la relación de confraternidad entre los soldados en el frente, en especial en los oficiales poetas, que muchos especialistas atribuyen a la situación típica de las *public schools* inglesas (escuelas privadas). Se sabe que tanto Siegfried Sassoon como Wilfred Owen eran homosexuales. Por su parte, Graves (que, según dice, se conservó virgen hasta su casamiento con Nancy Nicholson a los veintitrés años (*Goodbye to All That*, p. 224), escribe acerca de su amor y devoción por un amigo, a quien llama Dick. Dice en sus memorias:

> En las escuelas preparatorias y en las privadas inglesas, las relaciones románticas son necesariamente homosexuales. Al sexo opuesto se lo desprecia y se lo trata como algo obsceno. Muchos muchachos nunca se recobran de esta perversión. Por cada uno que nace homosexual, al menos diez homosexuales permanentes son producto del sistema de la escuela privada: nueve de estos son honorablemente castos y sentimentales, como yo. (Graves, p. 23).

Más adelante, distingue entre *"amorousness"* (naturaleza o propensión amorosa), en este caso estar enamorado de un muchacho más joven, y el erotismo, o "lujuria adolescente". A Graves, la mera existencia de Dick le sirve de sostén en el frente, hasta que le llegan noticias de que su amigo, de dieciséis años en 1916, había hecho "cierta propuesta" a un cabo canadiense destinado cerca de Charterhouse (la escuela privada a la que asistía y a la cual también había asistido Graves) y el cabo lo había denunciado. "Esta noticia casi

---

51 Lady Ottoline Violet Anne Cavendish-Bentinck, 1873-1938, casada con Philip Edward Morrell, fue una notable protectora de artistas y escritores y una famosa anfitriona, primero en su casa de Londres, en Bloomsbury, y después en Garsington Manor, cerca de Oxford, refugio de muchos objetores de conciencia.

terminó conmigo", escribe Graves (p. 143). Fussell apunta que Graves suprimió una oración que figuraba en la primera edición de sus memorias, oración en la que dice que él no se "recobró" de su *amorousness* hasta los veintiún años (Fussell, p. 274). "Dick", por su parte, es "curado" por el Dr. W. H. R. Rivers, el médico de Owen y Sassoon en Craiglockhart.

Ivor Gurney, a quien nos referimos en nuestra Cronología, es autor de una elegía a un camarada muerto que Paul Fussell (Fussell, pp. 253-254) incluye en su estudio sobre la poesía de la Gran Guerra como ejemplo de homoerotismo. Se titula *"To His Love"* (A su amor):

———————————— /// ————————————

A su amor

Él se ha ido, y todos nuestros planes
son inútiles, por cierto.
No caminaremos más en Cotswold
donde las ovejas comen
tranquilas, sin apurarse.
. . . .
Su cuerpo, tan lleno de vida,
no es tal cual tú
lo conocías, en el río Severn
bajo el azul
cuando impulsaba nuestro pequeño bote.
. . . .
No lo conocerías ahora...
Pero murió
noblemente, así que cúbrelo
con violetas de orgullo,
púrpuras, de la ribera del Severn.
. . . .
¡Cúbrelo, cúbrelo pronto!
Y con espesos
montones de flores memoriosas;
esconde esa roja humedad
que de algún modo debo olvidar.

To His Love (Ivor Gurney, 1916)

He's gone, and all our plans
Are useless indeed.
We'll walk no more on Cotswolds
Where the sheep feed
Quietly and take no heed.
. . . .
His body that was so quick
Is not as you
Knew it, on Severn River
Under the blue
Driving our small boat through.
. . . .
You would not know him now...
But still he died
Nobly, so cover him over
With violets of pride
Purple from Severn side.
. . . .
Cover him, cover him soon!
And with thick-set
Masses of memoried flowers-
Hide that red wet
Thing I must somehow forget.

———————————— /// ————————————

EDMUND BLUNDEN

Edmund Blunden se alistó, como Graves, a los diecinueve años. Su regimiento fue el *Royal Sussex*. Nacido en 1896, era hijo de un maestro de escuela de Londres. Poco después de su nacimiento, la familia se mudó a Yalding, Kent, donde Blunden asistió a la escuela. Luego ganó una beca para estudiar literaturas clásicas en Queen's College, Oxford. En el Frente lo apodaban "Rabbit" primero y "Bunny" más tarde (Conejo y Conejito) por su carácter modesto y tímido. Tenía problemas respiratorios, que se agravaron cuando fue gaseado en el Frente. El libro en que relata su experiencia de guerra, *Undertones of War* [Matices de la guerra], se publicó en 1928 y fue reeditado varias veces. En él se refiere a su actuación como joven oficial, circunscripta al Frente Occidental, entre 1916 y 1917. Es característico del reticente Blunden que en el libro no se refiera ni al hecho de haber sido gaseado ni a su valiente actuación, por la que recibió la Cruz Militar. Las referencias específicas a acciones bélicas son las del Somme en 1916 (Blunden se refiere al Somme como "Esa melancólica fecha, 1° de julio"[52]) y la Tercera Batalla de Ypres, conocida como Passchendaele[53], de 1917.

Si bien Blunden no recibió ayuda psicológica en Craiglockhart Hospital, como Owen y Sassoon, padeció de trastornos que más tarde se conocieron como parte de un síndrome postraumático. Un par de versos de un poema temprano, "Reunion in War", pueden rastrearse a un sentimiento de culpa por haber salido ileso de la guerra: *"Why slept I not in Flanders clay / With all the murdered men?"* [¿Por qué no dormí en la arcilla de Flandes / Con todos los hombres asesinados?][54]. En 1922, unos amigos lo convencieron para que hiciera un viaje, cosa que hizo. Viajó de Cardiff a Buenos Aires en un barco carbonero. De su relato del viaje resultó un libro de 1922, *The Bonadventure. A Random Journal of an Atlantic Holiday* (London: Cobden-Sanderson)[55]. Entre otras cosas, describe sus impresiones de Buenos Aires en 1921, su vertiginoso tráfico, el calor, los mosquitos, las "gigantescas y amistosas cucarachas", los días de Carnaval, la Avenida de Mayo...

Al igual que en su poesía, en *Undertones of War* abundan las descripciones de la campiña de Bélgica y Francia, en especial del paisaje rural de las aldeas, destruido en muchos lugares por la irrupción de la guerra, enemiga y devastadora de la naturaleza. No es de extrañar que Paul Fussell llame al libro de Blunden "una extensa elegía en prosa" (*The Great War and Modern Memory*, p. 254). En realidad, en su poesía Blunden tiene una conexión contemplativa con la naturaleza que lo ayuda a sobrellevar, en parte, la terrible experiencia bélica.

Los más influyentes movimientos poéticos modernistas, los que cambian el curso de la poesía inglesa, aparecen en los primeros años del siglo XX, pero poco afectan a los poetas de la Gran Guerra. La mayoría de ellos son tradicionales, herederos del romanticismo y el victorianismo; muchos de ellos pertenecieron a la denominada *Georgian Poetry*. El término se debe a Edward Marsh (1872-1953), hombre de letras y aficionado a las artes, durante la guerra secretario de Winston Churchill en el Almirantazgo. Entre 1912 y 1922, Marsh editó cinco antologías de la poesía de ese momento con el título de *Georgian Poetry*[56]. "Georgian" proviene del rey George V, cuyo reinado comenzó en 1910. El término, que se aplica a los poetas incluidos en estas antologías, se extendió, en tratados de historia literaria, a los poetas ingleses de las décadas entre 1900 y 1920. En muchos casos, historiadores y críticos de la literatura usan la palabra peyorativamente, aplicándola a poetas de tercera línea, de técnica poco original y descuidada, autores de poemas chatos, olvidables e insípidos[57]. Es verdad que muchos de los poetas de estas antologías son poco inspirados e imitativos, pero dado que el término se extiende al menos a un par de décadas, resulta injusto como una generalización que podría incluir a casi todos los poetas de la Gran Guerra, muchos de los cua-

---

52 *Undertones of War*, p. 144.
53 Véase la nota 24 en p. 37.
54 "Reunion in War" se publicó en la revista *The Living Age*, enero 8 de 1921, y fue luego incluido en *The Shepherd and Other Poems of Peace and War*, London: Richard Cobden-Sanderson, 1922.
55 Puede leerse en Proyecto Gutenberg [http://www.gutenberg.org/files/32371/32371-h.htm].

56 Las antologías de *Georgian Poetry* se publicaron en el *Poetry Bookshop* de Harold Monro, de Londres, en Devonshire Street: *Georgian Poetry I*, 1911-1912 (aparecida en 1912); *II*, 1913-1915 (1915); *III*, 1916-1917 (1917); *IV*, 1918-1919 (1919); *V*, 1920-1922 (1922). Harold Monro (1879-1932), nacido en Bélgica, fundó el *Poetry Bookshop* en Bloomsbury. Sus *Collected Poems* se publicaron en 1933.
57 En una nota titulada *"Contemporary Poetry"*, incluida en *Scrutinies*, 1928, editada por Edgell Rickwood, el poeta y crítico Roy Campbell hace un cuestionario irónico para saber si un poeta es un *"Georgian"*: 1. ¿Alguna vez ha participado en una excursión a pie? 2 ¿Sufre ud. de elefantiasis del alma? 3 ¿Hace fácilmente amistad con perros, aves de corral, etc.? 4. ¿Se exalta con facilidad ante objetos naturales? 5. ¿Vive en un lugar y ansía estar en otro? 6 ¿Puede escribir con rima y métrica?

les son excelentes. Por otra parte, publicaron en estas antologías poetas reconocidos como de primera línea, entre ellos Gilbert Keith Chesterton, John Masefield y Walter de la Mare, y algunos poetas que surgen entonces, como D. H. Lawrence y Edward Thomas (quien, como se ha dicho, también sirvió en la Gran Guerra). Es real que los poetas vinculados a las antologías de poesía *Georgian* publicaban poemas convencionales y de fácil lectura en un momento en que ya se estaba produciendo en Inglaterra (y en toda Europa) una importante renovación poética modernista, como el imaginismo de Ezra Pound, cuyo manifiesto sostenía "principios" reñidos con los *Georgians*: (1) usar el lenguaje de la conversación común, pero emplear siempre la palabra exacta, no la aproximada; (2) evitar todos los clisés; (3) crear nuevos ritmos; (4) componer según la secuencia de la frase musical, no del metrónomo; (5) presentar una imagen (concreta, firme, definida, dura)[58].

No obstante, si bien neorromántica y en la tradición wordsworthiana del "espontáneo desborde de sentimientos poderosos", la poesía de los *Georgians* constituía un intento por superar la literatura de la *décadence* y *fin de siècle* que siguió a los victorianos, mediante una celebración del paisaje inglés, su vitalidad e inocencia y el uso de imágenes de regeneración y elogio de la naturaleza, y es su carácter bucólico lo que se rescata. En muchos poemas de los poetas de la guerra hay una conexión contemplativa con la naturaleza que contrasta en forma positiva con la violencia bélica.

Blunden publicó en la última antología *Georgian*. Su poesía no puede ubicarse totalmente en la tradición pastoril. Si bien hay momentos en que se destaca por la celebración de la naturaleza, su paz y belleza, y la nostalgia por la vida tranquila de la campiña inglesa, sufre un inevitable cambio desde la guerra.

En algunos poemas persiste una constante observación del paisaje rural, pero irrumpen imágenes de horror, devastación y nostalgia de un pasado edénico.

Hay pasajes en *Undertones of War* donde se puede apreciar la atracción que ejerce la naturaleza en Blunden, que funciona como un oasis de paz y belleza en el escenario bélico. Su actitud hacia la guerra no es combativa, crítica ni satírica, como sucede con Sassoon, ni irónica o despreciativa, a la Graves, sino de estoica aceptación, como sugieren unos versos de "*Preparations for Victory*", un poema de 1918 incluido en el "Supplement" de *Undertones of War*:

... Manly move among
These ruins, and what you must do, do well.

[... Avanza virilmente entre
estas ruinas, y lo que debas hacer, hazlo bien].

Blunden no deja de dar voz a quejas y reproches dirigidos a los responsables de la guerra. He aquí un ejemplo proveniente del final del poema "*Third Ypres*", referido a la sangrienta batalla más conocida como Passchendaele, entre el 31 de julio y el 15 de noviembre de 1917, en la que murieron dos ex condiscípulos de Blunden, uno de ellos Ernest Tice, y que ocupa los capítulos 21 y siguientes de *Undertones of War*:

A whole sweet countryside amuck with murder; [...]
But who with what command can now relieve
The dead men from that chaos, or my soul?

[Toda una dulce campiña frenética de asesinato; [...]
pero ¿quién, con qué autoridad, puede ahora aliviar
a los muertos de aquel caos, o a mi alma?]

Blunden comparte con los demás oficiales poetas su agradecimiento a los soldados bajo su mando, y una misma actitud de devoción. En un momento del capítulo 21 debe separarse de su tropa por dieciséis días y dice:

Ahora estaba ansioso por compartir la vida regular de mi batallón, donde la amistad compensaba todos los sufrimientos. (*Undertones of War*, p. 239).

---

58   El Manifiesto imaginista se publicó en la revista *Poetry*, vol. I, 1913, fundada en Chicago el año anterior, que posteriormente se trasladó a Nueva York. En el número 5, de noviembre de 1914, dedicado a la guerra, *Poetry* incluía colaboraciones de escritores importantes del momento, como Wallace Stevens, Amy Lowell, Richard Aldington, Carl Sandburg, Joseph Campbell y Maxwell Bodenheim.

En muchos poemas de Blunden hay referencias a su afecto por los soldados. En *"A. G. A. V."*, por ejemplo, iniciales que corresponden al artillero canadiense Arnold George Alexander Vidler, escribe Blunden: *"If one cause I have for pride, it is to have been your friend, / To have lain in shell-holes by your side..."* [Si por alguna causa siento orgullo, es por haber sido tu amigo, / haber yacido a tu lado en cráteres de explosión...].

Y en *"Flanders Now"*: *"They died in splendour, these who claimed no spark / Of glory, save the light in a friend's eye"* [Murieron en el esplendor, estos que no reclamaron un destello / de gloria, salvo la luz en los ojos de un amigo][59].

Recuerda a sus soldados en un poema posterior, en que rememora sus días en el Frente, titulado *"1916 Seen from 1921"* [1916 visto desde 1921]. Comienza:

---///---

Cansado, abrumado por sordo dolor, envejecido antes [de tiempo, sentado en soledad, oigo	*Tired with dull grief, grown old before my day,*
	I sit in solitude and only hear
largas risas silenciosas, que murmuran desaliento,	*Long silent laughters, murmurings of dismay,*
perdidas intensidades de esperanza y miedo;	*The lost intensities of hope and fear;*
en aquellos pantanos aún quedan los fusiles,	*In those old marshes yet the rifles lie,*
en los delgados parapetos aún flamean los harapos,	*On the thin breastwork flutter the grey rags,*
allá están los libros mismos que leía, y yo estoy	*The very books I read are there—and I*
muerto como los hombres que amaba, esperando, [mientras la vida arrastra	*Dead as the men I loved, wait while life drags*
. . . .	. . . .
su herida longitud desde aquellas tristes calles de la [guerra hasta estos verdes lugares, que fueron míos...	*Its wounded length from those sad streets of war*
	Into green places here, that were my own...

---///---

Aun en su penosa mirada retrospectiva no deja de traer a la mente el consuelo del paisaje, en este caso, "estos verdes lugares"...

Un buen ejemplo de su apreciación de la naturaleza es el capítulo 3 de *Undertones of War*, que lleva el significativo título de *"The Cherry Orchard"* [El huerto de los cerezos]. Aquí se demora Blunden en la descripción de un lugar del campo, llamado Hinges[60], que debería haber permanecido siendo un oasis de la naturaleza, pero que ha sido utilizado con propósitos bélicos:

El alegre sendero que se alejaba del Frente, en esa brillante mañana de verano, estaba lleno de cuadros para mi infantil mente de guerra. La historia y la naturaleza empezaban a armonizar en la tranquilidad de ese sector. En el huerto que atravesamos en seguida, se habían arrastrado carros junto con barriles y equipo de granja para formar barricadas; sentí que no serían movidos nunca más, y que el monumento conmemorativo a los muertos de 1915, levantado cerca, constituía un capítulo cerrado. Las alquerías vacías de atrás no eran todavía efigies de agonía o montículos de material; todavía podían servir como refugio, y eso eran. En sus hogares todavía era posible hervir una olla. Acres de trigo, crecido espontáneamente, resplandecían y suspiraban mientras caminábamos entre ellos, donde accidenta-

---

60 Pueblo agrícola del departamento de Pas-de-Calais, en el norte de Francia, a unos cinco kilómetros de Béthune. Sufrió graves daños en la Gran Guerra, por lo que debió ser reconstruido.

59 Tanto "A.G.A.V" como "Flanders Now" son poemas incluidos en el Suplemento de *Undertones of War*, pp. 349 y 363, respectivamente.

dos pozos esparcidos aquí y allá registraban una línea de fuego de hacía mucho tiempo. La vida, la abundante vida cantaba aquí, y sonreía; la iguana corría, lejos de la guerra, por la tierra caliente... (*Undertones of War*, p. 31).

En su caminata, Blunden llega a un santuario. Aquí no lo dice, pero es un templo dedicado a María (es *Notre Dame*), dato del que nos enteramos por el nostálgico poema "1916 visto desde 1921", ya mencionado, en el que Blunden regresa a este lugar, quizás imaginativamente. El pasaje citado aquí contribuye a echar luz sobre el poema, incluido en la antología de Blunden.

Undertones of War abunda en descripciones detalladas de este tipo, que contrastan con la guerra en el Frente y la vida en las trincheras. Asimismo, la acción bélica se aldereza con referencias a poetas y escritores: la mente de Blunden está llena de literatura, lo que lo ayuda como un momentáneo refugio de la "negra pesadez de la guerra de trincheras" (p. 56). El libro hace una prolija y exhaustiva enumeración de nombres de aldeas y poblaciones, de caminos y batallones, bosques y ríos. Se detiene en una gran batalla, la del Somme, de 1916, como casi todas las batallas de la Gran Guerra, denominada "*of attrition*", es decir, de desgaste, en que cada bando trataba de agotar y debilitar al otro, de vencer su resistencia, como resultado de una presión y hostigamiento continuos. Precisamente, el capítulo 6 de *Undertones of War* se llama "*Specimen of the War of Attrition*". Solo los británicos sufrieron seiscientas veinte mil bajas en esta batalla.

En medio del horror de los combates, Blunden no deja de hacer referencias literarias. Algunas veces menciona a autores estudiados largamente en la literatura inglesa, como Chaucer, Chatterton, Shelley o George Herbert, o a un poeta del momento de la guerra, como Robert Service, W. H. Davies o Masefield; otras veces transcribe citas, como un par de versos de *The Complaint, or Night Thoughts on Life, Death or Immortality*, extenso poema de 1681, del alguna vez conocido Edward Young, hoy olvidado: "El tiempo fluye velozmente, Lorenzo, como un arroyo; / En el mismo arroyo nadie se bañó dos veces" (*Undertones of War*, p. 98); o se extasía en la belleza de los bosques otoñales, como los de Martinsant, Thiepval o Aveluy, o en la poesía del paisaje, que convive con la diaria tragedia de la guerra:

Se sucedieron días preciosos y noches de luna, noches templadas en que su irresistible poesía creaba un lago de plata en los bordes del lunar bosque de Thiepval, o una cosecha dorada en las laderas hacia Mesnil, el depósito de cadáveres. (p. 141).

Ahora el invierno, haciendo a un lado su sueño y sopor, salió feroz y decidido: primero hubo una fuerte nevada, luego el cielo azul acero de la dura escarcha. Para nuestro placer, estábamos de regreso en el campamento junto a Elverdinghe[61] para celebrar Navidad. La nieve era de limpieza cristalina, los árboles, filigrana y oro. (p. 190).

Claro que estos son momentos de paz: para el soldado poeta, instantes epifánicos en medio de la realidad dominante e ineludible de la guerra, que domina todo y termina por absorber al poeta y acapara sus recuerdos:

Cada circunstancia de la experiencia británica que está aún conmigo ha cesado de ser para mí grande o pequeña, y ahora me reclama todavía más que la mayor exaltación de sufrimiento o escenificación en *The Dynasts*[62] y que el cielo de adoración enrojecido por el pañuelo de Desdémona. (p. 230).

---

61 Ciudad y división administrativa de Bélgica, a unos cien kilómetros de Bruselas.

62 Drama épico de las guerras napoleónicas, de Thomas Hardy, de diecinueve actos y cientotreinta escenas, publicado en 1904-1908: la Parte I en 1904; la II en 1906; y la III en 1908. Escrito principalmente en verso blanco, hay partes en otra métrica y partes en prosa. Aquí aparece un tema de Hardy, *the Immanent Will* [la Voluntad Inmanente], para Hardy la fuerza inconsciente que mueve el mundo.

El último párrafo del libro es una evocación de la paz bucólica que sería destruida por el horror de la guerra, reflexión que despierta en Blunden un paisaje en Buire-sur-Ancre[63], un rincón de la "pobre vieja Francia":

> ¿Podía una campiña estar en un reposo más dulce, más atractivo para náyades y hamadríades, más incapaz de soñar con un cañón de campaña? Afortunado de mí, que en ese momento me sentía embargado por esta simple alegría. Debería haber conocido ya la guerra para entonces, pero yo era demasiado joven para penetrar en su profundidad de irónica crueldad. No conjeturaba que, en unas pocas semanas, Buire-sur-Ancre se presentaría muy parecida al catastrófico ferrocarril que, cortando la sierra, provenía de esa inocente floresta. No había angustia alguna que erigiera su cabeza de víbora para emponzoñar a un inofensivo joven pastor con chaqueta de soldado. (p. 314).

SIEGFRIED SASSOON

Siegfried Sassoon nació en Kent el 8 de septiembre de 1886, uno de tres hermanos de una familia pudiente. Su madre era inglesa de varias generaciones; su padre, perteneciente a una antigua familia judía oriental de comerciantes, originariamente de Bagdad, era hombre de gran fortuna. Siegfried se educó en Marlborough College y luego en Clare College, Cambridge (1905-1907), donde no se distinguió; abandonó sin obtener un título. Se unió al ejército británico en agosto de 1914, no bien comenzaron los rumores de guerra, y ya estaba en el servicio del *Sussex Yeomanry* [Cuerpo de voluntarios de caballería de Sussex] el día en que el Reino Unido declaró la guerra. Se quebró un brazo en un accidente de equitación y pasó un tiempo de convalecencia antes de ir al Frente en 1915. Ese mismo año, su hermano Hamo murió en la campaña de Gallípoli, lo que lo afectó considerablemente. Fue comisionado con el grado de subteniente en los *Royal Welch Fusiliers* el 29 de mayo de 1915, y en noviembre enviado al 1er. Batallón en Francia, donde conoció a Robert Graves y se hicieron amigos. Sirvió en Francia hasta agosto de 1916, y luego entre febrero y abril de 1917, después de un período de recuperación en Inglaterra, después de haber sido herido en un hombro. Su actuación en el Frente fue de gran arrojo y valor. Uno de sus valientes actos de guerra fue la captura de una trinchera alemana en la Línea Hindenburg, línea defensiva construida en noviembre de 1916. Por otro acto de arrojo, el 27 de julio de 1916 le fue conferida la Cruz Militar por "conspicua valentía durante un ataque a las trincheras enemigas". En esa ocasión, permaneció una hora y media bajo fuego de fusiles y bombas rescatando soldados heridos.

Por su protesta pública contra la continuación de la guerra fue enviado a Craiglockhart Hospital, cerca de Edimburgo, pero luego de cinco meses y una supuesta "cura" regresó al servicio activo en noviembre de 1917 y sirvió en Palestina y Francia antes de ser definitivamente licenciado, con el grado de capitán, en marzo de 1919.

En 1926 empezó a trabajar en sus memorias, empresa que le llevó la mayor parte de su vida. Las memorias cubren seis volúmenes, los primeros tres de autobiografía "ficcionalizada" (adopta el nombre de George Sherston) y los últimos tres de autobiografía genuina. Los primeros tres, recopilados luego con el título de *The Memoirs of George Sherston* [Las memorias de George Sherston, Faber & Faber, 1937], son *Memoirs of a Fox-Hunting Man* [Memorias de un cazador de zorros, Faber & Gwyer, 1928]; *Memoirs of an Infantry Officer* [Memorias de un oficial de infantería, Faber & Faber, 1930]; y *Sherston's Progress* [El progreso de Sherston, Faber & Faber, 1936; Penguin Books, 1948]. Esta trilogía cubre hechos seleccionados de la vida de Sassoon hasta 1918. La segunda trilogía consta de *The Old Century and Seven More Years* [El viejo siglo y siete años más, Faber & Faber, 1938]; *The Weald of Youth* [La región boscosa de la

---

63 Buire-sur-Ancre es una comuna en el departamento francés de la Somme, región de Picardía. El río Ancre nace al sur de Bapaume y se une al Somme. Dio nombre a una batalla librada en noviembre de 1916.

juventud, Faber & Faber, 1942]; y *Siegfried's Journey* [El viaje de Siegfried, Faber & Faber, 1946].

En esta vasta obra de casi veinte años de trabajo, cubre mucho más que la guerra: su infancia, su educación, los años anteriores a la guerra y los años posteriores. En la trilogía "ficcionalizada", por razones de simplificación, suprime a su familia inmediata y dice que fue criado por una tía, Evelyn, un personaje estereotipado, cándido e inocente, que de hecho se corresponde con su madre. Como Sassoon en la vida real, en tiempos de paz Sherston pasa el tiempo cabalgando, cazando o jugando al críquet. Todas estas actividades, al aire libre, propias de los hijos de familias inglesas adineradas, tienen lugar en la bella y plácida campiña inglesa de la preguerra. Al igual que Blunden, hay un importante estrato pastoral en la literatura de Sassoon, con una fuerte evocación nostálgica de los días pacíficos donde todo era tranquilidad, ocio y despreocupación. En las escenas del frente de batalla, constituyen un alivio del horror y un fuerte contraste con la terrible realidad.

Nos concentraremos en *Sherston's Progress*, que cubre la etapa final de la participación de Sassoon en la guerra, desde julio de 1917 hasta julio de 1918, cuando vuelve a Inglaterra a hacerse tratar de una herida en la cabeza que le inflige por error un soldado británico que lo confunde con un enemigo, cerca de Arras, en Francia.

Sherston's Progress tiene cuatro partes: la primera, titulada "Rivers", se desarrolla en "Slateford", distrito de Edimburgo y nombre que le da Sassoon a Craiglockhart, el hospital cerca de Edimburgo donde se enviaba a los soldados con trastornos psicológicos, secuela de su experiencia bélica. Denominados luego "neurosis de guerra", se los conocía entonces bajo el nombre genérico de "neurastenia"[64]. Las otras partes son: II, "Liverpool y Limerick", un idílico interludio bucólico en Irlanda, donde Sherston se dedica a la caza del zorro; III, "El diario de Sherston", que cubre cuatro meses de un viaje a Palestina, como parte de una misión bélica; y IV, "Experiencias finales", en que Sherston vuelve al Frente Occidental, es herido y es enviado de regreso a Inglaterra.

La Primera Parte se titula "Rivers", por ser este el apellido del psiquiatra que trata a Sherston y en quien él encuentra, más que a un médico, a un amigo y padre espiritual. Sherston-Sassoon había escrito una Carta Abierta, titulada "A Soldier's Declaration", que en la vida real se publicó en el diario *The Times* el 31 de julio de 1917 y causó un gran revuelo. En ella, Sassoon declaraba las razones por las que se oponía a la continuación de la guerra. Se cree que una de las razones que lo impulsaron fue la muerte en el frente de su amigo (y amigo de Graves), David Cuthbert Thomas, llamado "Dick Tiltwood"[65] en la trilogía de Sherston, deceso que le causó un inmenso dolor. Por otra parte, contribuyeron a su toma de decisión sus amigos pacifistas Bertrand Russell y Ottoline Morrell. El documento fue leído en el Parlamento, y fue tan grande su repercusión que Sassoon estuvo a punto de ser sometido a una corte marcial. La Declaración decía:

> Hago esta declaración como un acto de voluntario desafío a la autoridad militar, porque creo que la guerra está siendo prolongada deliberadamente por quienes tienen el poder de ponerle fin.
>
> . . . .
>
> Soy un soldado, convencido de que actúo en defensa de los soldados. Creo que esta guerra, en la que entré como guerra de defensa y libe-

---

[64] La novela *Regeneration* (1991), de Pat Barker, primera de una trilogía sobre la Gran Guerra (las otras dos novelas son *The Eye in the Door*, 1993, y *The Ghost Road*, 1995) está basada en el período en que Sassoon estuvo en Craiglockhart. Son también personajes de la novela el Dr. Rivers, Graves y Wilfred Owen. La novela fue llevada al cine en 1997. El film fue dirigido por Gillies MacKinnon, con Jonathan Pryce como Rivers y James Wilby como Sassoon.

[65] David Cuthbert Thomas (1895-1916) era un oficial galés que luchó con el grado de subteniente en el Tercer Batallón de los *Royal Welch Fusiliers*, en que también estaban Sassoon y Graves, de quienes fue gran amigo. Fue herido en la garganta cerca de Fricourt, Francia, en cuyo Citadel Cemetery (o New Military Cemetery) está enterrado [http://en.wikipedia.org/wiki/David_Cuthbert_Thomas]. En los textos autobiográficos de Sassoon, se lo llama "Dick Tiltwood".

ración, se ha convertido ahora en una guerra de agresión y conquista. Creo que los propósitos por los cuales entramos mis compañeros soldados y yo deberían haber sido enunciados de una manera absolutamente clara, al punto que hubiera hecho imposible cambiarlos, y que, de haber sido así, los objetivos que nos impulsaban podrían lograrse ahora mediante la negociación.

. . . .

He visto y he soportado el sufrimiento de las tropas, y no puedo seguir siendo parte de la prolongación de estos sufrimientos por fines que creo malignos e injustos. No estoy protestando contra la conducción de la guerra, sino contra los errores políticos y la insinceridad por los cuales se está sacrificando a los hombres que combaten.

. . . .

En nombre de quienes ahora sufren hago esta protesta contra el engaño que se perpetra contra ellos; creo también que puedo contribuir a destruir la cruel complacencia con la que la mayoría de quienes viven en este país contemplan la continuación de una agonía que ellos no comparten, y que carecen de la imaginación necesaria para poder darse cuenta.

En *Goodbye to All That*, Graves se refiere a este momento en la vida de Sassoon. Fue él quien influyó en que el subsecretario de Estado Ian Macpherson llegara a la conclusión de que Sassoon estaba enfermo, por lo que fue enviado a Craiglockhart para ser tratado por su psicosis de guerra.

Luego de recibir una carta de su amigo Sassoon, que incluía el recorte de un diario de "A Soldier's Declaration", Graves logró llegar a altas esferas del gobierno y del ejército y las persuadió a no tratar el asunto como un caso disciplinario y, en cambio, someter a Siegfried a una junta médica. Fue a ver a Sassoon:

Se veía muy enfermo… Me contó que… había arrojado al mar su Cruz Militar[66]. Discutimos la situación política. Se me ocurrió decirle que todo el mundo estaba loco, salvo nosotros y uno o dos más, y que no serviría de nada usar el sentido común con dementes. Nuestro único curso de acción era continuar hasta que nos mataran. Yo esperaba volver pronto, por cuarta vez. Además ¿qué pensarían de él en el Primer y Segundo Batallón? ¿Cómo podía creer que ellos entenderían su punto de vista? Lo acusarían de desertor, de cobardía, y de defraudar al regimiento […] Al fin, incapaz de negar lo enfermo que estaba, Siegfried consintió en comparecer ante la junta médica. (Graves, pp. 215-216).

En "Slateford", "Sherston" conoce al Dr. Rivers, capitán del R.A.M.C., *Royal Army Medical Corps* (Cuerpo médico del Ejército Real), quien desde el primer momento le causa una buena impresión:

Nunca existió la menor duda de que me caería bien. Me hizo sentir seguro en el acto, y pareció saber todo lo referente a mí. Lo que no sabía, pronto lo descubrió. (*Sherston's Progress,* p. 7)[67].

Rivers, cuyo nombre completo es William Halse Rivers Rivers (1864-1922), era antropólogo, neurólogo, etnólogo y psiquiatra, conocido por su trabajo con soldados víctimas de neurosis de guerra. Había demostrado que hombres de valor incuestionable podían sucumbir a un miedo agobiante, y que era posible, y necesario, tratarlos[68].

Rivers llegó a ser más que un médico, o incluso un amigo, para Sassoon: fue una especie de padre confesor. En este libro de memorias, lo llama "un gran hombre bueno que me dio su amistad y su guía" (p. 12). Desde el principio, Sassoon sabe que, como

---

66 No fue así. Al parecer, solo arrojó al río Mersey la cinta de la medalla de la Cruz Militar, porque esta apareció luego en un cofre o baúl en el ático de una casa de la familia Sassoon en la isla de Mull, en la costa oeste de Escocia. La compró el regimiento para el que luchó Sassoon, los *Royal Welch Fusiliers* [http://www.guardian.co.uk/2007/10/books.military].

67 Las referencias son a la edición de Penguin de *Sherton's Progress* (véase bibliografía).

68 [http://en.wikipedia.org/wiki/W_H_R_Rivers].

médico del ejército, Rivers está obligado a oponerse a su "tendencia pacifista"; aun así, acepta su método. Rivers usaba argumentos indirectos, le indicaba las inconsistencias de las opiniones expresadas impulsivamente en su Declaración, pero jamás lo contradecía. Se ha dado cuenta desde el principio de que su paciente no sufre una neurosis de guerra, pero jamás intenta hacerlo cambiar de opinión: busca convencerlo de la necesidad, y conveniencia personal, de volver al Frente. De hecho, después de un tiempo, Sassoon empezó a sentir cargos de conciencia: estaba mal disfrutar de un retiro seguro mientras sus compañeros soportaban los horrores de una guerra de la cual él mismo había intentado rescatarlos mediante su Declaración. Consiguió reconciliarse consigo mismo después de cuatro meses de Slateford, esa "Meca de la psiconeurosis", como la llama (p. 38). Mientras tanto, se cuestiona por estar "de vacaciones":

> Volver al Frente era la única forma de salir de una situación imposible. En el Frente, al menos podría encontrar una manera de olvidar. Y prefería que me mataran antes de sobrevivir como alguien que había utilizado un ardid diciendo que la guerra debía pararse. (*Sherston's Progress*, p. 44).

Sassoon sabe, también, que el *War Office* [Ministerio de Guerra] mira con desconfianza tanto al Hospital como a Rivers. Creen posible que algunos "pacientes" finjan estar enfermos para no volver al Frente. Por otra parte, en aquel tiempo el daño infligido en la mente no contaba como enfermedad.

Entre las actividades "saludables" que Sassoon aprueba en el hospital (al que en inglés lo llaman el "*hydro*" porque la principal técnica curativa empleada era la hidroterapia) es editar una revista mensual publicada por los pacientes, caracterizada por su rica ironía. Se llamaba *The Hydra*. Se cita un editorial:

> Muchos de los que llegamos al "*hydro*" levemente enfermos nos estamos poniendo peligrosamente bien. En este excelente campo de concentración nos estamos curando rápidamente del *shock* de volver a Inglaterra. (*Sherston's Progress*, p. 13).

En realidad, había muchos enfermos en el *hydro*. Sassoon los oía llorar con desesperación todas las noches; sufrían de "desórdenes nerviosos funcionales". Los más normales simplemente tartamudeaban, o se sentían paralizados, pero de noche muchos se descontrolaban:

> Uno tomaba conciencia de que el lugar estaba lleno de hombres cuyos sueños eran morbosos y aterradores, hombres que murmuraban, inquietos, o de repente gritaban dormidos. A mi alrededor había un infierno de sueños acosados por recuerdos sumergidos de la guerra y su impacto intolerable [...] A la luz del día, sentado en un cuarto soleado, cada hombre podía discutir sus síntomas psiconeuróticos con su médico, que podía diagnosticar fobias y conflictos y formularlos en terminología científica. [...] Pero en la noche, cada hombre estaba de regreso en su condenado sector de una horripilante Línea del Frente, donde el pánico y la estampida de alguna experiencia terrible se repetían entre los lívidos rostros de los muertos. No había entonces médico que pudiera salvarlo: se convertía en la víctima solitaria de los desastres y delirios de sus sueños. (*Sherston's Progress*, p. 53).

Al presenciar todo esto, Sassoon vuelve a sentir que su protesta está justificada:

> Neurosis de guerra. ¡Cuántos bombardeos de corta duración tenían un efecto largamente retardado ahora, en la mente de estos sobrevivientes, muchos de los cuales en su momento habían mirado a sus compañeros y se habían reído mientras el infierno se esforzaba por destruirlos! Su hora trágica no había sido entonces, sino ahora; ahora, en la sudorosa sofocación de la pesadilla, en la parálisis de las extremidades, en el tartamudeo del discurso dislocado. Peor aún, en la desintegración de esas cualidades que habían puesto de manifiesto de modo tan valiente y generoso y carente de queja: en los mejores hombres, esta

era la inexpresable tragedia de la neurosis de guerra; era en esto donde su humanidad había sido ultrajada por esos explosivos que eran aprobados y glorificados por las Iglesias; de esta manera su sacrificio era ridiculizado y maltratado; el sacrificio de quienes, en nombre de la rectitud, habían sido enviados a mutilar y masacrar a sus semejantes. Estos hombres habían sido martirizados en nombre de la civilización, y le competía a la civilización demostrar que su martirio no era una sucia estafa. (pp. 53-54).

Sassoon no está totalmente libre de síntomas de neurastenia. Tiene recurrentes pesadillas de guerra. En una de ellas, está en una situación extrema, condenado a morir, pero el enemigo es el fango, y el terror que siente es el de perecer en una "ciénaga inmortal". En otro sueño, la guerra sigue y él debe volver al frente, pero no encuentra sus pertrechos. "Estoy preocupado porque me he olvidado de cómo ser un oficial", y se echa a llorar, y busca desesperadamente sus pertrechos. Al despertarse, piensa que no quiere morir, que quiere ser un hombre de edad mediana que escribe sus memorias, y no tener un nombre glorioso (*Sherston's Progress*, p. 52).

Finalmente, Rivers lo presenta a una nueva junta médica, integrada por él mismo y dos facultativos más. Sassoon responde a una serie de preguntas rutinarias sobre su salud, y los médicos lo aprueban como apto para volver al servicio fuera del país, algo que "rara vez sucedía en Slateford". Piensa:

> Pero eso no era todo. Sin saberlo, dos tercios de la junta médica [el tercer miembro era Rivers, su amigo y protector] me habían devuelto a mi condición anterior. Ahora volvía a ser "un oficial y un caballero". (*Sherston's Progress*, p. 50).

En Craiglockhart, Sassoon conoció a otro poeta, Wilfrid Owen, a quien infundió entusiasmo y valor para que continuara escribiendo poesía, e incluso corrigió sus poemas, entre ellos "*Anthem for Doomed Youth*", que hemos traducido como "Antífona para la condenada juventud", e incluido en la antología de Owen. El manuscrito de este poema, con las correcciones de Sassoon, puede hallarse en "*Wilfrid Owen Manuscript Archive Online*"[69]. Hay una obra teatral, *Not About Heroes*, por Stephen McDonald, que trata de la amistad entre Owen y Sassoon. Fue representada en el Festival de Edimburgo de 1982.

La Segunda Parte del libro es una suerte de alivio cómico, un interludio de paz en el que, durante un par de semanas, Sassoon visita Irlanda por primera vez. Su larga vacación está interrumpida brevemente por un curso de adiestramiento para la defensa contra el gas, de cuatro días, al que le dedica cuatro renglones. Se detiene en describir a unos personajes muy simpáticos y cómicos que conoce en Irlanda, al largo tiempo que dedica a la caza de zorro y al golf, y a las enormes cantidades de bebida que consume con sus nuevos amigos.

El más pintoresco de ellos es Blarnett, de Limerick, a quien llaman "The Mister", cuyo lema en la vida es: "Todos nosotros bien podemos estar muertos la semana que viene, de manera que debemos aprovechar esta lo mejor que podamos". Se encasquetaba una voluminosa gorra de tweed y se cubría la chaqueta escarlata y chaleco amarillo canario (su uniforme para la caza) con un enorme sobretodo con cuello de astracán, sin olvidar un inmenso par de guantes de piel y una petaca de whisky. Nada era capaz de perturbar su alcohólica placidez. Uno de sus axiomas le ordenaba ser agradable con todas las posturas, tanto en política como en religión.

En la Tercera Parte, Sassoon recibe órdenes de viajar a Palestina, donde está activa la guerra contra los turcos[70]. Parte en febrero de 1918, con el bata-

---

69 [http://en.wikisource.org/wiki/WikisourceFeatured_text_candidates/Archives/2007].

70 El general británico Edmund Allenby (1861-1936), al frente de las Fuerzas Expedicionarias Egipcias, venció a los turcos en Gaza, tomó Jerusalén el 9 de diciembre de 1917, y con su triunfo en Megido en septiembre de 1918 y la ocupación de Damasco y Alepo, terminó con el dominio otomano en Siria [http://es.wikipedia.org/wiki/Edmund_Allenby]. En esta campaña participó Lawrence "de Arabia".

llón 25° de su regimiento, los *Royal Welch Fusiliers*, y vuelve a Marsella en mayo. Es un largo viaje en tren (relatado en forma de diario), de Southampton a Jerusalén, pasando por Cherburgo, Lyon, Aviñón, Génova, Faenza, Alejandría, el canal de Suez y Gaza. Esta Parte consta de impresiones de viaje y comentarios que Sassoon anota en el diario ("Mi diario es la única persona con quien puedo hablar francamente"; "la Guerra está fuera de la vida, y yo estoy en la Guerra"; "la estupidez mecánica de la infantería es la antítesis del pensamiento inteligente"[71]). Añora poder escuchar un buen concierto sinfónico y piensa que lo que le importa es el bienestar de sus soldados. Hay tiempo para admirar el paisaje, con lo que se afirma el aspecto bucólico de Sassoon, adormilado en los poemas de guerra. Basten un par de ejemplos. El primero es un atardecer en Ramallah, en Cisjordania, a quince kilómetros al noroeste de Jerusalén, cuando sale a caminar:

> *28 de marzo*. Fin de la tarde. Tranquila y tibia. Las ranas croan en el suelo mojado del *wadi*[72]. Pequeños árboles espinosos forman grupos de verdor en las terrazas. Al final del *wadi* hay un manantial; arroyuelos cantan en su curso entre las piedras y planchas de roca. Motacilas y trigueros revolotean y gorjean entre los arbustos, se posan en rocas o se mantienen ocupados en las ramas de los olivos. En el camino de regreso al batallón, una gacela saltó y huyó entre las piedras grandes; se quedó inmóvil a unos metros, observándome. Luego se fue trotando tranquilamente. Una criatura libre. (*Sherston's Progress*, p. 100).

El segundo ejemplo corresponde a otro lugar de Palestina, no identificado:

> *3 de abril. 9 de la mañana*. Solo con mi cuaderno en una terraza con aroma a tomillo, cerca del campamento, con el sol entibiándome la cara y grandes nubes blancas que se mueven despacio a través del cielo azul. Abejas y moscas zumban pacíficamente en torno a las rocas grises; mariposas revuelan y se posan sobre blancos y espesos trebolares donde unas pocas tardías anémonas escarlata todavía forman una mancha de color. La gente me dice que el clima de Judea empeora más adelante, pero ahora es como el Paraíso. Un poquito más lejos, una órfica curruca canta con deleite desde un arbusto espinoso, produciendo la fantasía más líquida y delicada que fuera posible pedir. Viejas enredaderas están ocultas a medias por el pasto y las hierbas que han brotado en la primavera. Un par de metros más allá, hay un diminuto cazamoscas sobre un arbusto, y cerca un colirrojo se atilda las plumas con el pico. Filas de camellos caminan pesadamente por el camino allá abajo, lejos, y las ruedas de los avantrenes trituran las piedras mientras pasan, matraqueando. (Ocho mulas por cada avantrén.) Las higueras tienen unas pocas hojas nuevas. Ya no hay clemátides; están empezando a salir las rosas salvajes, en grandes matas. (*Sherston's Progress*, p. 102).

La Cuarta Parte del libro se titula "Experiencias finales", y se desarrolla en Francia. Sassoon ya está de vuelta en el Frente Occidental. Es junio de 1918, y faltan unos cuatro meses para el cese de hostilidades. Esta Cuarta Parte cubre la última actuación de Sassoon en la guerra, ahora como capitán y comandante de su compañía. Está en una posición ideal para él, como líder de pelotón y padre de sus hombres. Con treinta y un años, es mayor que casi todos sus soldados. Tiene una gran ayuda en su segundo oficial, "Velmore", en la vida real Vivian de Sola Pinto[73], con quien puede hablar de poesía. El 13 de julio de 1918, en las trincheras, cerca de St. Hilaire, hace una patrulla solo, a través de la Tierra de Nadie, para

---

71 Páginas 123, 127 y 136, respectivamente.
72 Valle por el que corre un arroyo (arroyada).
73 Vivian de Sola Pinto (1895-1969), poeta y crítico literario, profesor de the University of Nottingham, editor de *The Collected Poems of D. H. Lawrence* y autor de *Crisis in English Poetry*, un estudio de la poesía inglesa del siglo XX, incluido en la bibliografía, con un capítulo dedicado a la Gran Guerra. El autor de este libro tuvo el honor de asistir a sus clases de literatura inglesa en Nottingham.

destruir una ametralladora alemana que los ha estado atacando todo el tiempo. Lo consigue, pero al regresar uno de sus suboficiales lo confunde con un enemigo y lo hiere en la cabeza. No es una herida demasiado seria, pero debe volver a Inglaterra para ser tratado.

En el hospital, en Londres, se siente deprimido. Tiene treinta y dos años, piensa, y nada de lo que ha hecho en la vida le ha salido bien. No puede concebir el futuro: no vislumbra un futuro, salvo "el resto de la Guerra", y su continuación no era algo que quisiera. Su actuación quijotesca en el Frente había sido un desastre en todo sentido:

> ¿Cómo podía comenzar de nuevo mi vida cuando no tenía ninguna convicción acerca de nada, salvo que la Guerra era una sucia trampa que nos habían tendido a mí y a mi generación?. (*Sherston's Progress*, p. 169).

[...] Y entonces, inesperadamente y sin anunciarse, el Dr. Rivers entró en el cuarto y cerró la puerta tras de sí. Tranquilo y alerta, decidido y resuelto, pareció vaciar la habitación de todo lo que necesitaba exorcizarse [...] No me dijo que yo había hecho lo mejor para justificar su fe en mí. Solo me hizo sentir que daba por sentado todo eso, y que ahora debíamos pasar a algo aún mejor. Y que este era el comienzo de la nueva vida a la que me había mostrado el camino... (p. 170).

SEGUNDA PARTE

Antología poética

SECCIÓN I
Edmund Blunden

Edmund Blunden (1896-1974), el mayor de nueve hijos, de padre y madre maestros, nació en Londres el 1° de noviembre. En 1900, la familia se mudó a Yalding, Kent, una típica aldea del siglo XIX de la campiña inglesa, donde pronto nació en el joven el amor por la naturaleza y la sencilla vida rural, que jamás faltaría en su poesía. Se educó primero en la escuela local, luego en Christ's Hospital, en Horsham, Sussex[74] y finalmente en Queen's College, Oxford, donde se abocó a los estudios clásicos. Blunden dejó la universidad antes de graduarse, en 1915, para alistarse. En 1916 se unió al 11° *Royal Sussex Regiment*. Luchó en Festubert, Cuinchy, Givenchy, el Somme, el valle de Ancre y Thiepval. Recibió la Cruz Militar por su "conspicua valentía en la acción", cuando junto con un mensajero completó una misión de reconocimiento en una acción casi suicida bajo fuego constante. En 1916, el batallón fue transferido a Ypres, donde Blunden permaneció hasta enero de 1918, en que el batallón regresó al Somme, luego de haber luchado en la batalla de Passchendaele, considerada la más sangrienta de la Gran Guerra. Fue finalmente licenciado el 17 de febrero de 1919. En octubre de ese año volvió a Oxford, cambiando los estudios clásicos por literatura.

Para cuando se declaró la guerra, ya había publicado poemas en las antologías de *Georgian Poetry*, poemas por lo general de temas bucólicos, característica que se fue atenuando en su poesía posterior. La poesía de Blunden, rimada y de métrica tradicional, con marcada influencia de Keats y los románticos, jamás se interesó en los experimentos modernistas.

En 1918, mientras estaba destacado en un campamento de entrenamiento en Suffolk, conoció a Mary Daines, con quien se casó ese mismo año. Tuvieron tres hijos. La primogénita, Joy, murió trágicamente en 1919, a los cinco meses de edad. El matrimonio se disolvió en 1931, y Blunden volvió a casarse en 1933. Hubo un tercer casamiento en 1945, del que nacieron cuatro hijas.

Después de la guerra, Edmund se dedicó al periodismo, trabajando en Londres en la revista literaria *The Athenaeum*. Años después haría periodismo en *The Nation* (más adelante *The New Statesman*), y luego en *The Times Literary Supplement*. En 1924 dejó Inglaterra y viajó a Tokio como profesor de idioma y literatura inglesa en la Universidad de esa ciudad japonesa. En 1931 fue preceptor y profesor de Merton College, Oxford, hasta 1942, y con posterioridad se unió al personal de redacción de *The Times Literary Supplement*, aunque pronto volvió a abandonar el periodismo, regresando a la enseñanza. Fue profesor de literatura inglesa en Hong Kong University durante diez años. A su regreso a Inglaterra, se estableció en Long Melford, una aldea del condado de Suffolk, a

---

[74] Christ's Hospital es un internado para alumnos entre once y dieciocho años, fundado en el reinado de Eduardo VI (1537-1553). El edificio data de 1902 [http://www.christs-hospital.org.uk/school-about-history.php].

cuatro horas de Londres. En 1966 fue elegido Profesor de Poesía en Oxford, sucediendo a Robert Graves, que había tenido este distinguido cargo entre 1961 y 1966. Blunden se vio obligado a renunciar en 1968 por razones de salud. Murió el 20 de enero de 1974 a los setenta y siete años.

En 1929 publicó *Undertones of War*, donde, como se ha dicho, cuenta sus experiencias de guerra. Otros de sus trabajos de prosa incluyen estudios críticos de los poetas Lamb, Shelley, Hunt, Keats y Hardy. También tiene una edición de poemas de John Clare, poeta romántico pastoril, cuya obra contribuyó a hacer conocer. Asimismo, es autor de ediciones de poesía de los poetas de guerra Wilfred Owen (1931) e Ivor Gurney (1954).

Su extensa obra poética incluye *The Waggoner* (1920), *The Shepherd* (1922), que le valió el premio Hawthornden, y decenas de poemarios, entre ellos *To Nature: New Poems* (1923); *Masks of Time* (1925); *Japanese Garlands* (1928); *Halfway House: A Miscellany of New Poems* (1932); *An Elegy and Other Poems* (1937); *Records of Friendship* (1950); *Poems of Many Years* (1957); *A Hong Kong House* (1959). En 1996 se editó una colección de los poemas de guerra de Blunden, que contiene cientosetenta (tan solo una parte de su producción), titulada *Overtones of War: Poems of the First World War by Edmund Blunden*, edited by Martin Taylor (London: Gerald Duckworth & Co., 1996)[75].

Para cuando se alistó, en agosto de 1915, a los diecinueve años, Blunden ya había escrito poesía y publicado poemas en la revista de su escuela de Horsham, Christ's Hospital. En general, la mayor parte de sus poemas eran bucólicos, inspirados en la campiña, en los ríos, aldeas y bosques de los condados de Sussex y Kent. Si bien la naturaleza seguiría presente en toda su producción poética, la experiencia de la guerra le daría una nueva voz. Muchos poemas fueron escritos en las trincheras, y se perdieron en el fango.

Dos citas pueden ayudarnos a caracterizar el corazón temático de su poesía. La primera: "Mis experiencias en la Primera Guerra Mundial me han acosado toda la vida y durante muchos días, al parecer, he vivido en ese mundo en vez de este"[76]. La segunda se refiere a la conjunción del poeta de inspiración pastoril con el soldado. Halla expresión perfecta en la oración con la que Blunden termina sus memorias en *Undertones of War*. El soldado poeta se está despidiendo del Frente. Piensa: "Pobre vieja Francia, espero no volver a ver jamás el maldito lugar". Casi cambia de opinión al encontrar consuelo en la contemplación de tranquilizador valle del Ancre. Ve un tren que emerge de la inocente floresta. Y es entonces cuando piensa: "No había angustia predeterminada que irguiera su serpentina cabeza para envenenar a un inofensivo joven pastor con chaqueta de soldado" (*Undertones of War*, p. 314).

En este gran poeta de la memoria, la combinación de poeta y soldado nos da el tema central de su poesía: la coexistencia del pasado bucólico en la verde campiña inglesa[77] con el presente trágico de la guerra, coexistencia que da nacimiento a un contraste permanente que se activa en la memoria, y que puede resumirse como armonía versus caos. Todo lo que se ve y se siente puede potenciar el buen recuerdo en medio de la guerra, y tener un efecto renovador y calmante, como en Wordsworth, y actuar como bálsamo de paz. Pero, a su vez, los recuerdos bélicos irrumpen en todo momento.

---

75 [http://www.edmundblunden.org/index.php?pageid=94].

76 En una entrevista de la década de 1960 [http://war-poets.blogspot.com.ar/2012/01/edmund-blunden.html].

77 Fussell destaca el hecho de que el pasado bucólico que añora Blunden es siempre el de la Inglaterra preindustrial, cuyos valores son el criterio desde el cual contrasta la abominable destrucción de la guerra (Fussell, p. 268).

Selección de poemas de Edmund Blunden

——————————————————— /// ———————————————————

Dos voces

"Hay algo en el aire", dijo él
en la sala de la granja, fría y desnuda;
simples palabras, que en sus oyentes crearon
un tumulto, aunque allí en silencio
todos aguardamos; irónicamente jovial, él dejó la frase
[flotando,
dispuso la marcha, y nos ordenó que cada uno fuera a
[su tarea.

. . . .

"Vamos al Sur, hombre"; mientras hablaba,
con enorme estruendo una bomba
estremecía la liviana choza; mientras daba
las novedades de muerte, las alondras cantaban, radiantes;
tomó él su fusta y canturreando se alejó
entre los manzanos, todo perfume y florescencia.

. . . .

Ahora se retira la rugiente noche
que hizo añicos nuestra flor después de la primera
de esas dos voces; una luz nebulosa
amortaja el bosque Thiepval y todo lo peor;
pero aún oigo "Hay algo en el aire",
y aún "Vamos al Sur, hombre" mortalmente cerca.

Two voices

'There's something in the air,' he said
In the farm parlour cool and bare;
Plain words, which in his hearers bred
A tumult, yet in silence there
All waited; wryly gay, he left the phrase,
Ordered the march, and bade us go our ways.

. . . .

'We're going South, man'; as he spoke
The howitzer with huge ping-bang
Racked the light hut; as thus he broke
The death-news, bright the skylarks sang;
He took his riding-crop and humming went
Among the apple-trees all bloom and scent.

. . . .

Now far withdraws the roaring night
Which wrecked our flower after the first
Of those two voices; misty light
Shrouds Thiepval Wood and all its worst;
But still 'There's something in the air' I hear,
And still 'We're going South, man,' deadly near.

Escrito en 1916, "Dos voces" forma parte del "Suplemento poético" incluido al final de *Undertones of War*. El libro es la mirada retrospectiva de Blunden sobre sus experiencias en el frente bélico, donde estuvo desde 1916 hasta que fue licenciado en 1919. Reconstruyó lo que había vivido varios años después, durante el tiempo que pasó en Tokio como profesor de la universidad de esa ciudad entre 1924 y 1927. Para la reconstrucción, utilizó para ayudar su memoria unos mapas, que le recordaban los lugares donde había estado. En un manuscrito del poema, que se conserva en el Archivo Digital de la poesía de la Primera Guerra, se lee en una anotación de Blunden sobre la composición de "Dos voces"[78] que el poema fue escrito en "Hinges, cerca de La Couture", es decir, en el Frente Occidental. Hinges es una aldea agrícola, en la actualidad de dos mil seiscientos habitantes, en la Región Norte, Paso de Calais, a seis kilómetros de La Couture, una población más pequeña aún (ciento sesenta y nueve habitantes).

El título del poema anuncia una característica de la poesía central de Blunden: la importancia del aspecto auditivo. Por lo general, en los poetas suele ponerse de manifiesto un dominio de lo auditivo o de lo visual. En el presente poema, las dos voces se refieren a dos comentarios, en dos momentos diferentes, transcriptos entre comillas, ambos provenientes de un oficial de mando, como indican el uso de "*ordered the march*" [dispuso la marcha] en la primera estrofa, y la mención de la "fusta" [*riding-crop*] que usa el ofi-

[78] [http://www.oucs.ox.ac.uk/ww1lit/collections/item/9047?CISOBOX=1&REC=4)]

cial, en la tercera estrofa. La "primera voz" resuena en medio del silencio de los soldados reunidos en una granja, que probablemente usan como alojamiento temporario. Es lo que se llama "*billet*" en inglés (lugar de alojamiento de las tropas, o de acantonamiento). El oficial habla como si intuyera que pronto participarán en una acción bélica, lo que casi seguramente sabe. Puede ser la primera acción de guerra para este grupo de soldados, como sugiere el "tumulto" que causa como reacción.

La segunda "voz" o mensaje especifica la dirección en que irá el pelotón, que ya está en el frente: ha caído una bomba, haciendo estragos en la "liviana choza" donde están los soldados.

Ya vemos en este poema otra característica importante de la poesía de Blunden: la presencia de lo pastoril. Aquí encontramos el contraste, por una parte entre la guerra y su poder destructivo, denotados por "muerte", la imagen de la "luz nebulosa", que "amortaja" el bosque y de la "rugiente noche" ("todo lo malo"); y, por otra parte, la persistencia de la belleza de la naturaleza, con su sugerencia de paz: las alondras que cantan, radiantes, los manzanos floridos, y la flor de la tercera estrofa, símbolo del bautismo del combate para estos soldados, "echa añicos".

Como todos los poemas de Blunden, este, estructurado en tres estrofas, sigue las convenciones de la poesía tradicional, con su métrica regular y un patrón de rima: aquí el primer verso rima con el tercero, el segundo con el cuarto y termina con un *heroic couplet* final (ABABCC).

"Thiepval" es una aldea, que actualmente cuenta con un centenar de habitantes. Estuvo en manos de los alemanes desde 1914 hasta el verano de 1915, cuando la tomaron los ingleses y la conservaron hasta el comienzo de la batalla del Somme, el 1° de julio de 1916, cuando ingleses y unos pocos franceses (que constituían una pequeña fuerza en el flanco derecho de los británicos) lanzaron una gran ofensiva a lo largo del río Somme. Ese primer día los ingleses sufrieron enormes pérdidas: veinte mil muertos y cuarenta mil heridos. Después de dos semanas, el Somme se convirtió en una guerra de "desgaste" (*attrition*), que se extendió hasta el 18 de noviembre. La batalla de Ancre fue la fase final del Somme. Las lluvias y el fango hicieron imposible que un bando u otro sacara una ganancia final decisiva: los aliados sufrieron seiscientas mil bajas, los alemanes seiscientas cincuenta mil, y los aliados lograron avanzar apenas siete millas (*Almanac*, pp. 104-105). Al respecto, Fussell cita unas palabras de Blunden, de su libro de ensayos *The Mind's Eye*, de 1934:

> Para el fin del día [1° de julio], ambos bandos habían visto, en un triste desparramo de tierra dada vuelta y hombres muertos, la respuesta a la pregunta... Ningún país había ganado, ni podría ganar, la Guerra. Era la Guerra la que había ganado, y seguiría ganando. (Blunden, p. 38. En Fussell, p. 13).

Ilusiones

Las trincheras a la luz de la luna, por la arrulladora luz
[de la luna mitigadas,
tienen su encanto; cuando los danzarines pastos frescos
[de rocío
nos acariciaban, mientras caminábamos pesadamente
[por los senderos de tierra;
cuando el crucifijo que colgaba encima se veía
extrañamente iluminado,
y uno imaginaba música, y hasta oía al pájaro valiente
cantar aflautado en los huertos susurrantes sobre el
[enmalezado pozo.
Hay momentos así; perdónenme por entronizarlos,
sin atenuar que pronto llega la Némesis de la belleza,
en los ondeantes vestigios que al principio provocan
[un terror
que cobra vida: la zanja de la tierra de nadie de pronto
[se bifurca:
¡allí, el enemigo es mejor con las bombas y el cerebro
[y el coraje!
Suave, veloz, sé a la vez animal y ángel;
pero no, ¡ay, no, no! Son los espantajos de la Muerte que
[cuelgan del alambre
para la interpretación de la luna.

Illusions

Trenches in the moonlight, allayed with lulling moonlight,
Have their loveliness; when dancing dewy grasses
Caressed us stumping along the earthy lanes;
When the crucifix hanging over was strangely illumined,
And one imagined music, one ever heard the brave bird
In the sighing orchards flute above the weedy well.
There are such moments; forgive me that I throne them,
Nor gloze that there comes soon the nemesis of beauty,
In the fluttering relics that at first glimmer awakened
Terror—the no-man's ditch suddenly forking:
There, the enemy's best with bombs and brains and
[courage!
–Soft, swift, at once be animal and angel—
But O no no, they're Death's malkins dangling in the wire
For the moon's interpretation.

Soneto escrito en 1927, no rimado, en que la voz poética es la voz característica de Blunden soldado, que evoca un momento nocturno en las trincheras. Nuevamente opera el contraste. De los catorce versos, los siete primeros, dominados por la luz de la luna, traen imágenes positivas. La escena bien podría ser la de una encantadora noche de amor, bajo una luna "arrulladora", con detalles de belleza natural, como los acariciadores pastos danzarines, la referencia a un crucifijo, y la imaginación activa, que por arte del encanto dominante crea una música imaginada, el canto aflautado de un pájaro, susurros... Exactamente en la mitad del poema, en el octavo verso, la vengativa Némesis destruye toda belleza, y comprendemos las "ilusiones" que dan título al poema. Todo se cambia en terror, surgen enemigos con bombas, y por fin, la imagen macabra de los "espantajos de la Muerte que cuelgan del alambre" abre la puerta a la realidad de lo siniestro.

En el Archivo Digital de la poesía de la Primera Guerra, leemos que "Ilusiones" es uno de un trío de poemas, a los que, en una anotación escrita a lápiz, Blunden agrupa como *"Three Scenes from the European War: Flanders, 1914-1918"* [Tres escenas de la guerra europea: Flandes...]. Estos tres poemas, fechados en el manuscrito "abril 1924-julio 1927" (la época de Blunden en Tokio) fueron luego incluidos en el Suplemento poético de *Undertones of War*. Los otros dos son *"Trench Raid Near Hooge"* y *"Battalion in Rest"*[79].

Los tres poemas se refieren al Frente Occidental belga, en Ypres, donde hubo tres batallas terribles; la

---

[79] [http://www.oucs.ox.ac.uk/ww1lit/colections/document/9527].

tercera, Passchendaele, también llamada Ypres III (31 de julio-15 de noviembre de 1917) fue la más terrible, con un saldo de trescientos mil aliados muertos. La batalla de Hooge tuvo lugar el 30 de julio de 1915, y en ella los alemanes usaron una nueva arma, el lanzaminas, de acción devastadora, que causaba pánico en el enemigo. Hooge es una aldea en el camino de Menin, cerca de Ypres.

Preparativos para la Victoria

Alma mía, no temas la pestilencia que embruja
el valle; no te eches atrás, joven cuerpo mío,
ante estos grandes vociferantes fuegos y gruñentes picas
de feroz hierro; todavía puede no estar echado
el dado que te reclama. Avanza como un hombre entre
estas ruinas, y lo que debas hacer, hazlo bien;
mira, hay aquí jardines, allá de las musgosas ramas cuelgan
manzanas cuyas radiantes mejillas nada podría superar,
y hay una casa no destrozada aún por una bomba.

. . . .

"Haré lo mejor que pueda", es la triste respuesta de mi alma,
"y contemplaré el árbol aún no mutilado,
y los trazos de las preciosas casas que enamoran la
　　　　　　　　　　　　　　　　　　　　[mirada,
que aún no puedo ver como debería verlas.
Cerniéndose entre ellas y yo, un fantasmal enemigo
entorpece la luz, y envenenadas, mustias, desvaídas,
las menos profanadas se vuelven desesperadas hacia mí".
El cuerpo, pobre Calibán que nadie compadece,
sediento maldice y gruñe para merecer el nombre de
　　　　　　　　　　　　　　　　　　　　[Hombre.

. . . .

Los días o las eternidades, como hinchadas olas
avanzan, y aún seguimos caminando en este oscuro
　　　　　　　　　　　　　　　　　　　　[laberinto;
filas de esclavos transportan bombas y cables y cargas
que serán utilizados días y días venideros;
el pálido sueño en viscosos sótanos apenas apacigua
con su breve nada el agobio. Miren, perdemos;
el cielo ya se ha ido; penetrante, la neblina sin luz
del temporal cala los huesos; tierra y aire son rivales;
como rojo ladrillo brinca el negro demonio, y la última
　　　　　　　　　　　　　　　　　[imagen de la vida se diluye.

Preparations for Victory

My soul, dread not the pestilence that hags
The valley; flinch not you, my body young.
At these great shouting smokes and snarling jags
Of fiery iron; as yet may not be flung
The dice that claims you. Manly move among
These ruins, and what you must do, do well;
Look, here are gardens, there mossed boughs are hung
With apples who bright cheeks none might excel,
And there's a house as yet unshattered by a shell.

. . . .

"I'll do my best," the soul makes sad reply,
"And I will mark the yet unmurdered tree,
The tokens of dear homes that court the eye,
And yet I see them not as I would see.
Hovering between, a ghostly enemy
Sickens the light, and poisoned, withered, wan,
The least defiled turns desperate to me."
The body, poor unpitied Caliban,
Parches and sweats and grunts to win the name of Man.

. . . .

Days or eternities like swelling waves
Surge on, and still we drudge in this dark maze;
The bombs and coils and cans by strings of slaves
Are borne to serve the coming day of days;
Pale sleep in slimy cellars scarce allays
With its brief blank the burden. Look, we lose;
The sky is gone, the lightless, drenching haze
Of rainstorms chills the bone; earth, air are foes,
The black fiend leaps brick-red as life's last picture goes.

Este poema perteneciente al Suplemento poético de *Undertones of War*, fue escrito en septiembre de 1916, cuando el batallón de Blunden se trasladó a las trincheras en Hamel, una población francesa en el frente del Somme. En *Undertones of War*, Blunden se refiere varias veces a Hamel y dice sentirse atraído por su iglesia (p. 142). En el manuscrito del Archivo Digital, el poema está fechado en 1918[80]. Consta de tres estrofas de nueve versos cada una, con rima regular, patrón ABABBCBCC. Está estructurado como un diálogo en el que el yo poético se dirige a su alma y a su cuerpo antes de una batalla, diálogo en el que la

---

80 [http://www.oucs.ox.ac.uk/wwwllit/collections/document9519/9494].

voz poética busca darse fuerza apelando al coraje, a la fe y al aliento que puedan darle. De hecho, más que preparativos para la victoria, los preparativos están destinados a darse fuerza para enfrentar lo peor. En la primera estrofa se incluye un ruego en el que se le pide al cuerpo que se comporte virilmente ("*Manly move*") y que lo que haga, lo haga bien. En esta estrofa hay vocablos negativos que se aplican a la guerra: "pestilencia" que "embruja" (*hags*) el valle, que encabeza la presencia de la naturaleza, que se completará con los jardines, las musgosas ramas, las manzanas, tan plenas de vida que ni la lozanía de radiantes mejillas podrá superar. Las imágenes positivas, que connotan vida y paz, se continúan con las "preciosas casas" (que contrastan con las ruinas y el "fierro feroz") de la estrofa anterior. El avance de la destrucción es inminente: el árbol está precedido del negativo calificativo "*yet unmurdered*" (no mutilado aún), y la casa por "*yet unshattered*" (aún no destrozada). El uso de la personificación enfatiza el poder destructivo de la guerra: "*shouting smokes*" (fuegos vociferantes) y "*snarling jags of fiery iron*" (refunfuñantes picas de feroz hierro); en la segunda estrofa, las casas "menos profanadas se vuelven desesperadas hacia mí".

El aspecto destructivo de la guerra se enfatiza (entre otras formas) con líneas como "*a ghostly enemy / sickens the light*" (un fantasmal enemigo / entorpece la luz), en la segunda estrofa; y "*days or eternities like swelling waves*", en la tercera. Los preparativos mismos de victoria se ven amenazados por la inminencia de la muerte y lo impredecible del destino: domina el azar: "*the dice that claims you*" (el dado que te reclama). El final es de hecatombe total; se anuncia que la esperanza de triunfo se ha frustrado, y reina la oscuridad del desastre y el dominio del "demonio negro": "*Look, we lose; / The sky is gone*"...

Resulta interesante que se llame Calibán al cuerpo ("de quien no se compadece nadie"), en parte porque Calibán era el nombre que se le daba a una trinchera alemana (*Undertones of War*: p. 255), y también por la referencia al deforme esclavo de *La tempestad*, de Shakespeare, hijo de la bruja Sycorax, "no honrado por la forma humana", según se lee en el acto I, escena II, que planea matar a Próspero, que es quien le ha enseñado el lenguaje. El cuerpo ¿terminará rebelándose como Calibán, incontrolable, en vez de comportarse "virilmente"?

Vamos, mis venturosos muchachos

¡Ay rojo rosado, ay torrencial esplendor
que mancha toda la lobreguez del Oriente,
ay celestial obra del prodigio:
un millón de mañanas en una flor!

. . . .

¿Cómo, es que el artista de la creación
prueba una nueva plétora de fuego
para la fresca fascinación de su mirada?
¿Se ha vuelto dócil el antiguo fuego cósmico?

. . . .

¿En qué extraño y subnormal despertar
está este cuerpo, que parece el mío?
¿estos pies que van hacia ese estallido de sangre,
estos oídos que atruenan, estas manos que abrazan

. . . .

el grotesco hierro? Claro como el hielo
el aire de un mortal día confunde el sentido;
detrás, jadean mis estremecidos hombres.
Los ácidos vapores flotan, densos,

. . . .

la furia desciende, zumbando,
traquetean las vigas, los terrones se calcinan,
hay sangre en las piedras y en el pardo sendero:
veo que estoy vestido y en mi sano juicio;

. . . .

el alba solo cuelga detrás del objetivo.
¿Qué es para mí el júbilo de ese artista?
Aquí renguea el pobre Jock, con un corte en la nuca:
es su roja sangre el rojo que ahora veo,

. . . .

¡su desfalleciente blanco, y ese rojo!
¡Estas bombas en cajones, el estallido de los proyectiles,
adelante, el asistente que se tambalea en círculos!
Es evidente que nacimos para esto, y para nada más.

Come On, My Lucky Lads

O rosy red, O torrent splendour
Staining all the Orient gloom,
O celestial work of wonder—
A million mornings in one bloom!

. . . .

What, does the artist of creation
Try some new plethora of flame,
For his eye's fresh fascination?
Has the old cosmic fire grown tame?

. . . .

In what subnatural strange awakening
Is this body, which seems mine?
These feet towards that blood-burst making,
These ears that thunder, these hands which twine

. . . .

On grotesque iron? Icy-clear
The air of a mortal day shocks sense,
My shaking men pant after me here.
The acid vapours hovering dense,

. . . .

The fury whizzing in dozens down,
The clattering rafters, clods calcined,
The blood in the flints and the trackway brown—
I see I am clothed and in my right mind;

. . . .

The dawn but hangs behind the goal,
What is that artist's joy to me?
Here limps poor Jock with a gash in the poll,
His red blood now is the red I see,

. . . .

The swooning white of him, and that red!
These bombs in boxes, the craunch of shells,
The second-hand flitting round; ahead!
It's plain we were born for this, naught else.

Poema de 1916 que consta de siete cuartetos de rima alternada, patrón ABAB. Ya el título anuncia que es el oficial Blunden quien se dirige a sus soldados, infundiéndoles ánimo para la batalla. Rompe el alba en la primera estrofa, y la imagen visual dominante, que se usará en todo el poema, es el rojo, en este caso, del amanecer. Parecería una oda tradicional, es decir, un poema lírico exaltado, formal y ceremonioso, del que hay ejemplos excelentes en la poesía inglesa, tanto clásica como romántica. El poeta saluda el alba color rojo rosado, caracterizado como un "torrencial esplendor" que colorea la lobreguez del cielo. Se lo describe como una "celestial obra de prodigio" del artista de la Creación, que pone a prueba una "nueva plétora de fuego" (otra vez el rojo). De pronto, el poeta se siente dominado por la irrealidad, como si tanta belleza estuviera fuera de lugar: "¿En qué extraño y subnormal despertar / está este cuerpo, que parece el mío?" se pregunta en el tercer cuarteto. En el siguiente cuarteto empieza a ver con claridad la situación en que están, y surgen imágenes negativas: el rojo ya no es el de la aurora, sino el de "un estallido de sangre". Y las manos aferran "el grotesco hierro" de las armas. El día es ahora "mortal"; los hombres jadean, estremecidos, en medio de "ácidos vapores". Tal vez la línea central sea "El alba solo cuelga detrás del objetivo": no era el heraldo rosado de un día feliz, puesto que su objetivo eran la destrucción y la muerte. Las imágenes acompañan el luctuoso destino. El rojo es ahora el de la sangre, que brota del cuello de un pobre soldado, identificado con el nombre de Jock. La voz poética se afinca entonces en la realidad: "Es su roja sangre el rojo que veo". El primer verso de la última estrofa es un triunfo poético. El hombre se está muriendo: una hipálage increíblemente exacta (*swooning*, desfalleciente), se adueña del blanco de la piel para connotar el avance de la muerte, y el rojo, que era el del alba, es ahora el dominio de la sangre.

Un final comparable al de "La muerte roja", de Poe, que dice: "Y la Oscuridad y la Putrefacción y la Muerte Roja / extendieron su ilimitado Dominio sobre todo".

Según la anotación escrita por Blunden, a mano, en el manuscrito de este poema, la fecha de su composición es el 3 de septiembre de 1916, cuando estaba destinado en el Frente del Somme (Archivo Digital de la poesía de la Primera Guerra, en la Universidad de Oxford[81].

Este poema, originariamente parte del Suplemento poético de *Undertones of War*, volvió a incluirse, con el título de "*Zero*", en *Masks of Time* (University of Indiana, 1925). En el Archivo Digital se guarda una foto del sargento Frank Worley, a quien estaba dedicado el poema. Worley fue un suboficial muy admirado y querido por Blunden. La foto, tomada el 12 de enero de 1917, es parte de una serie de fotografías que Blunden pensaba incluir en *Undertones of War*[82]. Worley abrió una pescadería en Worthing, Inglaterra, después de la guerra. Murió en 1954. Blunden nombra a Worley en el Capítulo 23 de *Undertones of War*: "El sargento Worley..., mi intrépido, incansable ayudante" (p. 280).

---

81 [http://www.oucs.ox.ac.uk/ww1lit/collections/item/9065].
82 [http://www.oucs.ox-ac.uk/ww1lit/collections/item/9085].

En Senlis una vez

Ay, qué bonito era, qué vivificador
cuando la arcilla y la muerte ya no competían,
   y por caminos firmes llegábamos a casas
   donde charlaban mujeres y verde crecía el pasto.

. . . .

Aunque cayera la lluvia como catarata
brillábamos de animación, concluida toda tribulación,
   y no contábamos los días; con solo el presente
   en la mente: ¿cómo era posible agotarlo?

. . . .

Vestidos pulcramente, remanentes de pobres infelices,
picábamos en la vida como pollos en las acequias de los
                                         [huertos,
   mirando las astas del molino, escuchando la
                                         [campana de la iglesia,
   encontrando en un honesto vaso toda clase de
                                         [riqueza.

. . . .

¡Cómo llenaban el bar sus poderosas carcajadas;
saludando a los payasos, la oscura madera sacudían,
   y hasta de sus propios sufrimientos se reían,
   cantando como si todo después solo aguardara la
                                         [alegría!

At Senlis Once

O how comely it was and how reviving
When with clay and death no longer striving
   Down firm roads we came to houses
   With women chattering and green grass thriving.

. . . .

Now though rains in a cataract descended,
We could glow, with our tribulation ended—
   Count not days, the present only
   Was thought of, how could it ever be expended?

. . . .

Clad so cleanly, this remnant of poor wretches
Picked up life like the hens in orchard ditches,
   Gazed on the mill sails, heard the church bells,
   Found an honest glass all manner of riches.

. . . .

How they crowded the barn with lusty laughter,
Hailed the pierrots and shook each shadowy rafter,
   Even could ridicule their own sufferings,
   Sang as though nothing but joy came after!

Poema estructurado en cuatro estrofas regulares, con rima AABA, escrito en Tokio, entre los años 1924 y 1927, época en que Blunden fue profesor de la Universidad de esa ciudad japonesa. No sorprende que al pie del manuscrito de este poema, incluido en el Archivo de la Universidad de Oxford, haya escrito, a lápiz, la palabra "*irony*"[83]. El poema resulta realmente irónico para el lector de los poemas de guerra de Blunden. Encuentra el lugar "vivificador", incluso bajo la lluvia, quizás en comparación con el enlodado Ancre (mencionado en nuestra nota de "Las dos voces"), lugar de donde provienen, como nos enteramos por las memorias de Blunden. Aquí el poeta acude a su paleta bucólica para ponderar a un Senlis ajeno al fango y a la muerte, con casas llenas de mujeres charlando, caminos "firmes", un molino, y el sonido de la campana de la iglesia que, como sabemos por *Undertones of War*, se llama "Mesnil Church", tiene una torre alta y está situada entre campos, en ese tiempo de guerra pisoteados por la tropa (p. 157). El poema termina con la referencia al granero, residencia temporal ("*billet*") de los soldados, que lo llenan con sus poderosas carcajadas. Es un oasis de alivio para estos condenados a muerte, en ese momento convertidos en payasos, "pobres infelices", aquí pulcramente vestidos, que aprovechan cualquier ocasión para expresar su alegría de vivir.

Senlis es una población y comuna francesa medieval, en la región de Picardía, departamento de Oise, ubicada en una zona boscosa, sobre un río (Nonette), afluente del Oise. Blunden la nombra varias veces en su libro de memorias. Allí el frente estaba a unos diez

---

83 [http://www.oucs.ox.ac.uk/ww1lit/collections/item/9053].

kilómetros de Senlis. Encuentra la zona luminosa, un alivio después de Ancre, el lugar donde había estado, un lugar neblinoso y deprimente.

"*At Senlis, Once*" forma parte del Suplemento poético al final de *Undertones of War*. Asimismo, fue publicado en la revista *The Argosy*, volumen 12, número 79, diciembre de 1932.

El camino de Zonnebeke

Mañana: ¡si esta tardía luz marchita pudiera alegar
alguna afinidad con esa alegre llama
que el joven día solía lanzar por el espacio!
De cada rostro gris mira la agonía;
sin embargo, ha llegado el día. ¡Dejar la guardia! ¡Dejar
[la guardia!
Las manos sueltan los fusiles mientras se puede;
¿las ha atravesado la escarcha hasta el combado hueso?
Pues ¡mira al viejo Stevens allí, ese hombre de hierro,
derritiendo el hielo para afeitarse la grotesca barbilla!
Ve a preguntarle, ¿ganaremos?
Nunca me gustó esta bahía; algún tonto temor
se apoderó de mí la primera vez que vine;
ese refugio desmoronado quizás evoque
el informe y fantasmagórico deambular de soldados
[muertos.
Verdad, y dondequiera estuviera el frente
había rincones así, de aspecto saturnino
por ninguna causa.
. . . .
           Claro que donde comienza Haymarket
no es un lugar para soldados de corazón débil:
los lanzaminas lo dominan palmo a palmo.
Mira cómo el polvo de nieve vuela por el camino,
lastimoso y sin sentido; las piedras mismas deben acobardarse
con este viento del este; el bajo cielo cuelga como una carga,
un peso muerto. Pero cuánto dolor
debe de corroer allí donde su mejilla de arcilla
aplasta los árboles tronchados por las bombas que se
[hunden en la llanura:
la garganta llena de hielo sofoca su alarido de gárgola.
El vil alambre delante de la línea de la aldea
matraquea como herrumbradas zarzas o vástagos muertos,
y allí la luz del día se escurre, parda y gris;
Junto a los caminos, esas columnas negras son árboles.
Incluso Ypres podría entibiarnos el alma; tonto amigo,
nuestra gira solo lleva una noche: faltan siete más para
[enfriarnos.
¡Ay estridente estupidez, ay obtusa y estruendosa muerte,
jirones de pasto y sauces muertos, hogares y hombres,
por más que vigilen, los hombres apretarán los gárrulos
[dientes
y los congelarán con esa esperanza única, el desdén!

The Zonnebeke Road

Morning, if this late withered light can claim
Some kindred with that merry flame
Which the young day was wont to fling through space!
Agony stares from each grey face.
And yet the day is come; stand down! stand down!
Your hands unclasp from rifles while you can;
The frost has pierced them to the bended bone?
Why see old Stevens there, that iron man,
Melting the ice to shave his grotesque chin!
Go ask him, shall we win?
I never liked this bay, some foolish fear
Caught me the first time that I came here;
That dugout fallen in awakes, perhaps
Some formless haunting of some corpse's chaps.
True, and wherever we have held the line,
There were such corners, seeming-saturnine
For no good cause.
. . . .
           Now where the Haymarket starts,
There is no place for soldiers with weak hearts;
The minenwerfers have it to the inch.
Look, how the snow-dust whisks along the road
Piteous and silly; the stones themselves must flinch
In this east wind; the low sky like a load
Hangs over, a dead-weight. But what a pain
Must gnaw where its clay cheek
Crushes the shell-chopped trees that fang the plain –
The ice-bound throat gulps out a gargoyle shriek.
That wretched wire before the village line
Rattles like rusty brambles on dead bine,
And there the daylight oozes into dun;
Black pillars, those are trees where roadways run
Even Ypres now would warm our souls; fond fool,
Our tour's but one night old, seven more to cool!
O screaming dumbness, o dull clashing death,
Shreds of dead grass and willows, homes and men,
Watch as you will, men clench their chattering teeth
And freeze you back with that one hope, disdain.

Poema que forma parte del Suplemento poético de *Undertones of War*, estructurado en forma de oda, compuesta por dos estrofas aproximadamente regulares (la segunda es tres líneas más largas), de versos en su mayoría pareados, aunque hay algunos de rima asonante. No tenemos detalles de la fecha exacta de composición, salvo que, como muchos de estos poemas, todos frutos de un largo período de meditación, este data de la época de Tokio (entre 1924 y 1927), y es una visión retrospectiva de un momento en el frente bélico. Los soldados están en una trinchera, esta llamada "Haymarket". Abunda el recurso poético de personificación, aquí ejemplificado por la agonía que "mira" desde cada rostro gris, el metafórico adjetivo en "luz marchita" o el "joven día", las "piedras mismas [que] se acobardan", "el vil alambre", las "herrumbradas zarzas"...

El poema empieza con la mañana, una ominosa mañana sin luz, parda y gris. Palabras como "agonía", "rostro gris", "refugio desmoronado" crean una atmósfera de mal presagio, enfatizada por la sensación de presencia de los fantasmas de soldados muertos que rondan la trinchera y le dan un aspecto "saturnino" (oscuro y ominoso). El clima invernal también agrega su nota negativa: nieva y sopla un viento fuerte. A esto se agrega la amenaza del enemigo: se mencionan los lanzaminas (se usa la palabra alemana *minenwerfers*) en ese momento una nueva arma alemana.

Este quizá sea uno de los poemas más desesperanzados de Blunden: al final pronosticado de un largo suplicio, a la perspectiva de siete interminables noches, espera la "obtusa y estruendosa muerte". La naturaleza agobiada por la nieve, el bajo cielo opresivo, la desolación general, las herrumbradas zarzas, los vástagos muertos, los árboles como columnas negras, jirones de pasto y sauces muertos hacen de este poema una perfecta pastoral invertida, lo que representaría el nadir de la depresión para un poeta que amaba y cantaba a la naturaleza.

El camino de Zonnebeke lleva a la aldea de ese nombre, y se extiende entre Ypres y Passchendaele. Zonnebeke es una comuna de Bélgica, en la provincia de Flandes Occidental. Hay allí un museo en memoria de la guerra (*Memorial War Museum*), abierto en 2004; cuenta la historia de la guerra en la zona del saliente[84] de Ypres, con especial énfasis en la tercera batalla de Ypres, o Passchendaele (1917). Cerca está el Tyne Cult Military Cemetery, el cementerio británico más grande del mundo[85].

Haymarket, una calle de Londres, era el nombre que daban los soldados británicos a una trinchera de comunicación cerca del camino de Zonnebeke.

---

84 Parte de la línea del frente más cercana al territorio enemigo, donde por lo general el combate era más intenso.
85 [http://www.greatwar.co.uk/ypres-salient/museum-passchendaele-1917.htm].

El Ancre en Hamel: Después

Donde las lenguas eran estentóreas y los corazones
[alegres
oía yo al Ancre fluir;
despertando seguido en la mitad de la noche
oía al Ancre fluir.

. . . .

Oía llorar a ese arroyo triste,
debajo del doloroso reborde,
junto al molino sin maderos
y a los vestigios de un puente.

. . . .

¿Y parecía este suspirante río
llamarme hacia muy lejos,
y su pálida palabra desechar como un sueño
las voces del presente?
Las voces en el cuarto iluminado se tornaban frías
y el río seguía solo su lamento;
el silencio de la luna llena se colmaba
con el apesadumbrado tono del arroyo.

. . . .

El pendenciero Ancre no tenía participación
en estas horas mías,
pero su cauce corría por mi corazón;
lo oía dolerse y penar,
como si su acuosa torturada sangre
hiciera remolinos en la mía,
cuando junto a su demolida orilla, de pie,
yo compartía su herido quejumbrar.

The Ancre at Hamel: Afterwards

Where tongues were loud and hearts were light
I heard the Ancre flow;
Waking oft at the mid of night
I heard the Ancre flow.

. . . .

I heard it crying, that sad rill,
Below the painful ridge
By the burnt unraftered mill
And the relic of a bridge.

. . . .

And could this sighing river seem
To call me far away,
And its pale word dismiss as dream
The voices of to-day?
The voices in the bright room chilled
And that mourned on alone;
The silence of the full moon filled
With that brook's troubling tone.

. . . .

The struggling Ancre had no part
In these new hours of mine,
And yet its stream ran through my heart;
I heard it grieve and pine,
As if its rainy tortured blood
Had swirled into my own,
When by its battered bank I stood
And shared its wounded moan.

Poema escrito en Tokio, durante la permanencia de Blunden en la universidad de esa ciudad, entre 1924 y 1927. De carácter meditativo, es una reminiscencia de los días pasados en Hamel, pequeño pueblo del norte de Francia en la región de Nord-Pas-de-Calais, en la actualidad una aldea de cuatrocientos habitantes (que mencionamos en "Preparativos para la victoria[86]. El Ancre del título es un río de treinta y ocho kilómetros, que se une al Somme en Corbie[87]. Corbie es una pequeña ciudad en el departamento de Somme, Picardía. Aquí, entre el 13 y el 18 de noviembre de 1916 tuvo lugar la batalla de Hamel, acto final de la contienda del Somme, que había comenzado el 1º de julio de ese año. Blunden habla de la zona de Hamel en el Capítulo 9 de *Undertones of War*, titulado "*The Storm*". Menciona allí su verde valle, su espesa vegetación, que entonces empezaba a amarillear, el vecino bosque de Thiepval (mencionado en "*Two Voices*") y un triste cementerio de soldados, pero sobre todo destaca su "aspecto de paz e inocencia". Las trincheras, un poco más allá, eran "curiosas y no tan pastoriles". El serpenteante e irregular río Ancre estaba bordeado por "fangales boscosos" (pp. 105-108).

86 [http://www.map-france.com/Hamel-59151/].
87 [http://en.wikipedia.org/wiki/Ancre].

En esta batalla, conocida como de Beaumont Hamel, participaron, del lado de los aliados, el Primer Regimiento de Newfoundland, canadiense, uno de los cuatro batallones de la División 29ª. de la Brigada 88. En ella, setecientos treinta y tres del total de ochociento un hombres murieron o fueron heridos[88].

En el poema de Blunden domina el fluir del Ancre, "suspirante río" que despierta al poeta en la mitad de la noche; es un "arroyo triste", personificación que marca una característica central del poema, y ejemplo del uso de la falacia patética, recurso al que hemos aludido en nuestra nota sobre el poema "El viento en los cerros" (en "Primera Parte. Sección III. Poetas mujeres).

El concepto de falacia patética es original de John Ruskin (1819-1900), en su tratado sobre el arte pictórico, *Modern Painters*, en cinco volúmenes, publicados entre 1843 y 1860, en los que Ruskin se indigna ante la ignorancia artística de sus connacionales, defiende al pintor Joseph Turner de los ataques de los críticos, e instruye al lector acerca de temas tan variados como (entre otros) la función de la imaginación en el arte, el Gran Estilo, el Idealismo y las cuatro órdenes de pintores paisajistas –heroica, clásica, pastoril y contemplativa–, cuyos representantes arquetípicos son, respectivamente, Tiziano, Poussin, Cuyp[89] y Turner.

Ruskin introduce el concepto de *falacia patética* en el volumen III, parte IV, de *Modern Painters* (1856), concepto que designa la adjudicación de sentimientos humanos a lo inanimado (una forma de personificación) o la simpatía entre el hombre y la naturaleza. Un ejemplo es la famosa frase de Verlaine, "llueve en mi corazón como llueve en la ciudad". Si bien Ruskin ataca este recurso, que ve ausente en los grandes poetas pero de uso común en los románticos, resulta útil para el análisis poético, sobre todo en el modo pastoril, donde una prímula puede ser más que una prímula.

En "El Ancre en Hamel: después", son ejemplos de falacia patética la "pálida palabra", el "silencio de la luna llena". Además de su tristeza, el arroyo es también "suspirante", se "lamenta", su tono es "apesadumbrado" y su reborde "doloroso". Hay una compenetración total en la imagen "su arroyo corría por mi corazón": poeta y arroyo se conduelen y penan, "como si su acuosa torturada sangre / hiciera remolinos en la mía". El poeta, de pie junto a la orilla, comparte "su herido quejumbrar".

Este poema reflexivo o meditativo puede caracterizarse como una elegía o lamento pastoril en la tradición de Teócrito y de los idilios griegos. Es un lamento en que la naturaleza llora por el dolor y la devastación causada por la guerra.

Cuarenta años más tarde, Blunden volvió a visitar esta región con su tercera y última esposa, Claire Margaret Poynting, que había sido alumna suya, y con quien tuvo cuatro hijas. El resultado de la visita fue el último poema que escribió, "*Ancre Sunshine*", fechado 3 de septiembre de 1966, en el 50° aniversario de la batalla de Beaumont Hamel. Lo transcribimos a continuación:

---

88 [http://canadianline.about.com/od/ww1battle/p/beaumonthamel.htm].

89 Aelbert Cuyp (1620-1691) es un pintor paisajista holandés cuyo estudio de la luz –tema central en el tratado de Ruskin– influyó en los pintores ingleses.

Al sol en Ancre

En toda su gloria, el sol estaba alto y radiante
sobre el mundo cultivado, en que hallábamos una gran paz,
y, del azul más claro, el serpenteante río que ondeaba
parecía estar celebrando una liberación
de toda esa velocidad y música propias
que, además de una pocas vacas, solo oíamos nosotros.

. . . .

Aquí, medio siglo antes, de haber pasado algo,
podría yo yacer ahora en este lugar,
contemplando, carente de sentido, un cielo azul como este,
y haberme convertido en un nombre con los demás
[muertos.
Pero ese pensamiento se desvaneció. Claire caminaba libre
hacia Miramont en la pradera de doradas espiguillas.

. . . .

Pasaban los trenes y, en un ensueño, yo
los imaginaba planetas en su curso,
quizás en dirección a Arrás, como podríamos nosotros
haber paseado alguna vez si tras la furiosa fuerza
que asesina nuestro mundo uno de estos hubiera llegado,
amigable y sensato, con el mensaje: "Viejo, la guerra ha
[terminado".

. . . .

Y me pareció ahora que Claire se había alejado, y que yo
estaba solo, y que adonde ella iba quizás el molino
que antes allí estaba hubiera vuelto a levantarse y que
[junto
con todo lo que había caído volvía a tener su vieja forma,
para que Claire lo viera, sin sorpresa,
en uno de esos momentos cuando nada muere.

Edmund Blunden
Escrito el 3 de septiembre de 1966. Publicado en 1968.

Ancre Sunshine

In all his glory the sun was high and glowing
Over the farm world where we found great peace,
And clearest blue the winding river flowing
Seemed to be celebrating a release
From all that speed and music of its own
Which but for some few cows we heard alone.

. . . .

Here half a century before might I,
Had something chanced, about this point have lain,
Looking with failing sense on such blue sky,
And then became a name with others slain

But that thought vanished. Claire was wandering free
Miramont way in the golden tasselled lea.

. . . .

The railway trains went by, and dreamily
I thought of them as planets in their course,
Thought bound perhaps for Arras, how would we
Have wondered once if through the furious force
Murdering our world one of these same had come,
Friendly and sensible – "the war's over, chum".

. . . .

And now it seemed Claire was afar, and I
Alone, and where she went perhaps the mill
That used to be had risen again and by
All that had fallen was in its old form still,
For her to witness, with no cold surprise,
In one of those moments when nothing dies.

Informe sobre la experiencia	*Report on Experience*

He sido joven, y ahora no soy demasiado viejo;
y he visto a los justos abandonados,
privados de salud, honor y cualidad.
Esto no es lo que se nos decía en otro tiempo.

. . . .

He visto un verde país, provechoso para la raza,
destrozado por armas y minas, desaparecidas sus aldeas,
hasta la última rata y el último cernícalo ahuyentados.
Dios nos bendiga a todos: es esta gracia peculiar.

. . . .

Conocía a Serafina; la Naturaleza le dio su forma,
su mirada, su simpatía y su renombre, como alguien del [Edén.
Vi torcerse su sonrisa, oí apagarse su canto;
se dedicó a la prostitución, algo que yo no sabía.

. . . .

Puedes decir lo que quieras: nuestro Dios ve cómo son [las cosas.
Estas desilusiones son Su curiosa manera de probar
que ama a la humanidad y que ha de seguirla amando:
allí están la fe, la vida, la virtud bajo el sol.

I have been young, and now am not too old;
And I have seen the righteous forsaken,
His health, his honour and his quality taken.
This is not what we were formerly told.

. . . .

I have seen a green country, useful to the race,
Knocked silly with guns and mines, its villages vanished,
Even the last rat and the last kestrel banished -
God bless us all, this was peculiar grace.

. . . .

I knew Seraphina; Nature gave her hue,
Glance, sympathy, note, like one from Eden.
I saw her smile warp, heard her lyric deaden;
She turned to harlotry; - this I took to be new.

. . . .

Say what you will, our God sees how they run.
These disillusionments are His curious proving
That He loves humanity and will go on loving;
Over there are faith, life, virtue in the sun.

Un poema de Blunden sobre el antes y el después de la guerra, máxima y terrible experiencia de su vida. Alguna nota de humor irónico (como sucede con la sonrisa de una calavera) sirve de leve alivio al doloroso contraste. Ya el primer verso es sardónico: "He sido joven, y ahora no soy demasiado viejo". Este poema se publicó, con el título *"The Failure"* [El fracaso], en *The London Mercury* en octubre de 1929, cuando su autor tenía treinta y dos o treinta y tres años, aunque posiblemente lo escribiera bastante antes de esa fecha. Formó parte del poemario *Near and Far: New Poems* (London: Cobden Sanderson, 1929). Luego Blunden incluyó el poema en su volumen *Poems 1914-1930*, con el título *"The Sunlit Vale"* [El valle soleado].

Hay también en este poema una nota de desencanto y una acusación a los responsables de la guerra, en el primer cuarteto: en el breve espacio de su vida, el poeta ha visto a los justos abandonados, y no es esto lo que "se dijo en otro tiempo". La amargura se une al desencanto en el reproche del segundo cuarteto, la referencia a un país devastado por la guerra, en que se ahuyentó hasta "la última rata" y el "último cernícalo", versos que nos vuelven a la oposición naturaleza-guerra, "verde" naturaleza versus muerte.

La Serafina del tercer cuarteto, cuyo nombre está emparentado con los serafines, ángeles alados de la Biblia, es el símbolo de la decadencia moral causada por la guerra. Puede ser una referencia a Serafina Sforza (1434-1478), que entró en un convento luego de ser maltratada durante años por su marido, Alessandro Sforza, y fue beatificada por el papa Benedicto en 1754[90]. En este poema hay otras dos alusiones religiosas, una al Edén, proveniente del Génesis bíblico, y la otra, una inversión del verso con que comienza el poema, proveniente del Salmo 37, versículo 25, que

---

90 [http://en.wikipedia.org/wiki/Seraphina_Sforza].

dice: "He sido joven, y ahora soy viejo; / sin embargo no he visto a los justos abandonados".

El cuarteto final es posiblemente otra inversión, y la referencia sea a un Dios que ama a la humanidad, y habrá de seguirla amando, o de lo contrario otra inversión irónica, que se asemeja a las palabras del obispo en el sardónico poema "Lucky Blighters", de Sassoon: "Los modos de obrar de Dios son misteriosos".

El poema consta de cuatro cuartetos regulares de rima ABBA. En sus días como profesor de Merton College, en la Universidad de Oxford, en la década de 1930, Blunden tuvo entre sus alumnos a un muchacho procedente de Nueva Zelanda, llamado John Mulgan (1911-1945), que más tarde escribió una novela titulada *Man Alone* [Hombre solo], título que es una cita proveniente de las novela de Ernest Hemingway de 1939, *To Have and Have Not*: "*A man alone ain't got no bloody fucking chance*". En la Segunda Guerra Mundial, Mulgan sirvió en Grecia, y hacia el final de esa guerra escribió un libro de memorias, al que dio el título de *Report on Experience* (1947), como un reconocimiento a Blunden (http://firstknownwhenlost.blogspot.com.ar/2010/05/edmund-blunden-report-on-experience.html). Mulgan luchó en el Alamein y en Irak. Se suicidó. Nunca hubo una explicación de las razones de su suicidio.

———— /// ————

Vlamertingue

(Pasando por el Château, Julio de 1917.)

. . . .

"Y todos sus sedosos flancos con guirnaldas orlados."
Pero estamos dirigiéndonos al sacrificio.
¿Deben tener flores quienes aún no han marchado al
 [Poniente?
¿Pueden tener flores quienes viven con piojos y con la
 [muerte?

. . . .

Este debe de ser el lugar más florido
que concede la tierra; el rostro real
de la soberbia mansión toma en préstamo la gracia por
 [la gracia
a pesar de esas brutas armas que lanzan mugidos al
 [cielo.

. . . .

Valientes las doradas luces de las margaritas,
los efusivos rosados y blancos de las rosas.
¡Qué alegre alfombra! Millones de amapolas.
¡Qué damasco! ¡Qué bermellón!
Pero si me preguntas, camarada, la elección del color
es apenas apropiada; este rojo debería haber sido más
 [amortiguado.

Soneto cuyo título anuncia la fecha de composición: julio de 1917. Es un soneto rimado, aunque con un patrón irregular de rima: primer cuarteto ABAB; segundo cuarteto AAAB; sexteto final CCDDEE. Se inicia con una cita de Keats, de su "Oda a una urna griega" (1819), poema que tiene por tema la eternidad del arte. En su oda, el poeta romántico describe dos escenas que imagina pintadas en su ánfora o urna; una de ellas, de amor, representa la desenfrenada persecución de la amada por parte de su enamorado, y evoca un amor paradójicamente eterno, ya que no habrá de consumarse, ni tampoco morir; la otra escena, más significativa para el poema de Blunden, es una procesión ritual, en la que un sacerdote conduce a una ternera al altar del sacrificio, seguido de una procesión de píos devotos. El verso de Keats pertenece a la cuarta o penúltima estrofa:

Vlamertinghe

(Passing the Chateau, July 1917.)

. . . .

"And all her silken flanks with garlands drest"–
But we are coming to the sacrifice.
Must those have flowers who are not yet gone West?
May those have flowers who live with death and lice?

. . . .

This must be the floweriest place
That earth allows; the queenly face
Of the proud mansion borrows grace for grace
Spite of those brute guns lowing at the skies.

. . . .

Bold great daisies' golden lights,
Bubbling roses' pinks and whites -
Such a gay carpet! poppies by the million;
Such damask! such vermilion!
But if you ask me, mate, the choice of colour
Is scarcely right; this red should have been duller.

Who are these coming to the sacrifice?
To what green altar, O mysterious priest,
Lead'st thou that heifer lowing to the skies,
And all her silken flanks with garlands drest?

[¿Quiénes son estos que se dirigen al sacrificio?
¿A qué verde altar, oh misterioso sacerdote,
conduces a esa ternera que muge hacia los cielos,
de sedosos costados con guirnaldas orlados?]

En el soneto de Blunden, el sacrificio es la guerra, y son las "brutas armas" las que mugen al cielo. Keats describe a su ánfora como "historiadora silvestre" [*sylvan historian*] que expresa un "relato florido". Blunden toma la imagen de la flor y la usa como central en su lamento. Irónicamente, la tumba será "el lugar más florido".

En "Vlamertingue", el sacrificio es el de la guerra, y todos los soldados (él incluido) se encaminan al altar de la inmolación. Toma también del poema de Keats el recurso de la pregunta retórica, para inquirir si es posible que los que se dirigen a la muerte (el Poniente) deban tener flores, o si pueden tenerlas quienes viven con los piojos y la muerte (esta un ejemplo del uso de un realismo crudo, poco usado por Blunden). Las flores reaparecen en el sexteto, donde encontramos "las doradas luces de las margaritas", "los efusivos rosados y blancos de las rosas" y, más significativamente, las rojas amapolas, cuyo bermellón profundo debería ser más "apagado" y no recordar la sangre que habrá de derramarse. Es otro ejemplo de ironía el que haya tantas flores en un poema de guerra, lo que resulta incongruente. Sin embargo, es un detalle real, ya que en *Undertones of War*, Blunden toma el camino a Vlamertingue que conduce al Château, formado por planchas de madera debido al suelo anegado, y pondera la "espléndida y despreocupada multitud de amapolas y acederas y margaritas". Describe el Château como "de muchos ventanales, no demasiado dañado pero de aspecto muy deprimente bajo el despiadado sol perfecto" (p. 247).

En "Vlamertingue", la inclusión de las amapolas resulta funcional. La amapola roja (*Papaver rhoeas*) florecía en los campos de Flandes[91]. Después de la guerra, se hizo común la venta de amapolas artificiales para reunir dinero para los ex combatientes heridos, y pronto la amapola roja se convirtió en el símbolo del recuerdo de los veteranos[92].

La aldea de Vlamertinghe, sobre el camino a Ypres, fue destruida prácticamente en su totalidad durante cuatro años bajo el fuego de artillería.

---

[91] Véase nuestra referencia a John McCrae y a su poema "*In Flanders Fields*" en la "Sección II. La poesía de guerra" de la Primera Parte.

[92] [http://en.wikipedia.org/wiki/Remembrance_Day].

1916 visto desde 1921

Cansado, abrumado por sordo dolor, envejecido antes de
[tiempo,
sentado en soledad, oigo tan solo
largas risas apagadas, que murmuran desaliento,
perdidas intensidades de esperanza y temor;
en aquellos viejos pantanos aún quedan los fusiles,
sobre el delgado parapeto ondean aún los harapos;
allá están los mismos libros que leía, y yo,
muerto como los hombres que amaba, espero, mientras la
[vida arrastra

. . . .

su herida prolongación desde aquellas tristes calles de la
[guerra
hasta estos verdes lugares, que fueron míos;
pero ahora lo que era mío ya no lo es más.
Busco aquí a mis vecinos y no encuentro ninguno.
Con fuerte mansedumbre y voluntad incansable
aquellas casas en ruinas se grabaron en mí;
apasionado, sigo buscando su muda historia
y el chamuscado tocón que dice más que el árbol que
[subsiste.

. . . .

Me incorporo con el cantar de un pájaro,
y casi sin saberlo echo a andar despacio por el sendero;
no me atrevo a mirar ni a hablar con nadie
donde todos tienen hogares y nadie está en vano en su hogar:
la rosa, rojo profundo, ardía en el sombrío reducto,
el trigo, que brotó solo, era como un torrente;
en la cálida senda la iguana mataba el tiempo,
y en sus rotos santuarios los santos brillaban como sangre.

. . . .

¡El santuario de la dulce María entre los sicomoros!
Allí íbamos, mi entrañable amigo y yo,
y arrebatábamos largos momentos a las rencorosas guerras,
cuya oscuridad hacía más intensa la luz para dejarnos ver.
Cortante mordía la niebla de la mañana, quejumbrosos
[disparos
llegaban desde el pendenciero alambre de púa: luego, en
[cálido desmayo
el sol todo acallaba, salvo los frescos huertos;
entrábamos gateando entre los altos pastos y dormíamos
[hasta el mediodía.

1916 Seen from 1921

Tired with dull grief, grown old before my day,
I sit in solitude and only hear
Long silent laughters, murmurings of dismay,
The lost intensities of hope and fear;
In those old marshes yet the rifles lie,
On the thin breastwork flutter the grey rags,
The very books I read are there—and I
Dead as the men I loved, wait while life drags

. . . .

Its wounded length from those sad streets of war
Into green places here, that were my own;
But now what once was mine is mine no more.
I seek such neighbours here and I find none.
 With such strong gentleness and tireless will
Those ruined houses seared themselves in me,
Passionate I look for their dumb story still,
And the charred stub outspeaks the living tree.

. . . .

I rise up at the singing of a bird
And scarcely knowing slink along the lane,
I dare not give a soul a look or word
Where all have homes and none's at home in vain:
Deep red the rose burned in the grim redoubt,
The self-sown wheat around was like a flood,
In the hot path the lizard lolled time out,
The saints in broken shrines were bright as blood.

. . . .

Sweet Mary's shrine between the sycamores!
There we would go, my friend of friends and I,
And snatch long moments from the grudging wars,
Whose dark made light intense to see them by.
Shrewd bit the morning fog, the whining shots
Spun from the wrangling wire: then in warm swoon
The sun hushed all but the cool orchard plots;
We crept in the tall grass and slept till noon.

Este y el siguiente poema son reminiscencias de la guerra, escritos años después. En este primer caso, han pasado cinco años. El poema consta de cuatro octetos, o estrofas de ocho versos, con rima alterna (ABABCDCD). Como en casi todos los poemas de Blunden, la voz poética es la de Blunden mismo, que ha vuelto, en este caso, a Festubert, como sabemos porque cuando este poema fue publicado primero, en un librito de nueve páginas (London: Hollywell Press, 1921) se llamaba *"Reunion in War. Festubert, 1916"*, y en *Poems 1914-30* (London: Cobden Sanderson, 1930), se titula *"Festubert, 1916"*.

En *Undertones of War*, capítulo 2, *"Trench Education"*, Blunden describe lo que había quedado de esta pequeña población agrícola después de meses de lucha. De hecho, fue prácticamente destruida. Blunden se refiere a ella:

> Por la tarde, al mirar hacia el este desde le Touret, no había visto nada, salvo verdes campos y plumados árboles verde grisáceos y altos tejados interpuestos; parecía como si esta parte del frente solo pudiera ser la frívola interrupción de un paisaje feliz. Pensé: la vicaría debe de estar entre esos cepos y ramas que sirven de refugio. (p. 12).

Luego pasa a describir la trinchera:

> En algunas partes de la trinchera, asomaban huesos a través de su superficial entierro, y las calaveras parecían semejantes a hongos. Las paredes de bolsas de arena no se me antojaban tan poderosas como la noche anterior, aunque aun así pensé que serían capaces de resistir mucho tiempo. Limbery-Buse [otro oficial] no era de la misma opinión. Cuando veo mentalmente los parapetos, por lo general paredes angostas, sin ninguna protección contra las explosiones de las bombas, con sus escalones de madera para incendios, sus techos de hierro corrugado o puertas viejas, pienso igual que él; e incluso aquella primera mañana debería haberme dado cuenta, porque de pronto empezó el aullido y el ulular de los proyectiles, y una pequeña construcción anexa entre nuestra trinchera y la aldea de Festubert detrás empezó a romperse con explosiones de polvoriento humo amarillo. (p. 15).

Festubert era (y es, pues fue reconstruida después de la guerra) una población y comuna francesa en la región de Norte-Paso de Calais, en el distrito de Béthune y cantón de Cambrin. La batalla de Festubert, en la que participó Blunden, tuvo lugar el 15 de mayo de 1915. Fue parte de la ofensiva aliada en Ypres. Los británicos ganaron un kilómetro a un costo de dieciséis mil bajas, mientras que ellos infligieron solo cinco mil[93]: fue una victoria pírrica. Le Touret es una aldea y cementerio (Le Touret Memorial) entre el río Lys y el pueblo de La Bassée, donde están enterrados oficiales y soldados muertos en las batallas de La Bassée, Festubert, Givenchy, Cuinchi, etc.

En el poema "1916 visto desde 1921", el poeta, solo, extenuado, viejo antes de tiempo, vuelve a oír las risas, "que murmuran desaliento", y a ver la trinchera y el paisaje de la guerra. Blunden hace uso de su típica paleta, cargada de imágenes auditivas y visuales de personificación (sordo dolor, tristes calles, pendenciero alambre de púa, niebla que muerde, disparos quejumbrosos) y alguna metáfora paradojal (risas silenciosas). Con pasión pastoril contempla los árboles, se incorpora ante el canto de un pájaro y, quizá mentalmente, vuelve a ver una rosa, rojo profundo, como la sangre. En la estrofa final escapa con un buen recuerdo del santuario (que es el de Notre Dame en Festubert[94]) y de la compañía de un camarada en un oasis de descanso y olvido que robaban al frente de guerra.

---

93 [http://en.wikipedia.org/wiki/Battle_of_Festubert].
94 Véase nuestro comentario sobre el santuario en el apartado dedicado a Blunden de la "Primera Parte. Sección IV. Memorias de la guerra".

| ¿Puedes recordar? | *Can You Remember?* |

Sí, todavía me acuerdo	*Yes, I still remember*
de todo, en cierta forma;	*The whole thing in a way;*
la nitidez y la exactitud	*Edge and exactitude*
dependen del día.	*Depend on the day.*

. . . .

De toda esa descomunal escena	*Of all that prodigious scene*
el recuerdo al parecer es mínimo,	*There seems scanty loss,*
aunque hay brumas que flotan y ocultan	*Though mists mainly float and screen*
canal, capitel y foso;	*Canal, spire and fosse;*

. . . .

aunque por lo general no nombro	*Though commonly I fail to name*
aquella Colina, tan obvia en su momento,	*That once obvious Hill,*
ni adónde íbamos ni de dónde veníamos	*And where we went and whence we came*
a matar o morir.	*To be killed, or kill.*

. . . .

Esas brumas son espirituales	*Those mists are spiritual*
y luminosamente oscuras,	*And luminous-obscure,*
provenientes de innumerables circunstancias	*Evolved of countless circumstances*
de las que estoy seguro;	*Of which I am sure;*

. . . .

de las que, en el instante	*Of which, at the instance*
del sonido, olor, cambio y movimiento	*Of sound, smell, change and stir,*
nuevas formas antiguas por siempre	*New-old shapes for ever*
intensamente recurren.	*Intensely recur.*

. . . .

Y algunas son centelleantes, risueñas, cantarinas,	*And some are sparkling, laughing, singing,*
jóvenes, heroicas, apacibles;	*Young, heroic, mild;*
y otras son incurables, retorcidas,	*And some incurable, twisted,*
disonantes, silenciosas, mancilladas.	*Shrieking, dumb, defiled.*

Este poema, escrito en 1936, vuelve al tema central en Blunden: la presencia de su experiencia bélica en el presente. Es un monólogo de reminiscencia en que indaga en su memoria y cuestiona la nitidez de sus recuerdos. Viven en él, pero de manera general: ha olvidado algunos detalles, ha perdido "nitidez y exactitud", pero a pesar de las "brumas" (que llama "espirituales"), sí, recuerda, porque se trata de algo que ha marcado su vida para siempre. El poeta simplifica el espacio de la guerra con tres sinécdoques: canal, capitel y foso. Es que hay cosas que se empeña en olvidar: se esfuerza por no recordar la Colina, el lugar donde se sepultaban los soldados muertos, y también el Frente, con las trincheras y la Tierra de Nadie, donde se iba a matar o a morir. No obstante, y a pesar del tiempo transcurrido, hay sonidos y olores que traen, irrevocablemente, el pasado, y es capaz de dividir el recuerdo de sus camaradas en formas felices o tristes, en "risueñas" o "sucias".

El poema, publicado en el volumen *An Elegy and Other Poems* (London: Cobder-Sanderson, 1937), consta de seis cuartetos, en que riman el segundo y cuarto versos.

La mañana antes de la batalla

Hoy, la pelea: mi fin está muy cerca,
y sellado el decreto que limita mis horas:
ayer al mediodía lo supe, mientras caminaba
por un desierto jardín lleno de flores.
... Cantando, indiferente; prendí rosas en mi pecho,
y corté un racimo de cerezas... y entonces, entonces, la
[Muerte
sopló a través del jardín de norte a este,
y marchitó toda belleza con su gélido aliento.
. . . .
Miré, y ¡ay! frente a mí vi a mi espectro,
con la cabeza aplastada por violentos golpes:
la fruta entre mis labios en sangre coagulada
se transubstanció; y la pálida rosa
olió a putrefacción, hasta que a través de un súbito llanto
[de sangre
me pareció que en el jardín cerrado hombres muertos
[florecían.

The Morning before the Battle

Today, the fight: my end is very soon
and sealed the warrant limiting my hours:
I knew it walking yesterday at noon
down a deserted garden full of flowers.
... Carelessly sang, pinned roses on my breast,
reached for a cherry-bunch – and then, then, Death
blew through the garden from the north and east
and blighted every beauty with chill breath.
. . . .
I looked, and ah my wraith before me stood,
his head all battered in my violent blows:
the fruit between my lips to clotted blood
was transubstantiate, and the pale rose
smelt sickly, till it seemed through a swift tear-flood
that dead men blossomed in the garden-close.

SECCIÓN II
Robert Graves

En la "Sección IV. Memorias de la guerra" de la Primera Parte, nos hemos referido a algunos aspectos de la vida de Graves, que aquí ampliamos. Hemos dicho ya que, a diferencia de Blunden y Sassoon, cuya obra poética posterior a la guerra gira principalmente en torno a la experiencia bélica y a la marca imborrable que ha dejado, Graves tuvo una carrera literaria varia, con una vastísima obra que comprende alrededor de ciento cuarenta títulos de distintos géneros literarios, como poesía, ficción, autobiografía, crítica, traducción y mitología.

Su libro autobiográfico, *Goodbye to All That*, puede dividirse estructuralmente en tres partes y epílogo: la primera parte (capítulos 1 a 9) se refiere a su infancia y primera juventud; la segunda (capítulos 10 a 25), se centra en la participación de Graves en la guerra; la tercera (capítulos 26 a 32) va de 1918 (diciembre) a 1926 y relata el regreso a Inglaterra, su casamiento con Nancy Nicholson, la relación con el mundo literario y con figuras como T. E. Lawrence ("Lawrence de Arabia") y Thomas Hardy, el poeta más importante de esos años; su breve empleo como profesor de literatura inglesa en la Universidad del Cairo, la disolución de su matrimonio y su partida a Mallorca.

Nancy Nicholson tenía dieciocho años cuando se casó. Era una mujer moderna, una artista plástica que valoraba su independencia, al punto que se negó a usar el apellido de su marido, y no solo como artista, sino en todos los asuntos de su vida diaria. Prefería vestir pantalones, algo totalmente desusado en ese momento. Al principio, la relación entre marido y mujer fue feliz y productiva (colaboraron en actividades artísticas y literarias y tuvieron cuatro hijos: Jenny, David, Catherine y Sam). Sin embargo, la persistencia de las consecuencias de la guerra en Robert, que le causó una "neurastenia" jamás superada (no podía usar el teléfono, se enfermaba si viajaba en tren, y si veía a más de dos personas por día no podía dormir esa noche; *Goodbye to All That*, p. 236), la escasez de dinero y la llegada de la poeta estadounidense Laura Riding a la casa, llevó a la disolución del matrimonio. De hecho, al ver que su matrimonio se desintegraba, en 1926 Graves invitó a Riding a viajar a Inglaterra, para trabajar como su asistente literaria y hospedarse con ellos[95].

---

[95] Laura Riding (1901-1991) nació en Brooklyn, se casó muy joven, pasó varios años en la Universidad de Cornell y se asoció con los poetas "fugitivos" John Crowe Ransom, Allen Tate y otros. Los fugitivos eran un grupo de poetas sureños estadounidenses que se reunían en Vanderbilt University y que en la década de 1920 publicaron *The Fugitive magazine*. Eran agrarios, tradicionalistas y apegados al Sur como región, opuestos a la civilización industrial y a las grandes ciudades del Norte. La ambiciosa y seductora Riding se acercó a ellos, tuvo amoríos con Tate, se divorció de su marido, de apellido Gottschalk, y en 1924, a instancias de Ransom, inició una relación epistolar con Graves.

En las últimas décadas se ha despertado un renovado interés por la figura de Laura Riding Jackson (así firmaba ella hacia el fin de su vida), como prueban una biografía por Deborah Baker, *In Extremis* (New York: Grove Press, 1993) y varias ediciones de su obra: *First Awakenings. The Early Poems of Laura Riding* [Primeros despertares. Los poemas tempranos de L. R.], editados por Elizabeth Friedmann, Alan J. Clark y Robert Nye (New York: Persea Books, 1992); *The Word "Woman". And Other*

Luego del Armisticio del 11 de noviembre de 1918, Graves fue a Oxford, a St. John's College, con una beca de educación del gobierno. Allí conoció a T. E. Lawrence, entonces en All Souls' College, sobre quien posteriormente escribió dos libros, *Lawrence and the Arabs* (London: Jonathan Cape, 1927) y *T. E. Lawrence to His Biographer Robert Graves* (New York: Doubleday 1938). Robert y su esposa Nancy abrieron un pequeño almacén en Boars Hill, una colina a unos cinco kilómetros de Oxford, pero pronto se fundieron. En la aldea de Boars Hill vivieron poetas ilustres, como Robert Bridges y John Masefield, ambos Poetas Laureados, y tres poetas que lucharon en la Gran Guerra: Graves, Blunden y Robert Nichols.

En la guerra, Graves luchó primero en la batalla de Loos, en la que murieron el poeta Charles Sorley y John Kipling, hijo del escritor Rudyard Kipling, ganador del Premio Nobel de literatura en 1907. Loos formó parte de la mayor ofensiva aliada, conocida como de Artois-Loos, que llevaron a cabo británicos y franceses en el otoño de 1915 (se inició el 25 de septiembre), e incluyó también un ataque a Champagne. Los aliados tuvieron cincuenta mil bajas. El mal tiempo, las enormes pérdidas y la feroz crítica de la prensa inglesa obligaron al comandante en jefe Douglas Haig a suspender la ofensiva[96].

Terrible fue también para Graves la herida que recibió en la batalla del Somme, el 19 de julio de 1916, ya referida, por la que lo dieron por muerto e inclusive comunicaron el deceso a sus padres. Tuvo el raro privilegio de leer su propio obituario en *The Times*.

Laura Riding, con quien Graves tuvo una íntima relación personal y profesional, desempeñó un papel muy importante en su vida. Al poco tiempo de conocerla, se convirtió para Graves en la encarnación de la antigua diosa mediterránea de la luna y personificación de la perfección poética. Convivió con ella desde 1926 hasta 1939. Si bien existieron aspectos negativos, la asociación entre ellos no dejó de ser fructífera para ambos. En Dejà, donde residían, Riding y Graves adquirieron una prensa y fundaron una editorial, Seizin Press, en la que publicaron tratados de apreciación literaria de gran fuerza imaginativa, entre ellos *A Survey of Modernist Poetry*, el más destacado. Según algunos biógrafos de Graves, es indudable que Riding fue una influencia determinante en la obra de nuestro poeta, su Musa inspiradora o Diosa Blanca. Asimismo, según una versión que circula actualmente, todo lo concerniente a la Diosa Blanca era idea de Riding, que Graves plagió. En algunas biografías, como las de Perceval Graves y de Miranda Seymour, se dice que los años que pasó Graves con ella fueron un suplicio para él, y que la mujer estuvo a punto de destruirle la vida. Es indudable que era una persona dominante, agresiva y ambiciosa, capaz de llegar a cualquier extremo para satisfacer sus deseos. Por ejemplo, en 1929 se arrojó desde la ventana de un tercer piso de una residencia en Chiswick, zona del oeste de Londres, y se quebró el hueso de la cadera en tres partes. Graves, desesperado por salvarla, se arrojó desde el segundo piso, pero resultó ileso. La razón del intento de suicidio de Riding fue su amor por un apuesto crítico literario, Schuyler Jackson, casado y padre de cuatro hijos (en cuya casa vivían Graves y Riding), a quien finalmente consiguió, luego de reducir a su esposa a un estado de demencia, por el cual debió ser recluida en un psiquiátrico (Richard Perceval Graves relata el episodio en *Robert Graves and The White Goddess*[97]).

Related Writings [La palabra "mujer". Y otros escritos relacionados] seleccionados por Laura Riding Jackson (New York: Persea Books, 1993); *The Poems of Laura Riding. Newly Revised Edition* [Los poemas de Laura Riding. Nueva edición revisada] editados por Robert Nye (New York: Persea, 1996); *The Person I Am* [La persona que soy], editado por John Nolan & Carroll Ann Friedmann (Nottingham: Trent University, 2011).

96 [http://www.firstworldwar.com/battles/loos.htm].

97 Richard Perceval Graves, sobrino de Robert, es autor de una biografía en tres volúmenes. Graves cuenta esta historia en el volumen tercero de su biografía, *Robert Graves and the White Goddess 1940-1985* (North Pemfret, Vermont: Weidenfeld & Nicolson, 1995). Los otros volúmenes son *The Assault Heroic 1895-1926* (London: Weidenfeld & Nicholson, 1986), y *The Years with Laura Riding 1926-1940* (London: Weidenfeld & Nicholson, 1990). Otras dos biografías que se ocupan de la relación Graves-Riding son *Robert Graves. Life on Edge*, por Miranda Seymour (New York: Doubleday, 1995; New

Luego de su relación con Riding, y ya casado por segunda vez, Graves empezó a descubrir musas que eran una especie de manifestación de carne y hueso de la Diosa Blanca, arquetipo de la inspiración poética. En algunos casos, Graves mantenía una relación de amor carnal con las "musas"; en otros, se trataba de algo más bien inocente, una suerte de coqueteo o flirteo que lo fortalecía y alimentaba.

En 1936, a causa de la Guerra Civil Española, Graves y Riding regresaron a Londres, y un tiempo después se trasladaron a New Hope, Pennsylvania, donde ella se enamoró de Schuyler Jackson, y la relación Graves-Riding terminó. Graves conoció luego a Beryl Hodge, esposa de Alan Hodge[98], historiador, poeta y editor, con quien Graves colaboró en tres libros. Alan Hodge y Beryl se separaron amigablemente para que Beryl pudiera casarse con Graves. Graves y Beryl tuvieron 4 hijos: William, Lucía, Juan y Tomás.

Robert Graves murió el 7 de diciembre de 1985 después de una prolongada y lenta decadencia mental y física. Está enterrado en Deià. Su tumba tiene una muy simple inscripción: "Robert Graves, poeta, 1895-1985". En el homenaje en su memoria llevado a cabo en Londres, el toque de retreta estuvo a cargo de un corneta de los *Royal Welch Fusiliers*, el regimiento de Graves en la guerra.

Su poesía

Su experiencia bélica fue un mojón definitorio en el desarrollo de su carrera poética, y puso fin a una etapa temprana como poeta del mundo natural, perteneciente a la generación inglesa de la poesía geórgica, caracterizada por su amor a la tradición, a la campiña y su modo de vida. De hecho, sus poemas aparecieron en las antologías *Georgians* de Edward Marsh. Pertenecen a esta primera etapa sus tres primeros poemarios: *Fairies and Fusiliers* (1917), *The Treasure Box* (1919) y *Country Sentiment* (1920). En ellos la guerra está ausente o escondida, como si el poeta escapara de lo doloroso. Además de poemas líricos llenos de encanto, hay canciones folclóricas, baladas y versos infantiles. Graves luego entra en un segundo momento, en que se lo cataloga como poeta de guerra. Muchas características bucólicas persisten, y en los poemas de las trincheras no deja de añorarse la paz rural y los momentos felices, que contrastan con los aspectos siniestros de la guerra. En el poemario *Whipperginny* (New York: Alfred Knopf, 1923), en las "Notas del autor", Graves se refiere al "deseo de muchos poemas bucólicos de escapar de dolorosas memorias de guerra a una Arcadia de fantasía amatoria". Sin embargo, Graves no se quedaría en la fase de poemas de guerra y nostalgia bucólica, como sucede con Blunden o Sassoon, en gran parte de cuya poesía –acompañada o no de añoranza de la paz bucólica– la guerra sigue presente, ya sea en un primer plano o como trasfondo: es la preocupación primaria. Por su parte, Graves lleva a cabo una suerte de exorcismo, y quema muchos poemas de guerra, quizá temeroso de que el tema se eternizara como obsesión. En sus ediciones posteriores de poemas reunidos, excluye la poesía escrita en las trincheras y casi todo lo que tiene que ver con la guerra. Con su descubrimiento de la Diosa Blanca, cobra primacía el sustrato mítico. Siempre sigue publicando otros géneros literarios, como novelas, historias y traducciones, porque vive de su pluma, y es lo que se vende.

Graves vive una vida de exilio literario, como los británicos James Joyce y D. H. Lawrence o T. S. Eliot y

---

York: Henry Holt & Co. 1995) y una biografía pionera, *Robert Graves: His Life and Work*, 1982, de Martin Seymour-Smith (London: Bloomsbury Publishing), con una segunda edición expandida en 1995 que incluye la participación de Riding en la vida de Graves.

98 Alan Hodge (1915-1979) se había educado en Oxford. Graves y Hodge colaboraron en tres libros: *Work in Hand* (poemas, de Graves, Hodge y Norman Cameron en tres pequeños libros publicados en un volumen por razones de "economía y amistad"); *The Long Weekend* y *The Reader over Your Shoulder*. Hodge trabajó luego como editor de Winston Churchill en el libro de Churchill *History of the English Speaking Peoples*, 4 vols. London: Harper Collins, 1956-1958. Posteriormente fue el editor de la revista *History Today* hasta su muerte (http://www.carcanet.co.uk/cgi-bin/indexer?owner_id=863). Norman Cameron (1905-1953), poeta escocés, educado en Oxford, vivió un tiempo en Dejà. *Work in Hand* (London: Hogarth, 1942) incluye poemas de Graves, Cameron y Hodge.

Ezra Pound entre los estadounidenses. En el caso de Graves, su largo exilio es una especie de apaciguada rebelión o, mejor dicho, un rechazo del industrialismo deshumanizante, la política, la profanación del paisaje rural y el Establishment literario inglés de su tiempo. Se radica en Deià, un verdadero paraíso donde vivirá el resto de su vida, salvo por un intervalo durante la Guerra Civil Española y la Segunda Guerra Mundial. Deià es una de las Islas Baleares, de alrededor de quinientos setenta habitantes, con cinco kilómetros de costa sobre el Mediterráneo. El punto más elevado de la isla, el Puig del Teix (1062 mts.), constituye un espectacular mirador de la Sierra de Tramontana[99].

Graves parece estar en guerra con los pilares de la producción poética de su tiempo: Yeats, Pound, Eliot y Auden, a los que agrega Dylan Thomas. Todos parecen haberlo ofendido. Por cierto, le duele la fama de estos grandes poetas. A Pound no le perdona el hecho de que es "el rollizo, blando, incómodo sobrino nieto" de Longfellow (¡!). Rechaza el imaginismo que inaugura Pound y su pasión por lo oriental. Yeats no le interesa; quizá lo aborrezca por no haber incluido a su amigo James Reeves[100] en su antología de poesía moderna. Odia a Eliot no solo por ser amigo de Pound, sino también por su obsesión antijudía y porque no dejó de escribir después de su poema "The Hollow Men". De Auden le molesta su postura izquierdista. También desprecia a los críticos: según él, no desempeñan un papel importante en la literatura; son comparables a los diseñadores de ropa femenina, que se limitan a decidir el largo de las faldas cada temporada.

En su poesía de guerra, Graves registra el horror de la muerte y de la vida en las trincheras y destaca la futilidad de la guerra, aunque sin la compasión que constituye la médula de la obra poética de Wilfrid Owen, cuyo tema es la lástima de la guerra, la lástima que destila la guerra. Especialmente en su autobiografía, Graves no deja de describir la muerte en el campo de batalla, pero a veces parece tomar distancia, o recubrirse de una coraza de frialdad o ironía, quizá como mecanismo de defensa. De todos modos, hay momentos que indudablemente le han causado una enorme impresión, como puede apreciarse en la siguiente descripción de un soldado que muere ante sus ojos:

> La compañía sufrió diecisiete bajas ayer, víctimas de bombas y granadas. La primera trinchera[101] está a unos 28 metros de los alemanes. Hoy, en un tramo, yo iba cantando "The Farmer's Boy" para no desalentarme, cuando de repente vi un grupo inclinado sobre un hombre acostado en el piso de la trinchera. Hacía una especie de ronquido mezclado con gemidos animales. A mis pies vi la gorra que había estado usando, salpicada con sus sesos. Yo no había visto nunca sesos humanos; de alguna manera, los consideré una ficción poética. (*Goodbye to All That*, p. 98).

Si bien nos hemos referido a etapas en su producción poética, no hay diferencias básicas en la poesía, salvo en el aspecto temático. La tendencia general de su poesía no experimenta cambios sustanciales, en el sentido de que toda es de versificación tradicional, rimada, métricamente regular, de acabada ejecución y cuidado ritmo, como que Graves corregía sus poemas varias veces hasta considerarlos dignos de ser publicados. Randall Jarrell describe la técnica de Graves como inusualmente objetiva y "clásica". Agrega: "Él dice que escribe poesía solo para poetas, pero a veces escribe para un solo poeta" (Jarrell, p. 203). Graves lo reafirma en una entrevista, donde sostiene que los poetas no tienen una "audiencia": "Le hablan a una sola persona todo el tiempo" (*Paris Review*, p. 52).

Los poemas posteriores a la guerra, en especial los escritos después de *The White Goddess*, de 1948,

---

99 [http://www.mallorcaweb.com/reportajes/pueblos/deja/].
100 James Reeves (1909-1978) fue un poeta británico, conocido por sus libros de literatura infantil. Graves y Riding publicaron su poemario *The Natural Need* (1931) en Seizen Press.
101 Es decir, la de la línea del frente, detrás de la cual había (por lo general) dos líneas más de trincheras de apoyo y reserva. Las tres hileras de trincheras ocupaban entre doscientos y quinientos metros de terreno, por lo general a unos treinta metros de las trincheras alemanas [http://www.spartacus.choolnet.co.uk/FWWtrenchsystema.htm].

pueden presentar dificultades de interpretación, en especial debido al andamiaje en que se apoyan y del cual dependen, andamiaje caracterizado por el apego a lo irracional y mítico, que puede tornarlos oscuros, sobre todo en ciertas referencias. El lector que no conoce su teoría de la Diosa Blanca, encuentra difícil comprenderlos.

Sus citas esporádicas sobre la poesía pueden resultar de utilidad. Citamos algunas:

> La patología de la composición poética no es un secreto. El poeta se encuentra atrapado en algún desconcertante problema emocional, de tal urgencia que lo sume en una suerte de trance. Y en este trance su mente, con sorprendente audacia y precisión, funciona en varios niveles imaginativos a la vez. El poema es, o bien una reacción práctica al problema, o de lo contrario una clara enunciación del mismo; y un problema enunciado claramente está en la mitad de camino de la solución. (*"The Poet and His Public"*, en *The Crowning Privilege*, p. 214).

Repite esta teoría psicológica de la composición poética en *The Common Asphodel*:

> El núcleo de todo poema que merezca tal nombre se forma rítmicamente en la mente del poeta, durante la suspensión, semejante a un trance, de sus hábitos normales de pensamiento, mediante la supralógica reconciliación de ideas emocionales conflictivas. El poeta aprende a inducir el trance como medida de autoprotección toda vez que se siente incapaz de resolver un conflicto emocional mediante la lógica simple. Si es interrumpido durante el proceso preliminar de composición, experimentará las sensaciones desagradables del sonámbulo que es despertado; y si puede continuar hasta completar el borrador del poema, a la larga terminará por preguntarse si el escritor era realmente él. (*"Observations on Poetry 1922-25"*, *The Common Asphodel*).

Esta idea de raíz psicológica sobre la creación poética lleva la impronta del neurólogo W. H. R. Rivers, que fue médico de Wilfrid Owens y Siegfried Sassoon en Craiglockhart, la institución para el tratamiento de la neurosis de guerra a la que nos referimos en relación con Sassoon. Graves menciona a Rivers en los capítulos 24 y 25 de *Goodbye to All That*. Dice allí que Rivers diagnosticaba la condición del centenar de casos de neurastenia que atendía sobre la base de la vida onírica del paciente, utilizando algunas de las teorías de Freud, aunque repudiaba enérgicamente las tesis más idiosincrásicas del neurólogo austríaco (*Goodbye to All That*, p. 217). Según Rivers, el poeta da expresión terapéutica a conflictos internos no resueltos. Graves mantiene ideas similares en un libro temprano, *Poetic Unreason* (New York: Biblo and Tannen Booksellers and Publishers, reimpreso en 1968)[102].

> La función de la poesía es la invocación religiosa de la Musa; su utilidad es la experiencia de mezcla de exaltación y horror que induce la presencia de la Diosa. (*The White Goddess*, p. 11-12).

> La prueba de la visión del poeta, podría decirse, es la exactitud de su representación de la Diosa Blanca y de la isla que gobierna. La razón por la cual se eriza el pelo, hormiguea la piel y corre un escalofrío por la columna cuando se escribe o se lee un poema verdadero es que el poema verdadero es necesariamente una invocación a la Diosa Blanca, o Musa, Madre de Todos los Seres, poder antiguo del temor y la lujuria, araña hembra o abeja reina cuyo abrazo es la muerte. (*The White Goddess*, p. 20).

> La poesía comenzó en la era matriarcal, y deriva su magia de la luna, no del sol. (*The White Goddess*, p. 393).

Sobre el papel de la vida del poeta en su poesía, dice que "la autobiografía no se corresponde exactamente con la secuencia poética" (*Paris Review*, p. 51).

---

102 Disponible en [http://books.google.com.ar].

Hay consideraciones más generales, por ejemplo estas dos:

[En la poesía] uno no tiene solamente que habérselas con el sonido y el sentido, sino también con la historia de las palabras, los ritmos entrecruzados, la interrelación del significado de todas las palabras: un microcosmo completo. (*Paris Review*, p. 53).

Ningún poema vale nada si no parte de un trance poético, del que uno puede despertarse por una interrupción, como en un sueño. En realidad, es la misma cosa. (*Paris Review*, p. 62).

Esta última idea admite comparación con la experiencia de Coleridge en la composición de "Kubla Khan", poema que el poeta romántico subtitula "Una visión en un sueño. Un fragmento". Luego de consumir láudano, él soñó el poema, pero llamaron a la puerta. Cuando el visitante se hubo ido, luego de una hora, el poeta se dispuso a escribir su "visión" onírica, pero después de escribir unas ocho o diez líneas, vio que no podría seguir, porque no recordaba las imágenes de su sueño (*The Poetical Works of Samuel Taylor Coleridge*. London: Oxford University Press, 1912, pp. 295-296).

Graves enumera ciertas exigencias para los poetas, que deben reunir condiciones y satisfacer requisitos. Por ejemplo, los poetas ingleses deben leer a los autores clásicos ingleses, dominar las reglas gramaticales antes de intentar romperlas; viajar al extranjero; "experimentar el horror de la pasión sórdida"; y ("si es afortunado") conocer el amor de una mujer honesta"[103]. Requisitos para un poema: debe ser nuevo, inesperado, inimitable e incapaz de ser parodiado (Advice to Young Poets[104]).

Otras citas.

El acto de amor es una metáfora de unidad espiritual, y si uno ejecuta el acto de amor con alguien que significa poco para uno, está entregando algo que le pertenece a la persona a quien ama o podría amar. El acto de amor pertenece a dos personas, de la misma manera en que se comparten los secretos. (*Paris Review*, p. 50).

La felicidad y el dolor siempre se alternan. (*Paris Review*, p. 50).

Comentarios sobre algunas de sus obras

Robert Graves es más conocido como autor de *I, Claudius* [Yo, Claudio] (London: Arthur Baker, 1934) y *Claudius the God and His Wife Messalina* [Claudio, el dios y su esposa Mesalina], también publicada por Arthur Baker (London, 1934). Son biografías noveladas, relatadas como autobiografías del emperador romano del primer siglo de la era cristiana, que en 1975 fueron difundidas en trece capítulos por la BBC y recorrieron el mundo. Otra obra muy difundida internacionalmente fue *The Greek Myths* (Harmondsworth, Middlesex: 1955) [Los mitos griegos], una especie de diccionario monumental de mitología, en dos tomos.

A Pamphlet against Anthologies (London: Jonathan Cape, 1927, y London: William Heinemann Ltd, 1927, 1929, escrito en colaboración con Laura Riding) es un libro sobre la antología, que ataca este género. Con tono de burla, los autores adelantan que en el futuro habrá toda clase de antologías, como de poemas sobre la televisión o sobre la vitamina E.

A Survey of Modernist Poetry (London: William Heinemann Ltd, 1927, 1929, escrito en colaboración con Laura Riding), más importante, es un libro sobre el modernismo a la par que un ataque al modernismo. Uno de los primeros libros sobre el tema, sirvió de inspiración al influyente tratado de William Empson, *Seven Types of Ambiguity* (London: Chatto and Windus Ltd, 1930, 1956), cuya metodología de análisis de la poesía de Shakespeare, Crashaw, Donne y otros poetas ingleses es considerada la simiente del *New Criticism* (la Nueva Crítica). En su libro, Riding y Graves analizan poemas, entre otros, del estadounidense E. E. Cummings, y se refieren a las marcas del moder-

---

103 *Advice to Young Poets*, [http://members.wizzars.net/~m/worden/atyp/advice.htm]

104 Citado por Ted Hughes en *Poetry in the Making*. London: Faber & Faber, 1967).

nismo en poemas suyos como "*Sunset*", señalando como algunas características modernistas el que los versos no empiecen con las tradicionales mayúsculas, que no haya estrofas ni ninguna forma de regularidad, ni puntuación, pero sí diversas rarezas técnicas. Concluyen que "Es totalmente imposible leer el poema como una secuencia lógica" (*A Survey of Modernist Poetry*, pp. 12-13). Destacan el hecho de que un innovador como Cummings escriba un poema sobre un tema tradicional como el crepúsculo, evitando al mismo tiempo todos los recursos convencionales. Graves y Riding rastrean el movimiento modernista en la poesía al tanka japonés y a los experimentos de los franceses Mallarmé, Rimbaud y Valéry. En otras partes del libro, se refieren al problema de la forma y el tema en el modernismo poético, así como al uso del impresionismo en Shakespeare. Rechazan la idea de que el verso modernista desobedezca los principios de claridad, restricción o proporción, ilustrando con poemas de Hart Crane. Hay, asimismo, análisis de partes de *The Waste Land*, de Eliot, y un estudio comparado de poemas de Shakespeare y Cummings, donde los autores muestran cómo ambos poetas se esfuerzan por aprovechar al máximo los recursos poéticos, la ambigüedad y el doble sentido, la interrelación de palabras, el paralelismo, etc., y recuerdan al lector que la "oscuridad" no es característica única de algunos poemas modernistas, ya que está también fuertemente arraigada en la tradición poética inglesa desde el bardo de Stratford-on-Avon.

No obstante, si bien demuestran "simpatía contemporánea" hacia los experimentos modernistas, ubican a los mejores dentro de una tradición poética en la que cabrían también Gerard Manley Hopkins, William Blake o Walt Whitman. En última instancia, se llega a la conclusión de que hay poesía tradicional y poesía modernista, pero la clasificación fundamental es entre buena y mala poesía. Los momentos históricos no cuentan: "Uno recuerda la fecha solo por compulsión; nadie realmente se siente más viejo hoy de lo que se sentía ayer", nos recuerda. Los buenos poemas del modernismo, verdaderos y duraderos, encuentran su nicho en la larga tradición poética, en permanente evolución, como ya había dicho Eliot en "*Tradition and the Individual Talent*" en 1919[105]. El defecto más serio en el modernismo poético es el apego a la originalidad: el furor por ser distinto. Fundamentalmente, el poeta no puede contradecir el principio de disciplina.

The Crowning Privilege (Cassell & Co. 1955; Harmondsworth, Middlesex: Penguin Books, 1959) es una recopilación de ensayos sobre literatura. Incluye las Clark Lectures, conferencias dictadas en la Universidad de Cambridge en 1954-1955; varios ensayos sobre poesía, entre ellos "*The Poet and His Public*", *Mother Goose*, poesía galesa, E. E. Cummings, Juana Inés de la Cruz (con una selección de poemas traducidos); un ensayo sobre el Rey Arturo; un breve ataque a Ezra Pound como traductor; y "*The Common Asphodel*" [El asfódelo común], recopilación de ensayos sobre poesía escritos entre 1927 y 1949[106]. En esta sección de *The Crowning Privilege* hay, entre otros, ensayos sobre Nietzsche, Coleridge y Wordsworth, Keats y Shelley, Lucrecio y Sir James Jeans[107], Swinburne, Milton y un estudio sobre el asfódelo, su etimología, simbolismo y presencia en la literatura desde Homero.

Dice Graves que escribió ***The White Goddess: A Historical Grammar of Poetic Myth*** [La Diosa Blanca: una gramática histórica del mito poético] (London: Faber & Faber, 1948, 1952, 1961; London: Farrar Straus Giroux, 1997) en seis semanas, pero que le llevó diez años revisarlo (*The Paris Review*, p. 54). En este libro, mezcla de ensayo mitográfico y compendio poético-antropológico, Graves se remonta a la mitología griega y celta y a las religiones matriarcales de la Edad Neolítica y la de Bronce. La Diosa tiene tres aspectos: es la madre que nos da la vida, la mujer amada, a la que adoramos, y la vieja bruja que terminará con nosotros, como en los ritos órficos o dionisíacos, y nos cerrará los ojos. Recuerda a la *femme*

---

[105] Ensayo publicado en *The Egoist*, VI. 4 (September 1919), reimpreso en *Selected Essays*, London: Faber & Faber, 1932.

[106] Recopilación publicada originalmente en 1949 por la casa editora londinense H. Hamilton.

[107] Sir James Jeans (1877-1946) fue un físico, astrónomo y matemático británico.

fatale de algunos poetas románticos, como Coleridge o Keats. En su carácter tripartito es la primavera, el verano y el invierno; Hera, Afrodita y Hécate.

En *"Remembering Robert Graves"*, Alastair Reid se refiere a la Diosa Blanca, diosa de la luna y de la tierra, que controla las estaciones, la fertilidad y el ciclo de la vida y de la muerte, que había sido adorada hasta la llegada de los dioses masculinos en el mundo grecorromano. No es sencillo seguir las ideas de Graves, que no son posibles de simplificar, ya que la dimensión mítica no tiene lógica ni explicación. Según Graves, la diosa fue preservada por los poetas como un secreto divino, como el culto a una musa. Este mito dominaba la vida de Graves. Recuerda Reid que siempre hacía nueve reverencias a la llegada de la luna nueva. La Diosa Blanca es la musa de la inspiración poética, que deberá ser adorada. Es caprichosa, una diosa de contradicciones, "hermana del espejismo y del eco". Ella devolverá su amor al poeta verdadero, aunque puede llegar a traicionarlo y destruirlo, porque el poeta es el amante que será sacrificado y reemplazado. Muchos poemas de Graves aluden a estas ideas, o a los mitos masculinos de los griegos que entronizaron a Zeus y a los dioses hombres, desplazando a la Diosa.

Graves reprocha a la civilización moderna y contemporánea el haber quebrado la armonía con Dios, la naturaleza y las criaturas. El hombre hace un uso utilitario de los animales, ya sea como bestias de carne o como alimento. Asimismo, el hombre ha relegado a la mujer a una posición servil o de objeto sexual. Tiene un poema titulado *"The White Goddess"*, que dice en su tercera y última estrofa:

―――――――――― /// ――――――――――

La savia de la Primavera en el joven bosque activo
celebrará con el verde a la Madre,
y todos los pájaros cantores gritarán por un rato para ella;
pero somos bendecidos, incluso en noviembre,
en lo más crudo de las estaciones, con un sentido tan
[enorme
de su desnuda magnificencia
que olvidamos la crueldad y la traición del pasado,
sin importarnos dónde habrá de caer el próximo
[brillante rayo.

The sap of Spring in the young wood a-stir
Will celebrate with green the Mother,
And every song-bird shout awhile for her;
But we are gifted, even in November
Rawest of seasons, with so huge a sense

Of her nakedly worn magnificence
We forget cruelty and past betrayal,
Heedless of where the next bright bolt may fall.

―――――――――― /// ――――――――――

The Long Weekend (London: Faber and Faber, 1940; London: Four Square Books, 1961, por Robert Graves y Allan Hodge), lleva el subtítulo ***Una historia social de Gran Bretaña, 1918-1939***. Comienza con el Armisticio, de 1918, y cubre diversos aspectos de la civilización británica de esos años, como los cambios operados en las mujeres, muchos de los cuales provienen de Estados Unidos, como la moda en la vestimenta, en la música, la bebida, el baile y las diversiones, el largo de las faldas, el uso de tacos altos –hasta entonces en Inglaterra asociados con París y la inmoralidad–, el material de lectura, como las revistas populares, la ficción seudo científica, las aventuras de Tarzán, las novelitas de Elinor Glyn; también los cambios políticos, la decadencia de la religión, las costumbres sexuales, los avances y retrocesos en la educación, la vida doméstica, la Gran Depresión de los años 30, el nudismo, el monstruo del Lago Ness... En suma, un libro que cubre un amplio espectro, serio y cómico por momentos, también trivial y profundo, y un excelente estudio de veinte años en la vida de un país que Graves había optado por abandonar.

En el primer capítulo encontramos la expresión de un pensamiento de Graves que puede contribuir a explicar, en parte, su reacción adversa a la situación de su país durante e inmediatamente después de la Gran Guerra, y su decisión de abandonarlo para recluirse en el paraíso de Deià, muy lejos del mundanal ruido. Dice que la guerra había sido una trágica estupidez: los gobiernos de Alemania y de Gran Bretaña habían llevado a sus respectivos países a arrojarse bombas y matarse entre sí, pero cuando así lo decidieron, firmaron la paz en tres minutos. Lo que restaba hacer en Inglaterra era una limpieza general de todos los opresores, timadores, cobardes, skrimshankers[108], reaccionarios y mentirosos que habían atormentado y traicionado a los soldados en servicio (p. 11).

---

[108] En argot, evasores que, mediante tretas, eludieron su obligación de ir al frente; el término se originó en 1890. De etimología oscura, quizá sea una perversión de *scowbanker*; en Australia holgazán, vagabundo (Partridge, p. 738).

Selección de poemas de Robert Graves

——————————————————————————— /// ———————————————————————————

Es un tiempo extraño

Es difícil saber si se está vivo o muerto
cuando acero y fuego pasan rugiendo por la cabeza.
En un momento uno está agazapado tras el fusil
escudriñando, partiendo pilas en dos por diversión;
al momento siguiente, uno se asfixia y se agarra el pecho...
sin tiempo para pensar... deja todo y parte...
a la Isla del Tesoro donde soplan los vientos de las Especias,
a encantadores huertos de mangos, membrillos y limas...
sin decir adiós, y viaja al Rojo Ocaso.
Es un tiempo extraño.

. . . .

Uno está cargando como loco contra ellos, gritando
["¡Un cigarrillo!"
Cuando de alguna manera algo cede y uno arrastra los
[pies.
Se cae y se pega en la cabeza; no siente dolor
y encuentra... que está abriendo túneles en el heno
del Gran Granero, porque es un día lluvioso.
¡Ay, heno flexible, y bellas vigas para escalar!
Está de nuevo con el trajecito de marinero puesto.
Es un tiempo extraño.

. . . .

O uno está dormitando a salvo en su refugio...
un gran rugido... la trinchera tiembla y se desmorona...
uno está luchando, sin aliento, luchando, luego... ¡hola!
Elsie viene brincando alegremente trinchera abajo,
con un pañuelo en la nariz (esa lidita es más hedionda...)
y se le ensucia el delantal con la mugre.
¡Qué raro! ¡Ella murió hace diez años!
Es un tiempo extraño.

. . . .

El problema es que las cosas suceden demasiado rápido;
se lanzan los germanos, chasqueando y golpeando los
[fusiles,
uno se tambalea y la escena entera se esfuma:
ni siquiera a los buenos cristianos les gusta pasar
[derecho
de Tipperary o de un Himno del odio
a cantos de aleluya y al son
de las doradas arpas... y... hoy no me siento bien...
Es un tiempo extraño.

It's a Queer Time

It's hard to know if you're alive or dead
When steel and fire go roaring through your head.
One moment you'll be crouching at your gun
Traversing, mowing heaps down half in fun:
The next, you choke and clutch at your right breast -
No time to think - leave all - and off you go ...
To Treasure Island where the Spice winds blow,
To lovely groves of mango, quince and lime -
Breathe no good-bye, but ho, for the Red West!
It's a queer time.

. . . .

You're charging madly at them yelling "Fag!"

When somehow something gives and your feet drag.

You fall and strike your head; yet feel no pain
And find ... you're digging tunnels through the hay
In the Big Barn, 'cause it's a rainy day.
Oh, springy hay, and lovely beams to climb!
You're back in the old sailor suit again.
It's a queer time.

. . . .

Or you'll be dozing safe in your dug-out -
A great roar - the trench shakes and falls about
you're struggling, gasping, struggling, then ... hullo!
Elsie comes tripping gaily down the trench,
Hanky to nose - that lyddite makes a stench -
Getting her pinafore all over grime.
Funny! because she died ten years ago!
It's a queer time.

. . . .

The trouble is, things happen much too quick;
Up jump the Boches, rifles thump and click,

You stagger, and the whole scene fades away:
Even good Christians don't like passing straight

From Tipperary or their Hymn of Hate
To Alleluiah-chanting, and the chime
Of golden harps ... and ... I'm not well today ...
It's a queer time.

---

106   Rolando Costa Picazo

Poema fechado 27 de septiembre de 1915 en el Archivo Digital de la Primera Guerra Mundial[109], aunque la fecha parece improbable, debido a que el 27 de septiembre Graves estaba en el Frente, en el fragor de la batalla de Loos, que tuvo lugar entre el 25 de septiembre y el 3 de octubre de 1915. "It´s a Queer Time" se publicó en la antología de *Georgian Poetry III*[110], noviembre de 1917, y se lo incluyó en el poemario *Over the Brazier* (London: Poetry Bookshop, 1916).

Graves incluyó este poema en una carta del 22 de mayo de 1915 a Edward Marsh, director de las antologías *Georgians*, en que le daba el pésame por la muerte de su amigo Rupert Brooke. Le dice allí a Marsh que pronto irá a las trincheras[111].

"It´s a Queer Time" consta de un *heroic couplet* (pentámetro yámbico pareado) inicial y 4 estrofas de 8 versos en que riman el primero y segundo versos, el tercero y el séptimo, el cuarto y el quinto y el sexto y el octavo. Las cuatro estrofas tienen un refrán, "*It´s a queer time*" [Es un tiempo extraño].

Se trata de un monólogo dramático. La voz poética es la de un soldado que participa en una batalla y se refiere a su situación en el tiempo presente. El uso de gerundios, que hemos conservado (*rugiendo, escudriñando, cargando, gritando...*) contribuye de manera eficaz a reforzar la cualidad presente de la situación. El registro del habla es coloquial; la situación, de extremo peligro, rebosante de agitación y vértigo, se corresponde con la realidad caótica del fragor de la batalla. Recuerdos de un pasado de paz y felicidad, de una infancia edénica, irrumpen en los pensamientos del soldado y le dan momentáneo alivio. El primero de estos recuerdos es de "la Isla del Tesoro donde soplan los vientos de las Especias", de "encantadores huertos de mangos, membrillos y limas...". Otro retrotrae a la voz poética a su infancia, y se recuerda con "el trajecito de marinero" que vestía de niño y jugando un día de lluvia en el granero. Un tercer recuerdo es de su adolescencia, de una muchacha llamada Elsie, que murió diez años atrás, pero que ahora parece venir caminando por la trinchera. La realidad actual (el olor nauseabundo de la lidita, un golpe en la cabeza, los enemigos) interrumpe los recuerdos placenteros, pero es principalmente el refrán, "*It´s a queer time*", el que hace patente el irrevocable presente. Nuestra pobre equivalencia de *queer*, "extraño", lamentablemente no evoca la fuerza irónica y ricamente connotativa del término en inglés, que va de raro a anormal, pasando por singular, cuestionable, sospechoso, incierto y trastornado.

Acero y fuego: sinécdoques de armas y municiones (muerte).

Si se está vivo o muerto: sugiere la situación de extremo peligro en la que está el soldado y adelanta la estructura básica de alternancia que domina el poema, en especial la de presente y pasado, guerra y paz.

La Isla del Tesoro es una novela de aventuras de Robert Louis Stevenson, publicada como libro en 1883, relatada por un chico, con piratas, tesoros ocultos, mapas, manuscritos.

Los vientos de las especias, que connotan exotismo, combinan las Islas de las Especias, de Malasia e Indonesia, con su sugerencia de orientalismo y abundancia, con los vientos alisios, que traen buen tiempo e impulsan las naves.

El Rojo Ocaso. Junto con La Isla del Tesoro y Los vientos de las Especias, sugiere huida, viaje a lugares exóticos, pero al mismo tiempo connota la amenaza de muerte, o de viaje al Más Allá, en que está la voz poética: "rojo" es sangre; el Ocaso, la muerte.

Cuando de alguna manera algo cede y uno arrastra los pies. / Se cae y se pega en la cabeza; no siente dolor / y encuentra... que está abriendo túneles en el heno... Estas líneas parecen sugerir que el golpe en la cabeza lleva al soldado a otra realidad; en este caso, a la infancia.

La trinchera tiembla y se desmorona... / no está luchando, sin aliento, luchando, luego... ¡hola! / Elsie... Quizás como resultado de la bomba que causa una conmoción en la trinchera, el soldado se transporte a una escena del pasado.

---

109 [http://www.oucs.ox.iac.uk/wwllit/collections/document 1125].
110 Véase la nota 56 en p. 58.
111 [http://www.oucs.ox.ac.uk/wwllit/collections/document 1125].

Tipperary. It's a long way to Tipperary. Canción británica de *music hall* que se hizo popular entre los soldados de la Gran Guerra, compuesta en 1912 por Jack Judge. El refrán dice: "*It's a long way to Tipperary, It's a long way to go*"[112].

Himno del odio: canción alemana contra los británicos, que se tocaba mucho durante la guerra. Había sido compuesta en 1914 por Ernst Lissauer (1882-1937) para promover odio contra los británicos[113].

Cantos de aleluya y al son / de las doradas arpas. Simbólicamente, el Cielo después de la muerte.

---

[112] [http://www.firstworldwar.com/audio/itsalongwaytotipperary.htm].

[113] [http://www.historum.com/war-military-history/18610-hymn-hate-against-england.html].

La mañana antes de la batalla

Hoy, la pelea: mi fin está muy cerca,
y sellado el decreto que limita mis horas:
lo supe ayer al mediodía, mientras caminaba
por un jardín desierto lleno de flores.
... Cantaba, indiferente; me prendí rosas en el pecho,
y corté un racimo de cerezas... y entonces, entonces, la
[Muerte
sopló a través del jardín de norte a este,
marchitando toda belleza con su gélido aliento.
. . . .
Miré, y ¡ay! vi frente a mí a mi espectro,
con la cabeza aplastada por violentos golpes:
la fruta entre mis labios a sangre coagulada
se transubstanció; y la rosa pálida
olió a putrefacción, hasta que a través de un llanto de
[sangre
me pareció que en lo que en el jardín cerrado florecían
[eran hombres muertos.

The Morning before the Battle

Today, the fight: my end is very soon
and sealed the warrant limiting my hours:
I knew it walking yesterday at noon
down a deserted garden full of flowers.
... Carelessly sang, pinned roses on my breast,
reached for a cherry-bunch – and then, then, Death
blew through the garden from the north and east
and blighted every beauty with chill breath.
. . . .
I looked, and ah my wraith before me stood,
his head all battered in my violent blows:
the fruit between my lips to clotted blood
was transubstantiate, and the pale rose
smelt sickly, till it seemed through a swift tear-flood
that dead men blossomed in the garden-close.

Este poema se publicó en la *Westminster Gazette* el 20 de septiembre de 1916, y, el mismo año, en el poemario *Over the Brazier* (London: Poetry Bookshop, 1916).

Es un soneto tradicional, de registro formal y tono meditativo, en inglés con rima alternada en los dos primeros cuartetos, reunidos en una sola estrofa. El sexteto se compone de cuatro versos de rima alternada y un *heroic couplet* final.

En esta mañana previa a la batalla, la voz poética, de un soldado que habla en primera persona y que posiblemente sea el poeta mismo, se pasea por un jardín lleno de flores, disfrutando de la belleza del mundo natural, del que toma rosas y cerezas. Cree ver a la Muerte, que con su gélido aliento marchita toda esta belleza. Ya en el primer verso ha tenido la premonición fatal de que este es quizá su último día, lo que recibe confirmación en una visión de su propio espectro con la cabeza aplastada y sangre coagulada en los labios. Hay en el jardín olor a putrefacción, y lo que florece no son flores sino hombres muertos.

Si hay una transformación, es de la belleza en fealdad y de la vida en muerte: una metáfora de la guerra.

Un germano muerto	*A Dead Boche*

A ti que has leído mis cantos de Guerra	To you who'd read my songs of War
y solo oyes hablar de sangre y fama,	And only hear of blood and fame,
te diré (lo has oído decir antes)	I'll say (you've heard it said before)
"¡La guerra es un Infierno!" y si aún lo dudas,	"War's Hell!" and if you doubt the same,
hoy encontré en el bosque de Mametz	To-day I found in Mametz Wood
una cierta cura para la sed de sangre:	A certain cure for lust of blood:
. . . .	. . . .
allí, recostado contra un tronco destrozado,	Where, propped against a shattered trunk,
en un verde revoltijo de inmundicias,	In a green mess of things unclean,
vi a un germano; de mirada ceñuda, maloliente,	Sat a dead Boche; he scowled and stunk
con la ropa y la cara de empastado verde,	With clothes and face a sodden green,
gran panza, anteojos, pelo muy corto,	Big-bellied, spectacled, crop-haired,
chorreando sangre negra por la nariz y la barba.	Dribbling black blood from nose and beard.

Poema de 1917, según consta en la bibliografía de la obra de Robert Graves compilada por Fred Higginson[114]. Se publicó en *Cambridge Magazine* con fecha 6 de febrero de 1917. Fue incluido en *Fairies and Fusiliers* (London: Heinemann, 1917; New York: Alfred Knopf, 1918). Consta de dos estrofas de seis versos cada una, rimados ABABCC. La voz poética es la de un soldado, posiblemente el poeta mismo, ya que en el primer verso hace referencia a sus poemas ("mis cantos de guerra"). En la primera estrofa da voz a la aseveración "La guerra es un infierno". En la segunda, ofrece un ejemplo que la sustenta: encuentra un alemán muerto, un cadáver putrefacto que es descrito de una manera realista, sin omitir detalle desagradable. De hecho, hay un verdadero escrutinio del cadáver, una horripilante visión, que muestra que la guerra no es solo sangre y fama, como suele creerse, es decir, una simple cuestión de matar al enemigo y cubrirse de gloria. Por el contrario, es muerte y horror.

Germano. La palabra usada en el poema es "Boche", término despectivo que significa "alemán", especialmente soldado alemán. El término empieza a usarse en inglés en 1914. En francés se usaba desde 1870 (Partridge, p. 74).

Mametz: Véase la nota 47 en p. 54.

---

114 [www.robertgraves.org/trust/bibliography.php?p=15&group_id=O&search=]

Dos fusileros

¿Y hemos por fin terminado con la Guerra?
Bien, pues ambos hemos sido diablos afortunados,
y no hay necesidad de juramento ni promesa
que ciña con más fuerza nuestra bella amistad,
ya por material más firme
suficientemente cimentada.

. . . .

Estamos ligados por alambre, por madera y estaca,
por Fricourt y Festubert,
por la flagelante lluvia, por la intensa luz del sol,
por todo el sufrimiento y el estentóreo ruido,
por un día de primavera,
por la greda de Picardía.

. . . .

Muéstrame a dos tan íntimamente unidos
como nosotros, por el húmedo lazo de la sangre,
por la amistad, florecida del fango,
por la Muerte: la enfrentamos, y encontramos
en la Muerte, belleza,
en los hombres muertos, aliento.

Two Fusiliers

And have we done with War at last?
Well, we've been lucky devils both,
And there's no need of pledge or oath
To bind our lovely friendship fast,
By firmer stuff
Close bound enough.

. . . .

By wire and wood and stake we're bound,
By Fricourt and by Festubert,
By whipping rain, by the sun's glare,
By all the misery and loud sound,
By a Spring day,
By Picard clay.

. . . .

Show me two so closely bound
As we, by the wet bond of blood,
By friendship, blossoming from mud,
By Death: we faced him, and we found
Beauty in Death,
In dead men breath.

Poema incluido en *Fairies and Fusiliers* (London: Heinemann, 1917; New York: Alfred Knapf, 1918), que Graves escribió en Fricourt. Consta de tres estrofas con rima ABABCC. El tema es la amistad de dos fusileros, que resultan ser Robert Graves y Siegfried Sassoon; ambos pertenecieron a los *Royal Welch Fusiliers*[115] y hubo entre ellos una "bella amistad" durante la guerra[116]. D. S. R. Welland, por su parte, sugiere que los dos fusileros son Graves y Wilfred Owen; este le responde a Graves con su poema "Apologia pro poemate meo" (véase el poema y nuestra nota en la sección de poemas de Owen).

La primera estrofa se abre con una pregunta retórica acerca del final de la guerra. No se responde, claro, pero sí se dice que hasta ahora los fusileros han sido afortunados, ya que siguen vivos, y la amistad que los une no necesita "juramento" ni "promesa". El poema se explaya sobre la solidez de esta amistad, y lo que ha contribuido a cimentarla. Esto se hace en la segunda estrofa, en una estructura de enumeración anafórica: los seis versos que la componen comienzan con *by*, que traducimos como "por" y que, por razones idiomáticas, solo podemos conservar en cinco versos. Une a estos dos fusileros la trinchera, presentada por las metonimias "alambre, madera y estaca"; los lugares donde han luchado, Fricourt y Festubert; las condiciones climáticas; el sufrimiento y el ruido de la batalla; un día de primavera; la arcilla de Picardía. La tercera estrofa enumera otros lazos, como la sangre, el fango (generalizado y constante por las lluvias) y sobre todo por la amenaza y presencia de la muerte, que se ha llevado a la bella juventud.

Los dos versos finales expresan el amor y la compasión que Graves y Sassoon sintieron hacia sus soldados, a lo que ya se ha hecho referencia.

---

115 Véase el comienzo del apartado sobre Robert Graves de la "Primera Parte. Sección IV. Memorias de la guerra".
116 Nos hemos referido a la amistad entre Graves y Sassoon en la "Primera Parte. Sección IV. Memorias de la guerra", en los comentarios sobre *Goodbye to All That*.

Fricourt. Pequeña población y comuna francesa en la región de Picardía, departamento del Somme, en el distrito de Pêronne y cantón de Albert. Ubicada en el departamento de Somme, Albert fue fundada por los romanos alrededor de 54 a. de C. En 1999 su población era de cuatrocientos cuarente y ocho habitantes[117]. En Fricourt se inició la batalla del Somme[118], el 1° de julio de 1916, con el ataque británico de la 21ª. División.

Festubert. Véase nuestro comentario sobre *"1916 Seen from 1921"* / "1916 visto desde 1921" de Edmund Blunden. En Festubert fue herido David Cuthbert Thomas, amigo de Graves y de Sassoon. Este tuvo una relación amorosa con David[119].

Picardía. Región de Francia, al norte del país. Limita al noreste con Bélgica.

―――――――――――― /// ――――――――――――

---

117 [http://wikipedia.org/wiki/Fricourt].
118 Véase la nota 47 en p. 54.

119 véase la nota 65 en p. 63.

A Robert Nichols

(Desde Frise, sobre el Somme, en febrero de 1917, en respuesta a una carta que decía: "Estoy finalizando mi 'Vacación de fauno'. Ojalá estuvieras aquí para alimentarlo con cerezas").

Aquí junto a un río bloqueado de nieve
en sucios agujeros tiritamos,
y como viejos avetoros
bramamos para ti quejumbrosamente:
Robert, ¿cómo puedo rimar
versos para satisfacer tu deseo,
con tus elegantes faunos y la temporada de cerezas,
con música indefinida y verdes árboles,
sol caliente y suave brisa,
en una Inglaterra en pleno atavío
y la vida renacida,
versos para tu alegre y caprino bruto,
borracho de su tibia melodía,
que canta sobre lechos de tomillo
con ondulante mirada enrojecida,
que con su sensual laúd despierta
la llanura de todo Devonshire,
fauno de labios oscuros por las manchas de zumo,
de cuyas orejas cuelgan balanceantes frutos?
¿Por qué he de llevar su compás?
¿Por qué, en este frío, en esta escarcha
 donde hasta soñar me duele?
No, Robert, no hay ninguna razón:
las cerezas están fuera de estación,
el hielo se adhiere a ramas y raíces,
y las aves cantoras se han callado.

To Robert Nichols

(From Frise on the Somme in February, 1917, in answer to a letter saying: "I am just finishing my 'Faun's Holiday.' I wish you were here to feed him with cherries.")

Here by a snowbound river
In scrapen holes we shiver,
And like old bitterns we
Boom to you plaintively:
Robert, how can I rhyme
Verses for your desire-
Sleek fauns and cherry-time,
Vague music and green trees,
Hot sun and gentle breeze,
England in June attire,
And life born young again,
For your gay goatish brute
Drunk with warm melody
Singing on beds of thyme
With red and rolling eye,
Waking with wanton lute
All the Devonian plain,
Lips dark with juicy stain,
Ears hung with bobbing fruit?
Why should I keep him time?
Why in this cold and rime,
Where even to dream is pain?
No, Robert, there's no reason:
Cherries are out of season,
Ice grips at branch and root,
And singing birds are mute.

La nota de Graves que acompaña este poema en el volumen *Fairies and Fusiliers*, 1917,[120] nos informa la fecha de la carta y el lugar de donde escribe: "Desde Frise sobre el Somme en febrero de 1917". Agrega que es una respuesta a una carta de Nichols que decía: "Estoy finalizando mi 'Vacación de fauno'. Ojalá estuvieras aquí para alimentarlo con cerezas".

Frise es una aldea y comuna del departamento del Somme en Picardía. Data de la Edad Media. En 2006 tenía ciento ochenta y un habitantes. En la Gran Guerra, Frise estaba en la línea del Frente. Aún hoy pueden verse rastros de las trincheras y de los agujeros de bombas y proyectiles de mortero[121].

Robert Nichols (1893-1944), nacido en la isla de Wight, fue educado en Winchester College, y luego

---

[120] [http://www.fulltext.com/Fairies-and-Fusiliers.html].

[121] [http://en.wikipedia.org/wiki/Frise,_Somme].

comenzó sus estudios universitarios en Trinity College, Oxford, pero abandonó luego de un año. Fue al Frente como subteniente y sirvió en la brigada 104 de la *Royal Field Artillery* entre octubre de 1914 y agosto de 1916. Luchó en Loos y en el Somme, pero inmediatamente después de la batalla del Somme fue enviado a Inglaterra a consecuencia de su neurosis de guerra, de la que nunca se restableció, a tal punto que padeció de desórdenes emocionales crónicos el resto de su vida. Su colección de poemas de guerra más conocida es *Ardours and Endurances* (London: Chatto & Windus, 1917). También es autor de los poemarios *Invocation* (1915) y *Sonnets to Aurelia* (1920), y de una obra teatral, *Wings over Europe* (1928). Como Graves, fue profesor de literatura inglesa en la Universidad de Tokio (1921-1924). Es uno de los dieciséis Poetas de la Gran Guerra cuyo nombre figura en la piedra conmemorativa descubierta en el Rincón de los Poetas de la Abadía de Westminster el 11 de noviembre de 1985, en el 67° aniversario del Armisticio.

"Vacación de Fauno". Nichols es autor de un poema titulado *"The Philosopher's Oration: A Faun's Holiday"* [La oración del filósofo: la vacación de un fauno]. En su poema-carta, Graves tomará la mención de "Vacación de fauno" en la misiva de Nichols para una serie de imágenes y referencias en su poema, estructurado básicamente sobre el contraste entre el paisaje desolado de la guerra, en el que está la voz poética, y el idílico paisaje de belleza y paz que evoca la carta de Nichols. En el paisaje de la guerra ubicamos imágenes como "río bloqueado de nieve"; "sucios agujeros"; "viejos avetoros" (pájaros de pelaje amaromado, con un grito semejante a un mugido, poéticamente distantes de aves melodiosas como el ruiseñor o la alondra); frío, escarcha, hielo, aves cantoras que se han callado, verbos como "tiritamos" y "bramamos"; y otros términos como "quejumbrosamente". A este paisaje se opone el evocado por Nichols, con sus "elegantes faunos ('de labios oscuros') y verdes árboles", sus "temporadas de cerezas", "música indefinida", "sol caliente", "suave brisa", una "Inglaterra en pleno atavío" y "vida renacida", "lechos de tomillo", "ondulante mirada enrojecida", "sensual laúd"... También se da un contraste entre el Frente de guerra, donde está Graves, y "la Inglaterra en pleno atavío y vida renacida" de Nichols.

Fauno. Esta criatura mitológica, mitad hombre, mitad macho cabrío, es una figura recurrente en la poesía pastoril.

Llanura devoniana. La llanura devoniana (o devónica) pertenece al tiempo geológico comprendido en 416-359,2 millones de años atrás, o cuarto período del Paleozoico. El término proviene de Devon, condado geográfico e histórico del sudoeste de Inglaterra, donde están los páramos de Dartmoor, con ríos, colinas redondeadas cubiertas de verde musgo, pantanos, menhires y piedras neolíticas (*kistvaens*)[122].

///

---

[122] Britannica. Enciclopedia Universal Ilustrada. Edición en español de Britannica Concise Enciclopedia. Santiago de Chile, 2007. Volumen 6; [http://en.wikipedia.org/wiki/Dartmoor].

A Lucasta, al ir a la guerra- por cuarta vez

No importa cuál es la causa,
    qué mal dicen que estén corrigiendo,
¡vaya una maldición por los tratados, obligaciones y
                                       [leyes
    cuando debemos hacer la guerra!
Y como los muchachos somos leales y orgullosos,
    ¿qué otra cosa podemos hacer?
Lucasta, cuando a Francia tu hombre
regrese por cuarta vez, odiando la pelea,
y sin embargo se ría con toda la tranquilidad que pueda,
    y lance una maldición, pero no diga más,
eso no es por coraje, eso no es por miedo:
Lucasta, él es un fusilero,
    y es por su orgullo que marcha.
        . . . .

Que los estadistas se jacten, ladren y rebuznen,
    y así decidan quién empezó
esta maldita guerra, y quién ha de pagar el pato,
    él deberá ser valiente,
deberá por igual tener calma y arrojo,
    y jugar a los naipes con la Muerte.
No te envanezcas porque él lucha por ti;
no es por coraje, ni por amor, ni por odio,
pero debemos hacer lo que debemos hacer;
    es el orgullo el que hace que el corazón sea grande,
no es por enojo, y no es por miedo:
Lucasta, él es un fusilero,
    y por orgullo se mantiene en su puesto.

To Lucasta on going to the war- For the fourth time

It doesn't matter what's the cause,
    What wrong they say we're righting,
A curse for treaties, bonds and laws,
    When we're to do the fighting!
And since we lads are proud and true,
    What else remains to do?
Lucasta, when to France your man
Returns his fourth time, hating war,
Yet laughs as calmly as he can
    And flings an oath, but says no more,
That is not courage, that's not fear-
Lucasta he's a Fusilier,
    And his pride sends him here.
        . . . .

Let statesmen bluster, bark and bray,
    And so decide who started
This bloody war, and who's to pay,
    But he must be stout-hearted,
Must sit and stake with quiet breath,
    Playing at cards with Death.
Don't plume yourself he fights for you;
It is no courage, love, or hate,
But let us do the things we do;
    It's pride that makes the heart be great;
It is not anger, no, nor fear-
Lucasta he's a Fusilier,
    And his pride keeps him here.

Poema de dos estrofas de trece versos cada una, con un peculiar patrón: ABABCCDEDEFFF. Tiene como intertexto un breve poema, de tres estrofas de cuatro versos cada una, posiblemente de 1649, del poeta inglés Richard Lovelace (1618-h.1658). Hijo de un caballero de Kent, fue partidario de Carlos I y lo defendió en las guerras de Escocia (1639-1640) y en la Guerra Civil inglesa (1642-1651). Por defender al rey perteneció a los denominados "Cavalier Poets". En su poema "*To Lucasta. Going to the Wars*", de tres estrofas de cuatro versos cada una, se despide de su amada Lucasta y justifica su decisión de ir a la guerra sobre la base de la importancia del honor y el deber: no la amaría como la ama si no cumpliera con su deber. Lucasta (del latín *Lux Casta*, luz pura) es una abstracción idealizada. Lovelace tiene poemas a otras dos abstracciones, Althea (Verdad) y Amarantha (Inmortal). Sin embargo, según algunos estudiosos, Lucasta era Lucy Sacheverell (Harvey).

A Lucasta. Al ir a las guerras	***To Lucasta, on Going to the Wars***
No me digas (Dulce mía) que soy despiadado, que del convento de tu casto seno y sosegada mente a la guerra y a las armas huyo.	*Tell me not (Sweet) I am unkind,* *That from the nunnery* *Of thy chaste breast and quiet mind* *To war and arms I fly.*
. . . .	. . . .
Verdad, una nueva amante persigo ahora, primer enemigo en el campo; y con fe más fuerte abrazo una espada, un caballo, un escudo.	*True, a new mistress now I chase,* *The first foe in the field;* *And with a stronger faith embrace* *A sword, a horse, a shield.*
. . . .	. . . .
Mas esta inconstancia es tal que tú misma habrás de adorar; No te amaría, querida, tanto, Si al honor no amara más.	*Yet this inconstancy is such* *As you too shall adore;* *I should not love thee, dear, so much,* *Loved I not honor more.*

Richard Lovelace

Graves va al frente de guerra cuatro veces: cuando se alista y cuando vuelve, una vez luego de una licencia, y otras dos veces luego de haber sido herido. Las razones básicas que da el poeta para ir a la guerra y luchar es su honor de fusilero y su respeto por la camaradería del cuerpo. Maldice los tratados internacionales, el deber impuesto como obligación y las leyes que lo mandan al frente. No tiene en claro la razón o causa de la guerra (el "mal" que dicen se está corrigiendo), pero marcha, no por coraje ni por miedo, sino por el orgullo propio de los fusileros. Ataca a los estadistas y sus razones: va porque como fusilero debe ser valiente y cumplir con su deber.

--- /// ---

La próxima guerra	***The Next War***

A ustedes, muchachos retozones, que hoy	*You young friskies who today*
saltan y pelean en el heno de Papá	*Jump and fight in Father's hay*
con arcos y flechas y lanzas de madera,	*With bows and arrows and wooden spears,*
jugando a los Reales Fusileros de Gales,	*Playing at Royal Welch Fusiliers,*
y aunque pasan estas horas felizmente,	*Happy though these hours you spend,*
¿están advertidos de cómo terminan estos juegos?	*Have they warned you how games end?*
Muchachos, desde la primera vez que punzan	*Boys, from the first time you prod*
y acometen con picas de varillas de cortinas,	*And thrust with spears of curtain-rod,*
desde la primera vez que arrancan y cortan	*From the first time you tear and slash*
los arcos largos del fresno del jardín,	*Your long-bows from the garden ash,*
o adornan las lanzas con la pluma de un grajo azul,	*Or fit your shaft with a blue jay feather,*
juntando las dos hendidas partes superiores,	*Binding the split tops together,*
desde ese mismo instante están obligados por la suerte,	*From that same hour by fate you're bound*
como campeones de este pétreo suelo,	*As champions of this stony ground,*
a ser leales y fieles en todo,	*Loyal and true in everything,*
a servir a su Ejército y a su Rey,	*To serve your Army and your King,*
a prepararse para padecer hambre y sudar y morir	*Prepared to starve and sweat and die*
bajo algún feroz cielo extranjero,	*Under some fierce foreign sky,*
aunque solo sea para mantener a salvo las alegrías	*If only to keep safe those joys*
propias de los niños británicos,	*That belong to British boys,*
a alejar a los jóvenes prusianos del suave	*To keep young Prussians from the soft*
y perfumado pasto seco del henil de papá,	*Scented hay of father's loft,*
y a impedir que los jóvenes eslavos corten ramas para arcos	*And stop young Slavs from cutting bows*
y lanzas flexibles de los setos de Gales.	*And bendy spears from Welsh hedgerows.*
Otra Guerra estalla pronto,	*Another War soon gets begun,*
una guerra más sucia y más gloriosa;	*A dirtier, a more glorious one;*
entonces, muchachos, van a tener que jugar todos,	*Then, boys, you'll have to play, all in;*
y el equipo más cruel ha de triunfar.	*It's the cruellest team will win.*
Alejen, por eso, la nariz del olor hediondo	*So hold your nose against the stink*
y jamás se detengan a pensar.	*And never stop too long to think.*
Las guerras no cambian, salvo en nombre;	*Wars don't change except in name;*
la próxima será igual,	*The next one must go just the same,*
y nuevas artimañas sucias, antes insospechadas,	*And new foul tricks unguessed before*
triunfarán, justificando esta Guerra.	*Will win and justify this War.*
Otro káiser y otro zar se pavonearán por el escenario	*Kaisers and Czars will strut the stage*
con igual pompa, igual codicia y furia;	*Once more with pomp and greed and rage;*
obsequiosos ministros se quedarán	*Courtly ministers will stop*
en casa a luchar hasta la última gota;	*At home and fight to the last drop;*
millones de hombres morirán	*By the million men will die*
en alguna nueva y horrible agonía;	*In some new horrible agony;*
y aquí los niños acometerán y embestirán,	*And children here will thrust and poke,*
dispararán armas y morirán, riéndose de las bromas,	*Shoot and die, and laugh at the joke,*
con arcos y flechas y lanzas de madera,	*With bows and arrows and wooden spears,*
jugando a los Reales Fusileros de Gales.	*Playing at Royal Welch Fusiliers.*

Poema de versos pareados, perteneciente a *Fairies and Fusiliers*, que constituye una fuerte denuncia a la guerra. Tiene una estructura circular, en el sentido de que termina como empezó, con la referencia a los jóvenes que juegan con flechas y arcos, solo que al final luchan con armas de verdad. Y mueren "en alguna nueva y horrible agonía". En los primeros versos son "muchachos retozones" que ya juegan a luchar, porque la guerra es innata en la naturaleza humana, intrínseca de la especie. Los muchachos pelean en el heno de Papá, sin saber cómo terminan esos juegos. Desde ese mismo momento ya están obligados por el destino a ser fieles al Ejército y al Rey. Rey, Zar y Káiser también son intercambiables y eternos. Del mismo modo, no hay diferencia entre los niños británicos, los niños prusianos o los eslavos. También todas las guerras son iguales: todas son la misma guerra. La próxima guerra del título será igual a esta, como fue esta igual a la anterior. La guerra es siempre violencia, dolor y muerte. Hay profunda ironía en la referencia a los estadistas ("guerreros de sillón") que se quedan en casa "a luchar hasta la última gota". En este poema de denuncia, es significativo que Graves se refiera dos veces a los Fusileros de Gales, cuerpo al que perteneció y que en un poema como "Lucasta al ir a la guerra" encarna el honor por el que vale la pena luchar. Creemos que es un ejemplo de la amargura que siente por todo lo que la guerra representa.

No muerto	*Not dead*
Caminando entre los árboles para quitarme el calor y [el dolor,	*Walking through trees to cool my heat and pain,*
sé que David vuelve a estar aquí conmigo otra vez.	*I know that David's with me here again.*
Todo lo que es simple, alegre, fuerte, eso es él.	*All that is simple, happy, strong, he is.*
Con suavidad, acaricio	*Caressingly I stroke*
la dura corteza del amigable roble.	*Rough bark of the friendly oak.*
Pasa un arroyo burbujeante: la voz es la de él.	*A brook goes bubbling by: the voice is his.*
El pasto arde con un humo agradable;	*Turf burns with pleasant smoke;*
me sonrío al ver un pinzón y unas prímulas.	*I laugh at chaffinch and at primroses.*
Todo lo que es simple, alegre, fuerte, eso es él.	*All that is simple, happy, strong, he is.*
En todo el bosque, al poco tiempo,	*Over the whole wood in a little while*
irrumpe su lenta sonrisa.	*Breaks his slow smile.*

Este breve poema pertenece a un pequeño poemario que Graves escribe entre *Over the Brazier* (1916) y *Fairies and Fusiliers* (1917), titulado *Goliath and David* (1916). Fue publicado por la Chiswick Press, editorial fundada en 1811, que operó hasta 1962 y se distinguió por la impresión de libros de alta calidad. El poemario de Graves no trascendió, a tal punto que poco se sabe de él: no figura en muchas bibliografías.

"*Not Dead*" es un sentido homenaje a su amigo David Thomas[123], amistad que Graves compartió con Sassoon, que fue amante de Thomas, y a quien le dedicó varios poemas, entre ellos las elegías "*A Letter Home*" (donde dice que su rubia cabeza fue besada por los dioses) y "*The Last Meeting*". Thomas figura en sus libros autobiográficos con el nombre "Dick Tiltwood".

Graves escribe otro poema sobre Thomas, titulado "*Goliath and David*", que lleva una aclaración después del título: "Para D. C. T. Muerto en Fricourt, marzo de 1916". Asimismo, Graves es autor de "*Lost Love*", también sobre David, que incluimos después de "*Not Dead*". David Cuthbert Thomas (1895-1916) era hijo de un vicario de Ponttardulais, Glamorgan (Gales). Al alistarse en los *Royal Welch Fusiliers* recibió una comisión como subteniente, y fue destinado al mismo batallón de Graves y Sassoon. El 18 de marzo de 1916 conducía un grupo de soldados que reparaban la alambrada en la Tierra de Nadie, cerca de Fricourt, cuando fue herido en la garganta. Al poco tiempo murió en el hospital del regimiento. Está enterrado en Citadel Cementery, junto con muchos otros soldados que murieron en la guerra. El cementerio está cerca de Mametz[124], en el camino entre Fricourt y Bray-sur-Somme, Picardía. La inscripción en su tumba reza: "*Per crucem as luam*" [A través de la cruz, llegamos a la luz].

Sassoon conoció a David Thomas en 1915, en Litherland, en el campamento de adiestramiento militar, en el que Sassoon actuara como instructor.

"*Not Dead*" apareció en la antología *Georgian Poetry* 1916-1917[125] y también en la revista *Carthusian* (número 12, abril, 1917). Breve poema de diez versos, con un patrón de rima irregular (AABCCBCBBDD). La voz poética, transida de dolor por la muerte de David, camina e imagina que su amigo no ha muerto: está a su lado, en la naturaleza que lo rodea, en "todo lo que es simple, alegre, fuerte". En los dos versos finales parece haber resucitado.

---

123 Véase la nota 65 en p. 63.

124 Véase la nota 47 en p. 54.

125 Véase la nota 56 en p. 58.

Amor perdido

Sus ojos están tan excitados por el dolor
que puede ver que una brizna de hierba
crece a cada instante; puede
ver claramente a través de una pared de pedernal,
o ver cómo escapa el espíritu sobresaltado
por la garganta de un hombre muerto.
A través de dos condados puede oír
y captar tus palabras antes de que hables.
El débil clamor de la cochinilla o de la larva
resuena en su pesaroso oído,
y el más leve ruido, que excedería
toda credulidad: el sonido del pasto que embebe
[humedad,
la charla de los gusanos, la mandíbula de la polilla al
[cerrarse
al hacer agujeros en la tela;
el quejido de las hormigas que transportan
cargas gigantescas en nombre del honor
(con tendón crujiente y ralo aliento);
el vibrar de las arañas mientras tejen,
y diminutos murmullos, barboteos, suspiros
de ociosos gorgojos y moscas.
Este hombre está tan acicateado por el dolor
que deambula como un ladrón o como un dios
adentro y afuera, arriba y abajo,
sin alivio, en busca del amor perdido.

Lost Love

His eyes are quickened so with grief,
He can watch a grass or leaf
Every instant grow; he can
Clearly through a flint wall see,
Or watch the startled spirit flee
From the throat of a dead man.
Across two counties he can hear
And catch your words before you speak.
The woodlouse or the maggot's weak
Clamour rings in his sad ear,
And noise so slight it would surpass
Credence–drinking sound of grass,

Worm talk, clashing jaws of moth

Chumbling holes in cloth;
The groan of ants who undertake
Gigantic loads for honour's sake
(Their sinews creak, their breath comes thin);
Whir of spiders when they spin,
And minute whispering, mumbling, sighs
Of idle grubs and flies.
This man is quickened so with grief,
He wanders god-like or like thief
Inside and out, below, above,
Without relief seeking lost love.

Este poema pertenece a *The Treasure Box* (London: Chiswick Press, 1920). Utiliza rima de patrón caprichoso: los versos 1-2, 4-5, 8-9, 11-12 son pareados, pero el tercer verso rima con el sexto, y el séptimo con el décimo. El resto, del verso décimo primero hasta el final, son todos pareados. El primer verso anuncia el tema: la voz poética habla de una tercera persona (quizá la voz poética misma) que ha sufrido tanto por un amor perdido que padece de una hipertrofia sensorial, una exacerbación de la vista, el oído, etc., que le permite ver cómo crece una hoja u oír lo que sucede a grandes distancias. Enumera una serie de exageraciones causadas por el dolor del amor perdido, que bien podrían equipararse a los *conceits* de los poetas metafísicos del siglo XVII, como John Donne o Andrew Marvell.[126]

---

126 El *conceit* puede referirse a tropos como metáfora, símil, hipérbole u oxímoron. El término (del latín *conceptus*, en italiano *concetto*) designa una imagen elaborada o rebuscada, más intelectual que sensorial, cuyo propósito es sorprender y deleitar por su ingenio.

La granja de La Vaca Muerta

Una antigua saga nos cuenta cómo
en el principio la Primera Vaca
(pues nada viviente aún había nacido
sobre la tierra, salvo la Vaca Elemental)
comenzó a lamer piedras frías y fango:
bajo su tibia lengua la carne y la sangre
florecieron, un milagro de fe:
lo mismo que el nacimiento de Adán y de Eva.
Ahora ha vuelto el caos aquí,
el fango primordial, piedras frías y lluvia.
Aquí la carne se pudre y la sangre roja gotea,
y la Vaca está muerta, la vieja Vaca está muerta.

Dead Cow Farm

An ancient saga tells us how
In the beginning the First Cow
(For nothing living yet had birth
But Elemental Cow on earth)
Began to lick cold stones and mud:
Under her warm tongue flesh and blood
Blossomed, a miracle to believe:
And so was Adam born, and Eve.
Here now is chaos again,
Primeval mud, cold stones and rain.
Here flesh decays and blood drips red,
And the Cow's dead, the old Cow's dead.

Breve poema de versos pareados perteneciente al poemario *Fairies and Fusiliers*. Establece un contraste entre la creación del mundo, un verdadero milagro, y el caos actual de la guerra, que es fango, frío y lluvia, carne podrida y roja sangre, muy distinta de la que hacía florecer la vaca elemental en el milagro de la creación.

La vaca primigenia en la mitología nórdica es Andumla. La "antigua saga" a la que alude el primer verso es *Gylfaginning*, primera parte de la Edda prosaica[127]. Aquí se relata que Andumla fue creada en el inicio del tiempo a partir del hielo derretido del Niflheim (Tierra de la Niebla, Tierra de los Muertos[128]). Se alimentaba de ese hielo, lamiendo pedazos de sal y escarcha. Al lamerlo, Andumla reveló, bajo la superficie, la forma de un hombre, al que liberó. Este fue el dios Buri, que engendró a Bor, padre de Odín[129].

Los soldados británicos dieron el nombre de *Dead Cow Farm* a un lugar a unos trece kilómetros al sur de Ypres que estaba lleno de cadáveres de ganado vacuno.

---

127 [http://es.wikipedia.org/wiki/Edda_prosaica].

128 Véase Jorge Luis Borges y María Esther Vázquez, *Literaturas germánicas medievales. Obras en Colaboración*. Buenos Aires: Emecé, 1966, p. 913.

129 [http://es.wikipedia.org/wiki/Buri].

El heroico asalto	**The Assault Heroic**

En el fango yacía,	Down in the mud I lay,
extenuado por mi largo día	Tired out by my long day
de cinco malditos días y noches,	Of five damned days and nights,
cinco insomnes días y noches...	Five sleepless days and nights,...
El sueño me arrebató, depositándome donde	Dream-snatched, and set me where
la mazmorra de la Desesperación	The dungeon of Despair
se cierne sobre el Mar Desolado;	Looms over Desolate Sea,
frunciendo el ceño, con alto	Frowning and threatening me
y empinado aspecto me amenaza:	With aspect high and steep—
un torreón en exceso maligno.	A most malignant keep.
Los enemigos que estaban dentro	My foes that lay within
gritaban con gran estrépito,	Shouted and made a din,
me abucheaban, hacían muecas y gritaban:	Hooted and grinned and cried:
"Hoy asesinamos a tu orgullo;	"Today we've killed your pride;
y terminamos con tu pasión.	Today your ardour ends.
Hemos matado a todos tus amigos,	We've murdered all your friends;
y socavado con sigilo	We've undermined by stealth
tu felicidad y tu salud.	Your happiness and your health.
Te hemos arrebatado la esperanza;	We've taken away your hope;
ahora puedes languidecer y entregarte	Now you may droop and mope
a la calamidad y a la muerte".	To misery and to Death."
Pero con mi lanza de Fe,	But with my spear of Faith,
fuerte como viga de roble,	Stout as an oaken rafter,
con el redondo escudo de mi risa,	With my round shield of laughter,
con mi lengua como una filosa espada	With my sharp, tongue-like sword
que pronuncia palabras de amargura,	That speaks a bitter word,
me erguí bajo la muralla	I stood beneath the wall
y allí a todos desafié.	And there defied them all.
Las piedras que me lanzaban levantaba,	The stones they cast I caught
y con la alquimia de mi pensamiento	And alchemized with thought
las convertía en terrones de oro	Into such lumps of gold
como los que los avaros atesoran.	As dreaming misers hold.
El aceite hirviendo que arrojaban	The boiling oil they threw
caía como lluvia de rocío	Fell in a shower of dew,
y me refrescaba; las lanzas	Refreshing me; the spears
me rozaban las orejas, dejándome indemne,	Flew harmless by my ears,
y temblando se hundían en el pasto;	Struck quivering in the sod;
allí, como la vara del profeta,	There, like the prophet's rod,
echaban hojas y raíces	Put leaves out, took firm root,
y de frutos al instante me colmaban.	And bore me instant fruit.
Mis enemigos miraban, sorprendidos,	My foes were all astounded,
sin habla y confundidos,	Dumbstricken and confounded,
sin atreverse a embestir	Gaping in a long row;

ni a lanzar proyectiles.	They dared not thrust nor throw.
Así, pues, me subí al empinado	Thus, then, I climbed a steep
torreón y la plaza fue mía.	Buttress and won the keep,
Riendo, hice sonar	And laughed and proudly blew
mi cuerno. ¡A su puesto! ¡A su puesto!	My horn, "Stand to! Stand to!
¡Despierte, señor! ¡Aquí viene un nuevo	Wake up, sir! Here's a new
ataque! ¡A su puesto! ¡A su puesto!	Attack! Stand to! Stand to!"

Este poema, publicado en *Fairies and Fusiliers*, consta de cincuenta versos pareados. Como se sabe por los tres versos finales, en que suena el clarín y se da la orden de "¡A su puesto!", se trata de un sueño. Los tres primeros versos presentan a la voz poética al límite de sus fuerzas, luego de cinco "malditos" días y noches sin sueño. En el cuarto verso, el sueño lo "arrebata". El poeta reflexiona acerca de la guerra desde una perspectiva personal, entre los dos bandos, el propio y el del enemigo. Utiliza una serie de metáforas para calificar la guerra, como "mazmorra de la Desesperación" y "Mar Desolado". No ahorra esfuerzos para denostar al enemigo ("un torreón en exceso maligno"), que ha asesinado su orgullo, terminado con su pasión, socavado su felicidad y su salud y puesto fin a su esperanza. En el poema, el estado anímico de la voz lírica es de depresión y abatimiento al principio, pero luego cambia y decide su "asalto heroico": atacará con su lanza de Fe, el escudo de su risa y la lengua como filosa espada. Eso hace, y las metáforas se tornan positivas. Sus proyectiles serán "terrones de oro"; la agresión del enemigo pierde eficacia. Finalmente, triunfa, haciendo suya la plaza. Ahora ya puede despertar y cumplir su tarea en el Frente.

Reproche

Tu sufriente rostro de luz de luna mira hacia abajo
a través del bosque de mis miedos,
con una áspera corona de espinas,
húmeda de lágrimas de ocaso.

. . . .

¿Por qué me dicen "falso, cruel",
ojos llenos de reproche que mi sueño hostigan?
Forzando la memoria, no hallo
causa para tu llanto.

. . . .

¿Falso? ¿Cuándo, qué juramento rompí?
¿Cruel? Ni siquiera sé tu nombre.
De falso y cruel me acusan,
llenando mi corazón de vergüenza.

. . . .

Los sombríos árboles se agitan, dejando caer la nieve,
las estrellas se tambalean y giran.
Hablen, hablen, o ¿cómo puede conocer una criatura
su ancestral pecado?

Reproach

Your grieving moonlight face looks down
Through the forest of my fears,
Crowned with a spiny bramble-crown,
Bedewed with evening tears.

. . . .

Why do you say "untrue, unkind",
Reproachful eyes that vex my sleep?
Straining in memory, I can find
No cause why you should weep.

. . . .

Untrue? But when, what broken oath?
Unkind? I know not even your name.
Unkind, untrue, you brand me both,
Scalding my heart with shame.

. . . .

The black trees shudder, dropping snow,
The stars tumble and spin.
Speak, speak, or how may a child know
His ancestral sin?

Este muy interesante y breve poema, inusual si se lo compara con los típicos poemas de guerra, se publicó en *The Athenaeum*, número 94, del 16 de abril de 1921 y se recopiló en el poemario *The Pier Glass* (London: Martin Secker, 1921; New York: Alfred A. Knopf, 1921). Lo llamamos "inusual" debido a que adopta la forma de un soliloquio meditativo a la manera de los diálogos medievales, que entablaban una discusión sobre problemas de fe, como la existencia de Dios, la Trinidad o la Encarnación. Son ejemplos de autores del diálogo medieval San Agustín y Anselmo de Canterbury, diálogo que en muchos casos son una búsqueda introspectiva, como en el poema que nos ocupa. Aquí la voz poética entabla una *disputatio* imaginaria con Jesucristo, que le reprocha el ser falso y cruel, posiblemente por su complicidad en la muerte generalizada causada por la guerra. Como en los diálogos medievales, se busca descargos y respuestas a las (no especificadas) acusaciones. La estructura de *"Reproach"* imita el formato de pregunta-respuesta del diálogo medieval. El poeta responde a un sufriente Jesucristo, coronado de espinas empapadas de sus propias lágrimas, con una pregunta final que incluye como testigo a toda la naturaleza, en la sinécdoque de "los sombríos árboles" y al firmamento, en la sinécdoque de las tambaleantes y temblorosas estrellas. Les ruega que especifiquen las causas de su reproche.

El breve poema de cuatro estrofas de cuatro versos cada una, de rima alternativa, es rico en metáforas ("tu sufriente rostro de luz de luna", "el bosque de mis miedos", "lágrimas de ocaso") y una serie de preguntas, algunas retóricas, otras cargadas de la necesidad de encontrar una respuesta al pecado ancestral de la guerra contra la humanidad.

Recordando la guerra

Las heridas de ingreso y egreso tienen una limpieza de
[plata;
su huella en la piel solo duele cuando la lluvia la recuerda.
El cojo olvida su pierna de palo,
el manco su brazo de madera articulado.
El ciego ve con sus oídos y sus manos
tanto o más que cuando tenía los dos ojos.
Su guerra se libró hace ya veinte años
y asume ahora el aspecto natural del tiempo,
como cuando el viajero a la mañana se vuelve y observa
sus desenfrenados tropiezos nocturnos tallados en la
[colina.

. . . .

¿Qué fue, entonces, la guerra? No una mera discordia
[de banderas,
sino una infección del común firmamento
que se combaba, ominoso, sobre la tierra
hasta cuando la estación era el más aireado mayo.
Hacia abajo presionaba el cielo, y nosotros, oprimidos,
[sacábamos
la jactanciosa lengua, el apretado puño y nuestra valentía.
Las flaquezas naturales estaban fuera de moda,
porque la muerte había vuelto a ser joven: único protector
de la muerte en salud, y del prematuro espasmo del
[destino.

. . . .

El miedo ganaba excelentes aliados. Enferma de deleite
ante la descubierta transitoriedad de la vida,
nuestra juventud se hacía todo carne y descartaba la
[mente.
Jamás existió tanta antigüedad de novelón romántico,
tanta apetitosa miel rezumando en el corazón.
Y la vieja importancia regresó, espléndida:
vino, carne, fuego de leños, un techo sobre la cabeza,
un arma apoyada contra el muslo, cirujanos a la orden.
Y hasta volvía a dársele una utilidad a Dios,
palabras de furia por la falta de carne, vino o fuego,
por el dolor de una herida más allá de toda curación.

. . . .

La guerra era la vuelta de la tierra a la asquerosa tierra,
la guerra era la zozobra de las sublimidades,
la extinción del feliz arte y de la fe
por los cuales el mundo aún mantenía la cabeza en alto,

Recalling War

Entrance and exit wounds are silvered clean,
The track aches only when the rain reminds.
The one-legged man forgets his leg of wood,
The one-armed man his jointed wooden arm.
The blinded man sees with his ears and hands
As much or more than once with both his eyes.
Their war was fought these twenty years ago
And now assumes the nature-look of time,
As when the morning traveller turn and views
His wild night-stumbling carved into a hill.

. . . .

What, then, was war? No mere discord of flags
But an infection of the common sky
That sagged ominously upon the earth
Even when the season was the airiest May.
Down pressed the sky, and we, oppressed, thrust out

Boastful tongue, clenched fist and valiant yard.
Natural infirmities were out of mode,
For Death was young again: patron alone
Of healthy dying, premature fate-spasm.

. . . .

Fear made fine bed-fellows. Sick with delight
At life's discovered transitoriness,
Our youth became all-flesh and waived the mind.

Never was such antiqueness of romance,
Such tasty honey oozing from the heart.
And old importances came swimming back–
Wine, meat, log-fires, a roof over the head,
A weapon at the thigh, surgeons at call.
Even there was a use again for God–
A word of rage in lack of meat, wine, fire,
In ache of wounds beyond all surgeoning.

. . . .

War was return of earth to ugly earth,
War was foundering of sublimities,
Extinction of each happy art and faith
By which the world had still kept head in air,

protestando contra el amor y la lógica,	*Protesting logic or protesting love,*
hasta que irrumpía el momento insoportable,	*Until the unendurable moment struck–*
el alarido interno, la imposición de volverse loco.	*The inward scream, the duty to run mad.*
. . . .	. . . .
Y recordamos las alegres costumbres de las armas,	*And we recall the merry ways of guns–*
que mordisqueaban los muros de fábricas e iglesias	*Nibbling the walls of factory and church*
como un niño, hechas de masa; derribando huertos de [árboles	*Like a child, piecrust; felling groves of trees*
como un niño, derribando flores a latigazos.	*Like a child, dandelions with a switch.*
Las ametralladoras matraquean como juguetes desde [una colina,	*Machine-guns rattle toy-like from a hill,*
los valientes soldaditos de plomo caen en hileras:	*Down in a row the brave tin-soldiers fall:*
una visión para ser recordada en el futuro	*A sight to be recalled in elder days*
cuando eruditamente en el futuro nos entreguemos	*When learnedly the future we devote*
a aún más jactanciosas visiones de desesperación.	*To yet more boastful visions of despair.*

Poema publicado en *Collected Poems* (London: Cassell, 1938; New York: Random House, 1938), en vísperas de la Segunda Guerra Mundial, a la que hay una velada referencia en los dos versos finales: "Cuando eruditamente el futuro nos entreguemos / a aún más jactanciosas visiones de desesperación". Estructurado en cinco estrofas que varían de extensión (la cuarta de siete versos; la segunda y quinta de nueve; la primera de diez y la tercera de once), pertenece a la forma denominada en inglés *blank verse*, verso blanco o suelto en español. Esta forma, introducida en Inglaterra en el siglo XVI por el poeta Henry Surrey en su traducción de la *Eneida*, que encuentra su uso más notable en *El paraíso perdido*, de Milton, consiste en versos no rimados de diez sílabas o cinco acentos (pentámetros yámbicos en inglés).

"Recordando la guerra" se refiere a la Gran Guerra desde una mirada impersonal retrospectiva que en tres instancias adopta la voz representativa de una generación (verso quinto de la segunda estrofa, "nosotros, oprimidos, sacábamos / la jactanciosa lengua"), y en la última estrofa, el primer verso ("Y recordamos las alegres costumbres de las armas") y el penúltimo ("cuando eruditamente en el futuro nos entreguemos..."). En la primera estrofa se recuerda a los mutilados, que perdieron una pierna o un brazo, o la vista. Después de veinte años, todos se han acostumbrado a ser lisiados, y recuerdan solo en forma vaga cómo eran antes, igual que un viajero que encuentra rastros de lo vivido la noche anterior, pero que no recuerda con claridad. La voz lírica no está entre los mutilados: es "su guerra", la de ellos. La mutilación ha sido hecha correctamente: duele solo "cuando la lluvia la recuerda", porque, como se sabe, las heridas suelen doler con el mal tiempo. Entonces, quizá, recuerden la guerra.

La pregunta que inicia la segunda estrofa pide una aclaración, una explicación: ¿Qué fue la guerra? No fue meramente una cuestión diplomática, como expresa la metáfora "una discordia de banderas". Mucho más que eso, fue una contaminación generalizada, una opresión cósmica que no reconoció fronteras y que se extendió por toda la tierra, sin ni siquiera respetar la bella primavera. En la guerra se entronizó la Muerte, que volvió a ser joven: como un espasmo decretado por el Destino, mató prematuramente a los jóvenes sanos.

La estrofa tercera enfoca a los jóvenes que, de pronto, se despiertan a la transitoriedad de la vida: se refugian en el placer que les brinda su cuerpo joven, desechando el pensamiento. Sentimentalizan la guerra, como pasaba en los romances de la antigüedad que destacaban la hidalguía y el honor sagrado de los caballeros, y encuentran solaz en los momentos que pasan juntos, cuando no van al frente, a la intemperie de la trinchera, y disfrutan de un buen fuego, vino y comida y la protección de un techo. Incluso, como observa con ironía la voz lírica, le dan una nueva utilidad a Dios cuando les falta comida o reciben una herida fatal.

La estrofa cuarta recuerda que la guerra es muerte, vuelta a la tierra; destruye las exaltaciones, el feliz arte y la fe, que permitían que el hombre se elevara y superara "el momento insoportable, / el alarido interno, / la imposición de volverse loco".

La estrofa final retoma la ironía y describe la guerra, en realidad aterradora, y a sus soldados, condenados a muerte, con imágenes de juegos infantiles.

"*Recalling War*" usa una amplia gama de figuras: recursos de personalización, como en "su huella en la piel solo duele cuando la lluvia la recuerda"; o "porque la muerte había vuelto a ser joven"; "Enferma de deleite... nuestra juventud"); símiles ("como cuando el viajero a la mañana se vuelve y observa"); metáforas ("infección del común firmamento que se combaba, ominoso, sobre la tierra"). Asimismo, utiliza repetición de términos, como "guerra" y "tierra" en la cuarta estrofa y "niño" en la última.

Los dos versos finales, de carga irónica, se refieren a lo que sería la Segunda Guerra Mundial, que en el momento de composición de este poema se veía como inminente. Términos como "eruditamente" y "nos entreguemos", enfatizan la idea de la guerra como inevitable, enquistada como está en la condición humana, idea que Graves expresa en varios poemas, como "La próxima guerra".

Mi nombre y yo	***My Name and I***

La imparcial Ley registró un nombre
    para mi uso especial:
mis derechos sobre él permanecerían iguales
ya bien lo inflara yo a la fama
    o lo hundiera en la ignominia.

Robert fue el que mis padres pensaron
    cuando me vieron por primera vez,
y *Graves*, un honorable legado
con la platería georgiana y el resto
    de mi ascendencia masculina.

Me enseñaron: "Tú eres *Robert Graves*
    (lo que deberás aprender a escribir),
pero asegúrate de que Robert Graves se comporte,
sea con hombres honestos o con bribones,
    ejemplarmente bien".

Luego, si bien mi yo fue siempre yo,
    ilegal y desconocido,
sin nada que se lo impidiera,
–como será obvio cuando me muera
    y *Robert Graves* siga viviendo—

no puedo repudiar
    este nombre, esta estrella natal,
este ser caballeresco, este compañero
que tan benévolamente me impusieron el destino,
    el tiempo y el jefe del registro;

y así rápidamente enviarlo a que me preceda
    como embajador,
para que me consiga hogar, cerveza y pan
o para mí requise la mejor cama verde,
    como lo ha hecho antes.

Sin embargo, entiéndase que yo no soy él
    ni en mente ni en el físico;
mi nombre ha de hacerme pensar menos
en los mundos de los hombres que no habré de ver,
    que lo que he de pensar en él.

The impartial Law enrolled a name
    For my special use:
My rights in it would rest the same
Whether I puffed it into fame
    Or sank it in abuse.

Robert was what my parents guessed
    When first they peered at me,
And Graves an honorable bequest
With Georgian silver and the rest
    From my male ancestry.

They taught me: "You are Robert Graves
    (Which you must learn to spell),
But see that Robert Graves behave,
Whether with honest men or knaves,
    Exemplarily well".

Then though my I was always I,
    Illegal and unknown,
With nothing to arrest it by—
As will be obvious when I die
    And Robert Graves lives on—

I cannot well repudiate
    This noun, this natal star,
This gentlemanly self, this mate
So kindly forces on me by fate,
    Time and the registrar.

And therefore hurry him ahead
    As an ambassador
To fetch me home my beer and bread
Or commandeer the best green bed,
    As was done before.

Yet, understand, I am not he
    Either in mind or limb;
My name will take less thought for me
In worlds of men I cannot see
    Than ever I for him.

Este poema trata del tema del doble, tema clásico de la literatura en inglés, cuyos ejemplos más notables son "*William Wilson*", de Poe, *Dr. Jekyll y Mr. Hyde*, de Stevenson, y *The Portrait of Dorian Gray*, de Wilde. En poesía, resulta interesante compararlo con "*Borges y yo*", prosa poética incluida en *El Hacedor*, de 1960, que también desdobla al hombre y al escritor. Borges conocía la obra de Graves. Él y María Kodama lo visitaron en Dejà en 1981 y en 1982, en los años declinantes de un Graves viejo y enfermo. Se refiere a estas visitas en "Graves en Deyá", viñeta de *Atlas* (1984)[130]. Escribe: "El alto cuerpo seguía cumpliendo con sus deberes, aunque ni veía, ni oía, ni articulaba una palabra; el alma estaba sola". Se refiere también aquí a la teoría que Graves incluye en *La Diosa Blanca*, de que Alejandro Magno no muere en Babilonia, como dice la historia, sino mucho después de participar en "largas campañas por los desiertos de una biografía que ignora". Escribe sobre esta teoría de Graves en "Las mil y una noches", de *Siete noches*, 1980.

"*My Name and I*" no es un poema de guerra. Su inclusión aquí se debe a que reviste interés personal, pues informa sobre la idea que tenía Graves sobre su identidad, su origen, su sentido de la ética.

Se publicó en la revista *The New Yorker* (January 6, 1951), y se recopiló en *Poems and Satires* (London: Cassell & Co., 1951). Consta de siete estrofas de cinco versos cada una, con rima cuyo patrón varía entre ABBAB y ABAAB. El juego entre Graves escritor y Graves hombre es similar al de Borges, conocido escritor, y Borges a secas. Se trata, naturalmente, de dos textos distintos, de formas distintas.

---

130 Jorge Luis Borges. *Obras completas III (1975-1985)*. *Edición crítica anotada por Rolando Costa Picazo*. Buenos Aires: Emecé, p. 721.

El sobreviviente

Morir con una desolada esperanza, pero pronto
                                     [levantado
por brujas, despojadoras del campo de batalla; eludir
                                     [sus garras
y volver a estar erguido en un bien barrido campo de
                                     [desfile,
lleno de cicatrices y medallas, la enhiesta espada en el
                                     [puño cerrado,
a la cabeza de una nueva, intrépida compañía.
. . . .
¿Es esto alegría? ¿Estar sin duda con vida otra vez,
y los demás muertos? Tu nariz ¿apreciará con deleite
la fragancia, siempre nueva, de la primera rosa en el
                                     [vallado?
¿Se encantarán tus oídos con la melodía del zorzal
cantada como si él mismo la hubiera inventado?
. . . .
¿Y es esto alegría: luego del doble suicidio
(corazón contra corazón) restaurado, incólume,
alisarte el pelo y lavar la sangre de la vida,
y pronto buscar a una joven e inocente novia
y murmurar en la oscuridad, "para siempre y siempre"?

The Survivor

To die with a forlorn hope, but soon to be raised
By hags, the spoilers of the field, to elude their claws
And stand once more on a well-swept parade-ground,
Scarred and bemedalled, sword upright in fist
At head of a new undaunted company:
. . . .
Is this joy?--to be doubtless alive again,
And the others dead? Will your nostrils gladly savour
The fragrance, always new, of a first hedge-rose?
Will your ears be charmed by the thrush's melody
Sung as though he had himself devised it?
. . . .
And is this joy: after the double suicide
(Heart against heart) to be restored entire,
To smooth your hair and wash away the life-blood,
And presently seek a young and innocent bride,
Whispering in the dark: "for ever and ever?"

    Poema de *Poems and Satires* (London: Cassell & Co, 1951). Compuesto por tres estrofas de cinco versos no rimados cada una, nos vuelve al tema de la guerra. Se trata de un autoexamen en que la voz poética echa una mirada retrospectiva sobre su vida. Inquiere acerca de su condición de soldado que ha peleado en el campo de batalla y que ha estado a punto de morir. En su caso personal, fue dado por muerto en el Somme, se comunicó su muerte a sus padres, y se publicó su obituario en el diario, que él mismo leyó (nos referimos a esto en la "Primera Parte. Sección IV. Memorias de la guerra", dedicada a él). A pesar de todo, ha sobrevivido a muchos de sus compañeros. El solo hecho de vivir lo hace sentirse culpable. La primera estrofa se refiere a su rescate de la muerte a su regreso al Frente, a sus heridas y a las medallas que ha recibido. Su culpa toma la forma de una serie de preguntas retóricas llenas de dudas. En la segunda estrofa se pregunta si será justo disfrutar de placeres sensoriales, como apreciar el aroma de una rosa o disfrutar del canto de un zorzal, cuando todos sus compañeros ya no están. En la tercera estrofa pasa a su vida amorosa, y adopta un tono paródico. Hace primero una referencia al fallido intento de suicidio de Laura Riding en Chiswick, que se arroja desde una ventana, y al suyo propio, pues él también se arroja tras ella. Otra vez sale "restaurado, incólume". Nos hemos referido a este "doble suicidio" en la Parte II. Robert Graves, de "Antología poética". Esta tercera estrofa termina evocando su casamiento con Nancy Nicholson y su promesa de unión "por siempre jamás", que no se cumple.

El rostro en el espejo

Obsesionados ojos grises que miran, airados y ausentes,
desde anchas e irregulares órbitas; cejas un tanto
caídas sobre los ojos
a causa del persistente fragmento de un misil,
hundido bajo la piel, como el tonto recuerdo de antiguas
[guerras.

. . . .

Nariz torcida y quebrada por atajar la pelota en un
[partido;
mejillas con surcos; pelo gris, grueso, flotante, frenético;
alta frente con arrugas;
quijadas prominentes; orejas grandes; mandíbula
[pugilística;
pocos dientes; labios, carnosos y rojizos; boca ascética.

. . . .

Hago una pausa, la navaja en el aire, mirando ceñudo,
[con irrisión,
al hombre en el espejo cuya barba atención exige,
y una vez más le pregunto por qué
sigue todavía listo, con presunción de muchacho,
para cortejar a la reina en su alto pabellón de seda.

The Face in the Mirror

Grey haunted eyes, absent-mindedly glaring
From wide, uneven orbits; one brow drooping
Somewhat over the eye
Because of a missile fragment still inhering,
Skin-deep, as a foolish record of old-world fighting.

. . . .

Crookedly broken nose — low tackling caused it;

Cheeks, furrowed; coarse grey hair, flying frenetic;
Forehead, wrinkled and high;
Jowls, prominent; ears, large; jaw, pugilistic;

Teeth, few; lips, full and ruddy; mouth, ascetic.

. . . .

I pause with razor poised, scowling derision

At the mirrored man whose beard needs my attention,
And once more ask him why
He still stands ready, with a boy's presumption,
To court the queen in her high silk pavilion.

Como "Mi nombre y yo", este poema tampoco es sobre la guerra pero, al igual que "Mi nombre y yo", arroja luz sobre el hombre Graves, que hace otra vez un auto examen al describir su fisonomía cuando tiene poco más de sesenta años: el poema se publicó en *The New Yorker* el 12 de enero de 1957 (Graves había nacido en 1895). Se recopiló en *Steps* (London: Cassell, 1958), una colección miscelánea de cuentos, charlas, ensayos, poemas, y estudios sobre la historia.

El poeta, frente al espejo, se examina al afeitarse. Hay en la primera estrofa una referencia a la guerra en el recuerdo del fragmento dejado por un misil, aunque solo quienes saben algo de Graves reconocen que eso fue en la Gran Guerra, pues lo que se menciona son "antiguas guerras". Algunas de las demás referencias a las facciones tienen que ver con el envejecimiento, y alguna con la práctica de deportes. La excepción es "boca ascética", que alude a un interés en lo espiritual. Las líneas finales traen lo que quizá sea una autocrítica: el hecho de que, a su edad, todavía tenga la presunción de ganarse a la más bella del baile, "la reina en su alto pabellón de seda".

SECCIÓN III
Siegfried Sassoon

El padre de Siegfried, Alfred Ezra Sassoon (1861-1895), pertenecía a una familia que había hecho su fortuna en Bagdad y en la India, y que emigró a Inglaterra a mediados del siglo XIX. Alfred Ezra fue desheredado por casarse con una inglesa católica, Theresa Thorneycroft, de una familia de artistas, en especial escultores, cuyas estatuas adornan Londres y otras ciudades inglesas[131]. Entre sus obras escultóricas en Londres, se distinguen la estatua ecuestre de la reina Boadicea y sus hijas, actualmente en el puente de Westminster; la de Oliver Cromwell frente al palacio de Westminster; y el grupo Commerce en el Albert Memorial. Siegfried nació y creció en la mansión neogótica llamada "Weirleigh" (debido a su constructor, Harrison Weir) en Matfield, Kent[132]. Obligatoriamente, las notas biográficas referidas a Siegfried Sassoon mencionan su procedencia de una familia adinerada y el hecho de que en su privilegiada vida, como todo caballero eduardiano, se dedicó a cazar y a jugar al críquet y al golf, además de escribir poesía, todo colocado en un mismo plano. Su afición a la poesía nació cuando era muy joven. Conocer a Edward Marsh, hombre de letras, entonces secretario privado de Winston Churchill y futuro editor de *Georgian Poetry*, inyectó nuevo entusiasmo en Siegfried, que empezó a dedicar más tiempo a escribir sus primeros poemas, muy tradicionales e imitativos, con una fuerte influencia de los victorianos, de Thomas Hardy y de Brooke. Su participación en la guerra relegó cacerías y juegos a diversiones superadas y puso en un primerísimo plano su dedicación a la poesía. Es indudable que la guerra le dio tema y pasión, y lo preparó para ser uno de los más destacados *war poets*.

Se critica sus obras autobiográficas[133] por esconder su ascendencia judía, ocultar a su madre neurótica en sus obras autobiográficas tras un personaje desdibujado, la "tía Evelyn", y no hacer referencia alguna a su homosexualidad. Después de la guerra tuvo varios amantes, entre ellos el príncipe Philipp of Hesse, el músico y cantante Ivor Novello y Stephen Tennant[134]. Antes de ellos, tuvo una relación que dejó huellas en su vida. El 20 de noviembre de 1918, viajó a Margate a reunirse con Gabriel Atkin (1897-1937), un artista británico a quien había conocido en Londres y que entonces residía en esa localidad costera del condado de Kent. Desde ese momento se inició una relación íntima que duró algunos años. Al parecer, fue con Atkin con quien Sassoon tuvo la primera relación homosexual[135]. Sassoon escribió varios poemas ins-

---

131 [http://en.wikipedia.org/wiki/Thomas_Thornycroft].
132 [http://www.theweald.org/N10.asp?Nid=5480596].
133 Véase en la "Primera Parte, Sección IV, Memorias de la guerra", lo referido a Siegfried Sassoon.
134 El príncipe Phillip of Hesse (1896-1980) era nieto del emperador Federico III de Prusia. Ivor Novello (1893-1951), fue un conocido autor y cantante de origen galés. De Stephen Tennant (1906-1987) aristócrata inglés, se decía que pasó la mayor parte de su vida en la cama [http://www.circa-club.com/gallery/gay_history_icon_siegfried_sassoon.php].
135 [http://gayfortoday.blogspot.comiar2007/os/gabriel-atkin.html].

pirados en Atkin, entre ellos *"Parted"*, *"Slumber Song"* (1918) y *"The Imperfect Lover"* (1919) (Moorcroft Wilson, p. 44).

En 1933, Sassoon se casó con Hester Gatty, considerada en su tiempo una etérea beldad prerrafaelista. Tuvieron un hijo, George, pero el matrimonio fue un desastre.

Algunos comentarios biográficos aducen que el contacto permanente de Sassoon con soldados de una clase social inferior fue la causa de que desarrollara simpatías socialistas y con el Partido Laborista[136], y que en 1919 ocupara el cargo de editor literario del *Daily Herald*[137], diario socialista que durante la Gran Guerra desempeñó un papel fundamental en la campaña antibélica. En 1917 dio la bienvenida a la Revolución Rusa.

Sassoon se convirtió al catolicismo y fue recibido a la fe en 1957, en la abadía de Downside, cerca de donde vivía, en Heytesbury, Wiltshire. Sus biógrafos agregan que hacia el final de la vida encontró tranquilidad y paz. Murió el 1° de septiembre de 1967. Está enterrado en St. Andrew's Church, Mells, Somerset.

Nos hemos ya referido a *Sherston's Progress*, de 1936. Al final de ese libro autobiográfico, Sassoon se retrotrae a un momento, hacia fines de la guerra, en que describe su estado de ánimo en ese momento, que es de total desconcierto y falta de propósito:

> ¿Cómo podía yo empezar mi vida de nuevo, cuando no tenía convicción alguna, excepto mi sentimiento de que la Guerra era una sucia jugarreta de la que habíamos sido víctimas mi generación y yo? Eso, al menos, era algo que permitía que uno se sintiera enojado y amargado, ahora cuando todo se había hecho pedazos y se sentía la mente como un embrollo y los nervios de punta...
>
> Sí; mi mente era un embrollo; y parecía que solo había aprendido una cosa como soldado: que si

seguimos aceptando la guerra como una institución social debemos reconocer entonces que el sistema prusiano es el mejor, y que se debe enseñar el militarismo prusiano a los niños en las escuelas. Enseñárseles que deben ofrecer sus mejores instintos a la explotación de la despiadada maquinaria de la guerra científica. Y no se les debe permitir preguntar por qué lo hacen. (*Sherston's Progress*, p. 169).

El 11 de noviembre de 1985, en el 67° aniversario del Armisticio, el nombre de Sassoon, junto con el de otros quince poetas de la Gran Guerra, fue conmemorado con una lápida de pizarra en el Rincón de los Poetas de la abadía de Westminster. El único poeta que asistió (murió ese mismo año) fue Robert Graves. Entre los otros poetas homenajeados están Edmund Blunden, Rupert Brooke, Julian Grenfell, Ivor Gurney, Robert Nichols, Wilfred Owen, Isaac Rosenberg y Charles Sorley. La inscripción en la lápida, proveniente del Prefacio de los poemas de Owen, reza: *"My subject is War, and the pity of War. The Poetry is in the pity"* [Mi tema es la Guerra, y la lástima de la Guerra. La Poesía está en la lástima]. En la base se lee 1914-1918[138].

Las principales formas de la poesía de Sassoon son la sátira epigramática[139] y la presentación o narración de un caso específico, con abundante documentación, como si se tratara de una historia clínica. Ejemplos de la sátira epigramática son *"They"* [Ellos] y *"Blighters"* [Muchachos]; son pequeñas narraciones *"Stand-to: Good Friday Morning"* [Alerta: Mañana de Viernes Santo] e *"In the Pink"* [Feliz de la vida]. Muchos de sus poemas expresan dolor y compasión por sus camaradas soldados, los "bondadosos soldados comunes", como los nombra en su poema *"Cons-*

---

136 *Labour Party*, partido de centro izquierda en el Reino Unido, junto con el Conservador, uno de los dos partidos británicos más importantes. En la actualidad, constituye la Oposición oficial en el Parlamento.

137 Diario publicado en Londres entre 1912 y 1964, órgano del *Labour Party*. Fue relanzado como *The Sun*.

138 [http://www.westminster-anney.org/our-history/people/poets-of-the-firt-world-war].

139 Epigramático, perteneciente o relativo al epigrama, composición poética breve en que con precisión y agudeza se expresa un solo pensamiento principal, por lo común festivo o satírico (DRAE, vigésima segunda edición). Ezra Pound usa la sátira epigramática en muchos de sus poemas de *Lustra*, 1913-1915.

cripts" [Conscriptos], de *The Old Huntsman*, o a los "Jóvenes Fusileros, valientes y fuertes de pierna", de *"In Barracks"* [En las barracas].

Como sucede con frecuencia en la poesía inglesa romántica y victoriana, Sassoon utiliza referencias a la Biblia y a la mitología clásica y echa mano a imágenes de románticos y victorianos y del idílico ambiente pastoril de las antologías de *Georgian Poetry*, a lo que agrega el horror de la guerra y el sesgo de su ironía.

El modo característico de creación que prescribe el poeta romántico William Wordsworth en el prefacio a las *Lyrical Ballads* (1800) –*"emotion recollected in tranquillity"* (emoción recordada en tranquilidad)–, sería imposible en Sassoon, porque el apabullante fragor de la batalla no se prestará para una rememoración tranquila.

La metáfora no abunda en la poesía de Sassoon, si bien hay en ella algunas metáforas memorables, como *"Dreams that drip with murder"* [Sueños que rezuman asesinato], de *"Survivors"* [Sobrevivientes] o *"The land where all is ruin and nothing blossoms but the sky"* [La tierra donde todo es ruina y nada florece, salvo el cielo], de *"Prelude: The Troops"* [Preludio: Las tropas].

Como apunta Jon Silkin, la poesía de Sassoon en cierto sentido es la traducción de un programa de acción (Silkin, p. xiii). Sus versos típicos de guerra son airados y polémicos, en que el enojo es de indignación. Muestra la guerra tal cual es: destructiva, brutal, horrenda, un desperdicio injustificado de vidas humanas. Para ello, con frecuencia se vale de un modo documental, realista, que presenta los hechos de una manera informativa. Es común que utilice la sátira para denunciar eufemismos y mentiras. El propósito es atacar y ridiculizar al Estado Mayor, y en general a los oficiales de alto mando, a los conductores de la guerra que se quedaron en Blighty y nunca conocieron la crueldad de la guerra de primera mano. Para Sassoon, carecían de compasión por los soldados: consideraba que la inocencia de la tropa había sido traicionada. La finalidad de la sátira se extendía al pueblo inglés, a su patriotismo ciego. Buscaba perturbar la complacencia civil.

Es una poesía técnicamente simple, que hace uso de un lenguaje directo y coloquial y formas tradicionales rimadas. Suele utilizar un final sorpresivo o inesperado, una suerte de broche de oro, recurso aprendido de Thomas Hardy.

Sassoon mismo se refiere a su poesía en una conferencia que dictó en la Universidad de Bristol el 16 de marzo de 1939, publicada luego como un opúsculo de veintiséis páginas, titulado *"On Poetry. Arthur Skempt Memorial Lecture"* (J. W. Arrowsmith, 1939). Según Sassoon, ante todo, la poesía debía emanar de la inspiración y ser templada por el control y la disciplina del arte. Segundo, la mejor poesía es simple y directa. Le disgustaba la tendencia a la complejidad iniciada por Ezra Pound y T. S. Eliot. Tercero, sostenía la postura romántica de que la poesía debía expresar sentimientos verdaderos, y hablar el idioma del corazón. Cuarto, la poesía debía contener imágenes visuales intensas, las mejores de las cuales provienen de la naturaleza. Por último, y reaccionando contra Auden y su grupo, el mejor asunto no es político, sino personal[140].

---

140 [http://mslandis.files.wordpress.com/2009/12/siegfried_sassoon_4127571.pdf].

Selección de poemas de Siegfried Sassoon

─────────────────── /// ───────────────────

A la victoria

Regresad a mí, colores que eran mi alegría,
no con el lastimero carmesí de los hombres asesinados,
sino radiantes como un jardín; venid con los ondeantes
estandartes del alba y el ocaso después de la lluvia.

. . . .

Quiero llenarme los ojos de azul y de plata,
del brillo de las rosas vivas, de las verdes briznas
que surgen de las jóvenes ramas de tu seto y de tu bello
[bosque
donde el descolorido viento pasa y llora inadvertido.

. . . .

No estoy triste: solo anhelo el esplendor.
Estoy cansado de los grises y pardos y del fresno sin hojas.
Desearía tener horas que se muevan como un rutilar
[de bailarines,
lejos de las airadas armas que retumban y echan chispas.

. . . .

Regresad, días musicales, jubilosos de agilidad y flores,
en que mi vista sea clara y mi corazón se regocije;
venid desde el mar con la amplitud de luminosidad que
[se aproxima
cuando el risueño viento ríe en las colina con exaltada voz.

To Victory

Return to greet me, colours that were my joy,
Not in the woeful crimson of men slain,
But shining as a garden; come with the streaming
Banners of dawn and sundown after rain.

. . . .

I want to fill my gaze with blue and silver,
Radiance through living roses, spires of green
Rising in young-limbed copse and lovely wood
Where the hueless wind passes and cries unseen.

. . . .

I am not sad; only I long for lustre.
I am tired of the greys and browns and the leafless ash.
I would have hours that move like a glitter of dancers
Far from the angry guns that boom and flash.

. . . .

Return, musical, gay with blossom and fleetness,
Days when my sight shall be clear and my heart rejoice;
Come from the sea with breadth of approaching brightness,
When the blithe wind laughs on the hills with uplifted voice.

Este poema, dedicado a Edmund Gosse, fue escrito el 5 de enero de 1916 y publicado en forma anónima en *The Times* el 15 de enero de ese año[141] (*"The First World War Poetry Digital Archive"*). Publicado en *Georgian Poetry, 1916-1917* (*Georgian Poetry* 3) pasó a formar parte de *The Old Huntsman and Other Poems* (London: Heinemann, 1917). Como todos los poemas *"Georgian"*, se ajusta a las características de este tipo de poesía: estructura formal (cinco cuartetos en que riman los versos segundo y cuarto); presencia de lo pastoril (el jardín; los ondeantes estandartes del alba y el ocaso después de la lluvia de la primera estrofa; toda la segunda estrofa; el risueño viento en las colinas de la cuarta); y el nostálgico tono romántico de esta misma cuarta estrofa. La tercera estrofa, con el fresno sin hojas y los grises y pardos, se suman al lastimero carmesí de los muertos del comienzo y, con la referencia a las armas, establece un contraste con el bello paisaje pastoril. La voz poética es la del poeta soldado. Hay recursos poéticos: personificación (*"the hueless wind passes and cries unseen"*, l.8; *"the angry guns that boom and flash"*, l.12; *"the blithe wind laughs on the hills with uplifted voice"*, l.16) y dos símiles (*"shining as a garden"*, l.3; y *"hours that move like a glitter of dancers"*, l.11).

Samuel Hynes observa que *"To Victory"* es el poema de quien tiene experiencia del romanticismo pero aún no de la guerra (*A War Imagined*, p. 153). Robert Graves, que conoció a Sassoon en Francia, antes de que este participara en la acción bélica, luego de leer *"To Victory"*, le dijo que "pronto cambiaría su estilo" (*Good-Bye to All That*, p. 175).

─────────────────── /// ───────────────────

---

[141] Seguimos la cronología de R. Hart-Davis. Véase Bibliografía.

Feliz de la vida

Así escribió Davies: "Esto me deja feliz de la vida".
Luego garrapateó su nombre: "Tu amante novio, Willie".
Con cruces para indicar un abrazo. Había tomado
té con ron; y, aunque hacía frío en el granero,
por una vez sentía la sangre caliente; tenía la paga para
[gastar.
El invierno ya se iba; pronto el año se compondría.

. . . .

Esa noche no pudo dormir. En la oscuridad, duro de frío,
gruñía y pensaba acerca de los domingos en la granja,
cuando salía contento, hecho unas Pascuas
con su mejor traje, para pasear del brazo
con su Gwen, de los ojos castaños, susurrándole al oído
las cosas simples y tontas que a ella le gustaba oír.

. . . .

Y luego pensó: mañana a la noche haremos la marcha
[penosa
a las trincheras, y tengo las botas podridas.
Cinco millas por tierra pesada y cieno de cloaca,
y todo se olvida, salvo la desdicha.
Esta noche está feliz de la vida; pero morirá pronto.
Y aún la guerra sigue; él no sabe por qué.

In the Pink

So Davies thought: "This leaves me in the pink".
Then scrawled his name: "Your loving sweetheart, Willie".
With crosses for a hug. He'd had a drink
Of rum and tea; and though the barn was chilly,
For once his blood ran warm; he had his pay to spend.

Winter was passing; soon the year would mend.

. . . .

He couldn't sleep that night. Stiff in the dark
He groaned and thought of Sundays at the farm,
When he'd go out as cheerful as a lark
In his best suit to wander arm-in-arm
With brown-eyed Gwen, and whisper in her ear
The simple, silly things she liked to hear.

. . . .

And then he thought: to-morrow night me trudge
Up to the trenches, and my boots are rotten.
Five miles of stodgy clay and freezing sludge,
And everything but wretchedness forgotten.
To night he's in the pink; but soon he'll die.
And still the war goes on; he don't know why.

Escrito el 10 de febrero de 1916. El título es una expresión idiomática que significa "de excelente salud, de muy buen ánimo" que, según el lexicógrafo Eric Partridge, se empezó a usar alrededor de 1910 (Partridge, p. 632). El irónico título contrasta el hecho de que el soldado cuyo pensamiento constituye la perspectiva del poema hoy está vivo, mañana probablemente muerto. Hay otro contraste, entre el desagradable presente en el Frente (hace frío, el soldado tiene las botas podridas, tendrá que caminar "por tierra pesada y cieno de cloaca") y su rememoración del despreocupado y feliz pasado con su novia.

Escrito el 10 de febrero de 1916, fue incluido en *Georgian Poetry, 1916-1917* (*Georgian Poetry* 3) y finalmente en *The Old Huntsman*. Quizá por su visión negativa y falta de entusiasmo patriótico, fue rechazada su publicación por *The Westminster Gazette*. Ya *"Stand-To: Good Friday Morning"* usa el lenguaje que hablaban los soldados (*"bloody"* es un ejemplo). En *"In the Pink"* sucede lo mismo. El título mismo es un ejemplo del lenguaje hablado. Otros ejemplos son *"stiff in the dark"* [duro de frío] y *"as cheerful as a lark"*, literalmente "tan contento como una alondra", que hemos traducido como "hecho unas Pascuas" en un intento de dar un equivalente idiomático. También *"he don't know why"* es una transcripción del idioma hablado, en ese caso el de un soldado que comete un error gramatical.

El "Davies" del primer verso es William Henry Davies (1871-1940), poeta popular, de origen humilde, considerado uno de los *"Georgians"* (publicó en todas las antologías), autor de *Autobiography of a Super Tramp* [Autobiografía de un súper vagabundo]. A los veintidós años viajó a los Estados Unidos y llevó allí una vida errante, lo mismo que en Gran Bretaña. Sus *Collected Poems* se publicaron en 1943.

El poema consta de tres estrofas de seis versos cada una, con rima alternada en los cuatro primeros versos y un *heroic couplet* final.

En una nota incluida en *Siegfried Sassoon. The War Poems*, edición de Rupert Hart-Davis, escribe Sassoon, refiriéndose a *"In the Pink"*:

> El primero de mis poemas "francos" [*outspoken*]. Lo escribí una fría mañana en Morlancourt, sentado junto al fuego en el alojamiento del oficial de intendencia, mientras nuestro oficial de ametralladoras tiritaba sobre las frazadas en el piso. Padecía de envenenamiento alcohólico y pies congelados, y poco después partió para Inglaterra y nunca más volvió. Huelga decir que los versos no se refieren a él, sino a algún galés típico probablemente muerto en el Somme en julio, luego de meses y meses de una vida de perro sin licencia. La revista *Westminster* rechazó el poema, porque pensaron que podría perjudicar el reclutamiento (Hart-Davis, p. 22).

Morlancourt era parte del Frente Occidental en la Gran Guerra. Es una población y comuna francesa en la región de Picardía, departamento del Somme. Allí murió el piloto alemán conocido como el "Barón Rojo" (Manfred Von Richtophen) cuando su avión fue derribado en 1918.

Alerta: Mañana de Viernes Santo

He estado de guardia de las dos a las cuatro.
Fui y me quedé vigilando la puerta del refugio.
Llegaban ronquidos desde el mal ventilado espacio.
"¡Soldado de guardia!" gruñó alguien con una maldición.
    El amanecer estaba brumoso; quietos los cielos;
    las alondras cantaban, discordantes, chillonas;
    ellas parecían felices, pero yo me sentía enfermo.
Hundido en el agua me abrí camino
a lo largo de la trinchera hasta nuestro cenagoso frente.
Había llovido toda la maldita noche.
¡Ay, Jesús, envíame una herida hoy,
y creeré entonces en Tu pan y vino,
y lavaré mis viejos e infames pecados!

Stand-to: Good Friday Morning

I´d been on duty from two till four.
I went and stared at the dug-out door.
Down in the frowst I heard them snore.
"Stand-to!" Somebody and swore.
    Dawn was misty; the skies were still;
    Larks were singing, discordant, shrill;
    They seemed happy; but I felt ill.
Deep in water I splashed my way
Up the trench to our bogged front line.
Rain had fallen the whole damned night.
O Jesus, send me a wound to-day,
And I'll believe in Your bread and wine,
And get my bloody old sins washed white!

Poema incluido en *The Old Huntsman*. Campbell cita un comentario de Sassoon, en el que dice que es el único de sus poemas de comienzos de 1916 (22 de abril) que anticipaba sus logros posteriores de "sátira condensada" (Campbell, p. 100). Estructurado como el monólogo blasfemo de un soldado en el Frente, consta de trece versos con rima de patrón desusado (AAAABBBCDECDE). El poema presenta, de manera realista, la desagradable condición de la vida en la trinchera, con soldados hundidos en el agua y bajo la lluvia. El título alude a la mañana de un viernes Santo. La referencia religiosa adelanta el tema: la voz poética ruega que lo hieran, posiblemente para que lo envíen a un hospital en Inglaterra. Pide una forma de "martirio", aunque nada equivalente a la crucifixión de Cristo ese viernes. De todas maneras, una herida podría llegar a convencerlo de que Cristo en verdad murió por la humanidad. Solo entonces el soldado podrá creer en su sacrificio, recordado en el pan y vino de la misa. Los tres versos finales, que hacen gala del cinismo que caracterizará los futuros poemas de guerra de Sassoon, hicieron que el poema fuera causa de un juicio. Había sido publicado en un diario laborista de Nueva Zelanda, *The Maoriland Worker*, del 12 de octubre de 1921, y el editor del diario, John Glover, debió enfrentar un juicio por la publicación de este poema, considerado un libelo blasfemo. Seguramente habría causas políticas detrás, dada la orientación laborista del diario. La defensa se hizo en nombre de la tolerancia, la libertad individual y la identidad nacional. Se objetaba también la palabra "*bloody*", de uso vulgar y corriente en inglés británico con el significado de "maldito", que ya para la época del poema había perdido su original connotación religiosa (con la sangre de Cristo o con la Virgen María)[142].

---

142 Véase [http://www.historycooperative.org/journals/lab/91/troughton.html].

El beso	The Kiss
Hacia estos me vuelvo, en ellos confío:	*To these I turn, in these I trust;*
el Hermano Plomo y la Hermana Acero.	*Brother Lead and Sister Steel.*
Al poder ciego de él apelo;	*To his blind power I make appeal;*
la belleza de ella, limpia de herrumbre conservo.	*I guard her beauty clean from rust.*
. . . .	. . . .
Él gira y quema y ama el aire,	*He spins and burns and loves the air,*
y parte un cráneo para obtener mi elogio;	*And splits a skull to win my praise;*
ella, en los nobles días de marcha	*But up the nobly marching days*
reluce desnuda, fría y bella.	*She glitters naked, cold and fair.*
. . . .	. . . .
Dulce Hermana, concede esto a tu soldado:	*Sweet Sister, grant your soldier this:*
que en buena furia pueda sentir	*That in good fury he may feel*
que el cuerpo donde hunde el talón	*The body where he sets his heel*
se encoja, amilanado, del dardo de tu beso.	*Quail from your downward darting kiss.*

Poema compuesto con tres cuartetos en que riman los versos primero y cuarto, y segundo y tercero. Incluido en *Georgian Poetry, 1916-1917* (*Georgian Poetry* 3), y luego en *The Old Huntsman*, fue inspirado por un cruento discurso de adoctrinamiento en que se instaba a las tropas a matar al enemigo sin consideración (Ellmann & O'Clair, p. 380). El poema está fechado 25 de abril de 1916, al día siguiente de *"Stand-To"*, en Flixécourt, población francesa a unos cincuenta kilómetros del Frente, en el departamento de Somme, en la región de Picardía, donde Sassoon pasó momentos idílicos en compañía de Marcus Goodall, según escribe en su diario (citado por Campbell, p. 101).

Sassoon ha pasado más de dos semanas en el fango de las trincheras. Puede sobrellevar la penosa situación gracias a la compañía de ese nuevo amigo, Marcus Goodall, que ha estado con él todos estos días. Goodall le permite soportar la muerte de David Thomas ("Tommy"), muerto el 19 de marzo de 1916, a quien sigue en el afecto de Sassoon.

Quizá como reacción al sanguinario discurso de adoctrinamiento, *"The Kiss"* resulta un poema engañoso. La voz poética dice en él que sus amigos más fieles son el plomo y el acero de las armas, es decir las balas y su fusil, a quienes llama "Hermano" y "Hermana". Pide un favor a su hermana: el dardo de su beso (de ahí el título). En la superficie del poema, todo es dulzura y afecto. La forma del poema, tres versos breves con rima ABBA, y las palabras usadas, parecen estar en oposición con el significado, como si forma y fondo estuvieran en pugna. Sin embargo, leídas con detenimiento, las palabras mismas desmienten la idea de amor y dulzura. Hay referencias, por ejemplo, al "poder ciego" del fusil y a su amor y pasión, que queman en el aire; y al hecho de que ella (la "hermana") es "fría". Y el soldado pide tener "la buena furia" del plomo para poder hundirlo, como el dardo del beso de ella, en un cuerpo enemigo. Todo tiene que ver con matar y morir, no con dulzura y besos. Tal vez el adoctrinamiento haya influido en Sassoon mismo, haciendo que se sintiera por momentos dominado o enceguecido por la pasión de matar. Por su parte, Graves escribe: "El inconquistable idealismo de Siegfried cambiaba de dirección según el medio: él variaba entre el guerrero feliz y el pacifista amargado". Y cita la primera estrofa de *"The Kiss"* (*Goodbye to All That*, p. 226).

Michael Thorpe, autor de un estudio crítico sobre la poesía de Sassoon, propone como posible fuente de *"The Kiss"* el poema *"The Song of the Sword"*, del inglés William Ernest Henley, publicado en 1892. En este poema, dedicado a Rudyard Kipling, cuyo hijo moriría en la Gran Guerra, habla la Espada, que comienza refiriéndose a su nacimiento, y es indiscutible el énfasis que pone sobre la fuerza y el poder:

Cortante y delgado,	*Bleak and lean, grey and cruel,*
De breve empuñadura y largo caño,	*Short-hilted, long shafted,*
Me congelé en acero;	*I froze into steel;*
Y la sangre de mi creador,	*And the blood of my elder,*
Su mano en mi mango,	*His hand on the hafts of me,*
Estalló como una ola	*Sprang like a wave*
En el viento, mientras el sentido	*In the wind, as the sense*
De su fuerza crecía, trocándose en éxtasis;	*Of his strength grew to ecstasy;*
Fulguraba como brasa	*Glowed like a coal*
En la garganta de la caldera;	*In the throat of the furnace;*
Mientras me conocía y me nombraba	*As he knew me and named me*
Materia de la Guerra y Camarada,	*The War-Thing, the Comrade,*
Padre del honor	*Father of honour*
Y donante de realeza.	*And giver of kingship.*

No hay amor, armonía ni dulzura en el poema de Henley: solo hay guerra, poder y muerte, y referencias a "la música de las batallas" y "la furia de Dios". Se trata de un poema patriótico que ensalza el espíritu de dominio de *"Rule, Britannia"*. La Espada es el "Ángel del Destino" que pide a las huestes que la sigan, pues la guerra es bella: la Espada es "la voluntad de Dios" en la consecución del Imperio.

Este sentimiento, propio de lo que hemos denominado "la Primera Etapa" de la poesía de la Gran Guerra, que coincide con el del adoctrinamiento, está latente en *"The Kiss"*, pero visto desde la ironía, a lo que probablemente haya que adjudicarle la ambivalencia (o al menos falta de claridad) del poema de Sassoon.

Rupert Hart-Davis cita un comentario de Sassoon referido a este poema: "Un famoso mayor escocés (Campbell) vino y dio una conferencia sobre la bayoneta. 'La bayoneta y la bala son hermano y hermana', dijo" (Hart-Davis, p. 29).

─────────── /// ───────────

A su cadáver

Cuando avanzó en tu interior la rugiente penumbra y
[gritaste,
buscando a tientas manos amistosas, e intentaste asirte,
[y te fuiste,
veloces como humo que corre, desde tu cabeza colgante,
fantasmas de pensamientos y memorias se disiparon
[y huyeron.

. . . .

Sin embargo, aunque mis sueños, que se agolpan en la
[escalera oscurecida
no puedan traerme reportes de cómo estás,
a salvo, lejos de las guerras, te apresuro en tu camino
por tenues campos solitarios para que encuentres el
[nuevo día,
que asoma lento, sin santos, confiado y bondadoso:
el querido Dios de rubicunda cara que iluminó tu mente.

To His Dead Body

When rearing gloom surged inward and you cried,
Groping for friendly hands, and clutched, and died,
Like racing smoke, swift from your lolling head
Phantoms of thought and memory thinned and fled.

. . . .

Yet, though my dreams that throng the darkened stair
Can bring me no report of how you fare,
Safe quit of wars, I speed you on your way
Up lonely, glimmering fields to find new day,
Slow-rising, saintless, confident and kind—
Dear, red-faced God who lit you mind.

Poema perteneciente a *Counter-Attack* (1918). Sassoon lo escribió durante su permanencia en el hospital de Amiens, a fines de julio de 1916. Es una suerte de obituario, compuesto cuando se publicó la noticia de la muerte de su amigo Robert Graves, en momentos en que tenía la certeza de que era verdad. Como hemos dicho en el apartado sobre Robert Graves de la "Primera Parte. Sección IV. Memorias de la guerra", el 20 de julio de 1916 Graves fue herido mientras luchaba en Bazentin-le-Petit, en la batalla del Somme. Cuando fue dado de baja, a principios de 1917, Graves y Sassoon pasaron dos semanas en un chalet de Graves en Gales, donde Graves leyó el poema y sugirió algunos cambios (*Goodbye to All That*, p. 191).

El poema consta de dos estrofas, la primera de cuatro versos pareados y la segunda de seis *heroic couplets*. La primera presenta el momento de la muerte y la desesperación del soldado herido por aferrarse a la vida. Sus memorias y pensamientos lo abandonan. En la segunda estrofa el poeta, que sabe que no puede alcanzar a su amigo ni obtener noticias suyas, le pronostica el encuentro con un nuevo día, que ya asoma para él, donde encontrará al querido Dios, que en vida iluminó su mente. El poema es totalmente metafórico. Se usa la metáfora de la muerte = *gloom* [penumbra], y el símil de *"racing smoke"* como comparación de los pensamientos y memorias que escapan de la mente del soldado amigo. El registro metafórico se continúa con los sueños de Graves que se agolpan en la escalera oscurecida, mientras él avanza hacia el encuentro con el nuevo día, o la muerte como promesa de un nuevo amanecer.

Ellos	***They***

El Obispo nos dice: "Cuando vuelvan los muchachos	The Bishop tells us: "When the boys come back
no serán los mismos, pues habrán luchado	They will not be the same; for they'll have fought
en una causa justa: se lanzan en el último ataque	In a just cause: they lead the last attack
contra el Anticristo; la sangre de sus camaradas ha [comprado	On Anti-Christ; their comrades' blood has bought
un nuevo derecho para engendrar una raza honorable.	New right to breed an honourable race.
Han desafiado a la Muerte y la han desafiado cara a cara".	They have challenged Death and dared him face to face".
. . . .	. . . .
"¡Ninguno de nosotros es el mismo!" responden los [muchachos.	"We're none of us the same!" the boys reply.
"Porque George perdió las dos piernas, y Bill quedó ciego [como un topo;	"For George lost both his legs; and Bill's stone blind;
al pobre Jim lo hirieron en los pulmones y es posible [que muera;	Poor Jim's shot through the lungs and like to die;
y Bert está sifilítico: no encontrará	And Bert's gone syphilitic: you'll not find
a nadie que haya luchado que no haya cambiado en *algo*".	A chap who's served that hasn't found some *change*".
Y el obispo dijo: "El modo de obrar de Dios es extraño".	And the Bishop said: "The ways of God are strange!"

Poema escrito el 31 de octubre de 1916 en 40 Half Moon Street (en el área de Mayfair de Londres), incluido en *Georgian Poetry, 1916-1917* (*Georgian Poetry* 3) y finalmente en *The Old Huntsman and Other Poems*. Consta de dos estrofas de seis versos cada una (pentámetros yámbicos), con rima ABABCC. Constituye una sátira dirigida a la Iglesia y sus obispos, que proclamaban desde el púlpito que los soldados (los "Ellos" del título) luchaban por su Dios y su Rey y por una causa justa: el país y su gente ya no serán lo mismo que antes, porque se han cubierto de gloria. La segunda estrofa subvierte el mensaje de la primera: hablan los soldados y se refieren a los resultados de la "causa justa", que solo trajo muertos e incapacitados. El Obispo responde con una frase hecha, un misterio de fe. Las razones de Dios están más allá de toda explicación terrenal: cuestionarlas es un sacrilegio.

"*They*" es la primera diatriba de Sassoon contra la iglesia anglicana. Sus otros dos blancos de ataque serán el Estado Mayor y la prensa: el Estado Mayor por su falta de experiencia directa (muchos de los altos jefes que conducían las operaciones bélicas no tenían experiencia directa de la guerra), y la Prensa por su jingoísmo. Una segunda novedad aquí es la transcripción del lenguaje directo del obispo y de los soldados, en ese momento considerado un recurso "no poético", lo mismo que el uso de ciertas palabras, como "*syphilitic*", que eran tabú para la época.

La sátira gira alrededor de un cambio que podrán experimentar los soldados: contrapone la mejora moral de los soldados británicos, que es la promesa del Obispo en la primera estrofa, y el daño en su salud, consecuencia de haber estado en el Frente. El primer cambio es imposible de medir; el segundo es totalmente comprobable. Las palabras del soldado, que inician la segunda estrofa, son una respuesta irónicamente directa al cambio prometido: "¡Ninguno de nosotros es el mismo!" Esta línea inicia la letanía de las consecuencias del cambio, una serie de desgracias personales.

Sassoon ataca también la prédica de la Iglesia Anglicana de que la guerra había sido ordenada por Dios, que protegía a los británicos y a sus aliados, y que el enemigo era el Anticristo.

Muchachos

El teatro está repleto: fila tras fila sonríe
y ríe en la Función, mientras que alardeantes formaciones
de rameras chillan a coro, borrachas de estrépito;
"¡Estamos seguras de que el káiser ama a los queridos
[Tanques!"

. . . .

Me gustaría ver un Tanque bajando de los palcos,
bamboleándose al compás del jazz, o de *Hogar, dulce*
[*hogar*,
y entonces ya no habría más chistes en el music hall
para burlarse de los acribillados cadáveres en Bapaume.

Blighters

The house is crammed: tier beyond tier they grin
And cackle at the Show, while prancing ranks
Of harlots shrill the chorus, drunk with din;
"We're sure the Kaiser loves the dear old Tanks!"

. . . .

I´d like to see a Tank come down the stalls,
Lurching to rag-time tunes, or "Home, sweet Home,"

And there'd be no more jokes in Music-halls
To mock the fiddled corpses round Bapaume.

Escrito el 4 de febrero de 1916, este poema pertenece a *The Old Huntsman*, de 1917. Está compuesto en el modo satírico característico de Sassoon, modo directo y simple, cuya intención es denunciar. Consta de dos cuartetos de rima alternada, y puede verse como una metáfora extendida, ya que el atestado *music-hall* evoca el centro del poder político británico, como si el teatro de guerra fuera un espectáculo para el propio entretenimiento del Estado Mayor, blanco del ataque del poeta. Los "*prancing ranks*", referencia irónica, sugieren la caballería en una antigua guerra heroica, en tiempos en que la lucha era cuerpo a cuerpo y no había tanques que pudieran proteger a los combatientes.

La palabra "*blighter*", en uso a partir del siglo XIX, significa "*fellow*" (tipo, muchacho).

El *ragtime* es uno de los ritmos más sincopados y clásicos del jazz.

"*Home, Sweet Home*" es el título de una canción que se hizo muy popular, proveniente del melodrama *Clari, or the Maid of Milan* (1823), del actor y dramaturgo estadounidense John Howard Payne (1791-1852). La canción fue compuesta por el inglés Sir Henry Bishop (1786-1855). Comienza: "*Mid pleasures and palaces though we may roam / Be it ever so humble, there's no place like home*" [Por más placeres y palacios que frecuentemos, / por más humilde que sea, no hay lugar como el hogar].

Bapaume, ciudad del norte de Francia, fue un objetivo de los aliados contra la línea Hindenburg en 1918, sistema de fortificación defensiva alemana del Frente Occidental entre septiembre de 1916 y el otoño de 1918, cuando fue destruida, en la segunda batalla de Albert. Los británicos usaron tanques en esta batalla.

Pormenores de la base

Si yo fuera feroz y calvo y corto de aliento
viviría en la Base con los mayores de uniforme escarlata
y enviaría cuanto antes a los sombríos héroes a la línea
[de muerte.
Me verían con mi regordeta cara petulante,
atragantándome y emborrachándome en el mejor hotel,
leyendo la Nómina de Honor. "Pobre muchacho",
diría. "Yo conocía muy bien a su padre;
sí, hemos sufrido muchas pérdidas en esta última
[trifulca".
Y cuando haya terminado la guerra y los jóvenes estén
[muertos
me iré tambaleando a salvo a casa para morir... en la
[cama.

Base Details

If I were fierce and bald and short of breath,
I'd live with scarlet Majors at the base,
And speed glum heroes to the line of death.

You'd see me with my puffy petulant face,
Guzzling and gulping in the best hotel,
Reading the Roll of Honour "Poor young chap,"
I'd say—"I used to know his father well;
Yes, we've lost heavily in this last scrap".

And when the war is done and youth stone dead

I'd toddle safely home and die—in bed.

Breve poema de diez versos, de *Counter-Attack*. Está fechado en Rouen, 4 de marzo de 1917. Los ocho primeros llevan rima alternada; los dos últimos son pareados, es decir que el patrón de rima es ABABCDC-DEE. Aquí el modo es sarcástico, de franco ataque a los miembros del Estado Mayor británico, desde la persona de la voz poética, que aspira a ser uno de ellos para darse la gran vida lejos del Frente y mandar a las tropas a la muerte. Probablemente "*base*" tenga un doble sentido. En ese caso, el título significaría, además de "pormenores o detalles de la base", "pormenores viles" (*base*= ruin, vil).

Roll of Honour [Nómina de Honor] es la lista de muertos publicada en los diarios.

A cualquier oficial muerto

Bueno, ¿cómo están las cosas en el Cielo? Querría que
[me lo dijeras,
porque me gustaría saber que estás bien.
Dime, ¿has encontrado el día eterno,
o te ha succionado la eterna noche?
Porque cuando cierro los ojos tu cara se ve nítida;
te oigo hacer algún comentario jovial;
puedo reconstruirte en la mente,
aunque hayas salido a patrullar en la oscuridad.

. . . .

Aborrecías recorrer las trincheras; te enorgullecías
más que nada en tener buenos años por vivir;
anhelabas volver a casa y unirte a la multitud
[despreocupada
de los muchachos que trabajan en paz con el Tiempo
[por amigo.
Todo eso se ha terminado ahora. Estás más allá del
[alambre:
no hay ninguna posibilidad de que te envíen de vuelta:
has terminado con el fuego de metralla,
derribado en un irremediable ataque de granadas.

. . . .

De algún modo siempre pensé que te matarían,
porque estabas tan desesperado por vivir:
empeñado en tratar de salvar el pellejo,
pues sabías muy bien lo que el mundo tiene para dar.
Hacías bromas con las bombas y hablabas de la guerra,
te ocupabas de tu sucio trabajo y lo hacías muy bien:
decías "Jesucristo, ¿cuándo termina esto?
Tres años... Es un infierno, a menos que destruyamos
[su frente".

. . . .

Así que cuando me dijeron que te habían dado por
[muerto
no pude creerlo, aunque sentía que debía de ser verdad.
A la semana siguiente la maldita Nómina de Honor decía
"Herido y desaparecido en acción". (Eso es lo que se hace
cuando se abandona a los muchachos en un cráter de
[bomba para una muerte lenta,
con nada, salvo el cielo vacío y las heridas que duelen,
gimiendo por agua hasta que saben
que es de noche, y entonces ya no vale la pena despertar.)

* * * *

To Any Dead Officer

Well, how are things in Heaven? I wish you'd say,
Because I'd like to know that you're all right.
Tell me, have you found everlasting day,
Or been sucked in by everlasting night?
For when I shut my eyes your face shows plain;
I hear you make some cheery old remark;
I can rebuild you in my brain,
Though you've gone out patrolling in the dark.

. . . .

You hated tours of trenches; you were proud
Of nothing more than having good years to spend;
Longed to get home and join the careless crowd
Of chaps who work in peace with Time for friend.
That's all washed out now. You're beyond the wire:
No earthly chance can send you crawling back:
You've finished with machine-gun fire,
Knocked over in a hopeless dud-attack.

. . . .

Somehow I always thought you'd get done in,
Because you were so desperate keen to live:
You were all out to try and save your skin,
Well knowing how much the world had got to give.
You joked at shells and talked the usual "shop".
Stuck to your dirty job and did it fine:
With "Jesus Christ when will it stop?
Three years...It's hell unless we break their line".

. . . .

So when they told me you'd been left for dead
I wouldn't believe them, feeling it must be true.
Next week the bloody Roll of Honour said
"Wounded and missing"– (That's the thing to do
When lads are left in shell-holes dying slow,
With nothing but blank sky and wounds that ache,
Moaning for water till they know
It's night, and then it's not worth while to wake).

* * * *

¡Adiós, viejo amigo! Dale mis recuerdos a Dios,	*Good-bye, old lad! Remember me to God,*
y dile que nuestros Políticos juran	*And tell Him that our Politicians swear*
que no se han de dar por vencidos hasta que el Imperio [Prusiano haya sido pisoteado	*They won't give in till Prussian Rule's been trod*
bajo el Talón de Inglaterra... ¿Estás allí?...	*Under the Hell of England.... Are you there?...*
Sí... y la Guerra seguirá al menos dos años más;	*Yes... and the War won't end for at least two years;*
pero tenemos montones de hombres... Me enceguecen [las lágrimas,	*But we've got stacks of men... I'm blind with tears,*
de mirar en la oscuridad. ¡Hasta luego!	*Staring into the dark. Cheero!*
Ojalá te hubieran liquidado de una manera decente.	*I wish they'd killed you in a decent show.*

Excelente poema elegíaco sobre la muerte de un camarada, el teniente Orme, escrito a mediados de junio de 1917 e incluido en el poemario *Counter-Attack*, de 1918. De modo conversacional, tiene una estructura telefónica, como si el poeta hablara por teléfono con E. L. Orme, el oficial muerto en acción el 27 de mayo de 1917. Pertenecía al Segundo Batallón de los *Royal Welch Fusiliers*. El registro del poema es coloquial, como indica el uso de términos como *"cheery"* (jovial), *"do in"* (matar), *"bloody"* (que comentamos en nuestra nota al poema "*Stan-to: Good Friday Morning*") y *"cheero"* (hasta luego). Es también indicativo del modo conversacional coloquial el hecho de que la voz poética se dirija al oficial muerto como *"you"* todo el tiempo.

Compuesto luego de su "Declaración" (de julio de 1917), fue publicado en forma de panfleto en *The Cambridge Magazine*, en agosto de ese año. Por su extensión, es inusual entre los poemas de guerra de Sassoon. Consta de cinco estrofas de ocho versos yámbicos, con rima alternada las primeras cuatro (ABABCDCD); el patrón de rima de la última presenta una variante: los primeros cuatro versos siguen el patrón anterior, con dos *heroic couplets* en los cuatro versos finales: ABABCCDD.

Hay en el poema interesantes metáforas: en la primera estrofa, el contraste entre un día eterno, *"everlasting day"* (la paz prometida por la fe religiosa) y una noche eterna (*"everlasting night"*) en el más allá; en la segunda estrofa, *"you're beyond the wire"*, es decir, "ya has traspuesto el alambre y estás en la tierra de nadie", que es el espacio entre las dos líneas de trincheras y, metafóricamente, la tierra de los muertos.

En la estrofa final, Sassoon adopta el modo satírico para atacar a los políticos, a quienes hace responsables de la prolongación de la guerra en su Declaración y, por lo tanto, de la muerte del oficial.

Soñadores	***Dreamers***

Los soldados son ciudadanos del gris territorio de la [muerte,	*Soldiers are citizens of death's gray land,*
que no cobran dividendos del mañana de los tiempos.	*Drawing no dividend from time's to-morrows.*
En la gran hora del destino están de pie,	*In the great hour of destiny they stand,*
cada cual con su lucha y sus celos y dolores.	*Each with his feuds, and jealousies, and sorrows.*
Los soldados se han entregado a la acción; deben ganar	*Soldiers are sworn to action; they must win*
un apasionado y fatal clímax con su vida.	*Some flaming, fatal climax with their lives.*
Los soldados son soñadores; cuando estallan los cañones	*Soldiers are dreamers; when the guns begin*
piensan en el hogar encendido, la cama limpia, y la [esposa.	*They think of firelit homes, clean beds, and wives.*
. . . .	. . . .
Los veo en inmundas zanjas, mordisqueados por las [ratas,	*I see them in foul dug-outs, gnawed by rats,*
y en ruinosas trincheras, azotados por la lluvia,	*And in the ruined trenches, lashed with rain,*
soñando con cosas que hacían con pelotas y raquetas,	*Dreaming of things they did with balls and bats,*
y burlados por el desesperanzado anhelo de volver a [tener	*And mocked by hopeless longing to regain*
feriados, y polainas y películas	*Bank-holidays, and picture shows, and spats,*
y con ir en el tren a la oficina.	*And going to the office in the train.*

Soneto, escrito en Craiglockhart en 1917, que forma parte del poemario *Counter-Attack* y en el que, como Wilfrid Owen, Sassoon expresa su compasión por los soldados. En los dos cuartetos se usa rima alterna: riman el primer verso con el tercero, y el segundo con el cuarto. El patrón de la rima en el sexteto es ABABBA. Los dos primeros versos del soneto usan sendas metáforas: los soldados habitan en el gris territorio de la muerte, sin esperanza de un mañana. El tercer verso usa otra metáfora: el presente es "la gran hora" de un destino predeterminado, momento en que cada uno está solo, con la obligación de coronar su vida con un momento supremo, que será un clímax fatal. Son soñadores, que añoran una vida sencilla, caracterizada por el poeta con tres imágenes hogareñas. En el sexteto, Sassoon contrasta con dolorosa ironía el horrible presente en la trinchera con los sueños de una rutina simple que no habrá de volver. Todo el poema está hecho sobre la base de la oposición entre un pasado de paz y felicidad, evocado en el recuerdo de los soldados en los cuatro versos finales, y el terrible presente de la guerra, la gris tierra de la muerte. Ensoñación idealizada (el hogar encendido, la cama limpia, y la esposa) y horrendo presente (ratas, lluvia, inmundas zanjas) forman los dos polos metafóricos de este excelente poema.

"*Dreamers*" se publicó en *Hydra*, el periódico de Craiglockhart, el 1° de septiembre de 1917.

¿Importa?

¿Importa? ¿Perder las piernas?
Porque la gente siempre será amable,
y no necesitas demostrar que te importa
cuando los demás vuelven de cazar
para devorar sus bollitos y huevos.

. . . .

¿Importa? ¿Perder la vista?
Hay tantas espléndidas ocupaciones para los ciegos;
y la gente siempre será amable,
cuando te sientes en la terraza a rememorar
y vuelvas el rostro hacia la luz.

. . . .

¿Importan ellos? ¿Los sueños en el foso...?
Puedes beber y olvidar y estar contento,
y la gente no dirá que estás demente,
pues sabe que luchaste por tu patria,
y nadie se preocupará ni un ápice.

Does It Matter?

Does it matter?-losing your legs?
For people will always be kind,
And you need not show that you mind
When others come in after hunting
To gobble their muffins and eggs.

. . . .

Does it matter?-losing you sight?
There's such splendid work for the blind;
And people will always be kind,
As you sit on the terrace remembering
And turning your face to the light.

. . . .

Do they matter-those dreams in the pit?
You can drink and forget and be glad,
And people won't say that you're mad;
For they know that you've fought for your country,
And no one will worry a bit.

Otro poema escrito en Craiglockhart en 1917 e incluido en *Counter-Attack*. Es en extremo sarcástico: la respuesta a la pregunta que sirve de título, y que inicia las tres estrofas, no es solo un recurso estructural. Las respuestas corresponden a una serie de preguntas ridículas sobre desgracias que son secuelas de la guerra, como perder las piernas o la vista, o tener que soportar sueños horrendos, es decir, lesiones físicas y mentales. La repetición de la palabra "gente", usada en las tres estrofas, enfatiza la distancia que se producirá entre los veteranos y el pueblo que no estuvo en la guerra, entre los lisiados e incapacitados, por una parte, y los que conservan un buen estado físico por haber estado lejos del Frente.

La conclusión es un broche de oro del sarcasmo que caracteriza el poema: si el veterano bebe o está loco, la gente se dará cuenta de que se debe a que luchó por su país: es que la guerra es el súmmum de la locura y el despropósito.

El poema consta de tres estrofas de cinco versos cada una, todas iniciadas por una pregunta en el primer verso, respondida en el segundo. Se usa rima alternada: el primer verso rima con el quinto, el segundo con el tercero y el cuarto libre (ABBCA). La regularidad se ve reforzada por el ritmo sostenido y por las palabras que inician los versos: "*for*", "*and*", "*Does/do*".

"*Does It Matter?*" se publicó en *The Cambridge Magazine*, el 6 de octubre de 1917.

Licencia por enfermedad

Cuando estoy dormido, soñando y arrullado y tibio,
llegan ellos, los sin hogar, los muertos silenciosos.
Mientras las furiosas rompientes de la tormenta
rugen y zumban y retumban en lo alto,
desde la oscuridad se reúnen en torno a mi cama.
    Me susurran al corazón; sus pensamientos son míos.
    "¿Por qué estás aquí, con todas tus guardias
[terminadas?
    Desde Ypres hasta Frise te buscamos en el Frente".
En amarga seguridad me despierto, sin amigos;
y mientras rompe el amanecer con la lluvia que azota,
pienso en el Batallón en el fango.
"¿Cuándo irás con ellos otra vez?
¿No siguen siendo tus hermanos en la sangre?"

Sick Leave

When I'm asleep, dreaming and lulled and warm, –
They come, the homeless ones, the noiseless dead.
While the dim charging breakers of the storm
Bellow and drone and rumble overhead,
Out of the gloom they gather about my bed.
    They whisper to my heart; their thoughts are mine.
    "Why are you here with all your watches ended'
    From Ypres to Frise we sought you in the Line".
In bitter safety I awake, unfriended;
And while the dawn begins with slashing rain
I think of the Battalion in the mud.
"When are you going out to them again?
Are they not still your brothers through our blood?"

También de *Counter-Attack* y escrito en Craiglockhart en 1917. Igual que en *"Banishment"*, detrás del poema está la convicción de Sassoon de que, a pesar de su "Declaración" y de su protesta contra la prolongación de la guerra, nada de lo que él haga tiene sentido a menos que ayude a los soldados. Lo acosan en sus pesadillas (signo de su "neurastenia"): "Llegan, los sin hogar, los muertos silenciosos". Siente un cargo de conciencia: debe volver a las trincheras, junto a sus hermanos en la sangre. Su propia situación, protegida y cómoda ("soñando y sosegado y tibio") contrasta dramáticamente con la de los hombres en las trincheras, en el fango y bajo "la lluvia que azota". El poema, como todos los de Sassoon, tiene una estructura formal, en este caso trece versos de rima alterna. Los recursos poéticos son el uso del polisíndeton (aquí repetición de la conjunción *and* en el primero y el cuarto verso), la estructuras paralelas (los sin hogar, los muertos silenciosos) y la pregunta retórica del último verso.

Ypres, ciudad belga, fue escenario de tres batallas: la primera, del 15 de octubre al 16 de noviembre de 1914; la segunda, entre abril y mayo de 1915; y la tercera, conocida como Passchendaele, del 31 de julio a noviembre de 1917[143]. El soldado poeta Julian Grenfell murió en la segunda batalla de Ypres el 26 de mayo de 1915.

Para Frise véase la nota al poema *"To Robert Nichols"*, de Robert Graves.

Sassoon envió este poema a Lady Ottoline Morrel el 17 de octubre de 1917. Se publicó en *The English Review*, en enero de 1918.

---

143 Véase nota 24 en p. 37.

Ataque

Al amanecer la colina emerge maciza y gris
en el feroz púrpura del ceñudo sol
que quema en medio de brotes de humo flotante que
                                             [amortaja
la amenazante ladera lastimada, y, uno por uno,
los tanques avanzan, lentos, y vuelcan en el alambrado.
La barrera de fuego ruge y cambia de dirección.
                                  [Entonces, torpemente agachados
por la carga de bombas y fusiles y palas y equipo de
                                                            [batalla,
los hombres se abren paso y trepan para hacerle frente
                                                   [al erizado fuego.
Filas de gris, refunfuñantes rostros, máscaras de miedo,
salen de las trincheras y van hasta la cumbre,
mientras el tiempo palpita en blanco en la muñeca,
y la esperanza, con ojos furtivos y peleadores puños
se hunde en el fango. ¡Ay, Jesús, haz que termine!

Attack

At dawn the ridge emerges massed and dun
In the wild purple of the glowering sun,
Smouldering through spouts of drifting smoke that shroud
The menacing scarred slope; and, one by one,
Tanks creep and topple forward to the wire.
The barrage roars and lifts. Then, clumsily bowed
With bombs and guns and shovels and battle-gear,
Men jostle and climb to meet the bristling fire.
Lines of grey, muttering faces, masked with fear,
They leave their trenches, going over the top,
While time ticks blank and busy on their wrists,
And hope, with furtive eyes and grappling fists,
Flounders in mud. O Jesus, make it stop!

Poema de *Counter-Attack*, escrito en Craiglockhart en octubre de 1917 y publicado en *Cambridge Magazine* el 20 de octubre de 1917. Campbell cita un extracto del diario de Sassoon correspondiente al 14 de abril: "Los cadáveres... están más allá de toda descripción, especialmente después de la lluvia... Nuestra metralla y bombardeo subsiguiente, etc. han dejado una cantidad de alemanes despedazados; me acosarán hasta que muera" (Campbell, p. 165).

Realmente, se trata de un poema de enorme fuerza, cargado de imágenes de movimiento, con tanques que avanzan con dificultad; el estrépito de bombas y fusiles atronadores; hombres que marchan, abrumados por el peso de "bombas y fusiles y palas y equipos de batalla"; el enemigo que sale de las trincheras... todo en medio del fango, y con una voz poética que suplica a Dios al final que todo termine.

Sassoon hace uso de una cantidad de recursos: una paleta de imágenes visuales de color (*dun, purple, grey*); auditivas (*barrage, fire*...); personificación (*the ridge emerging, the glowering sun, menacing scarred slope, tanks creeping*...). El uso de la poliptoton (*bombs and guns and shovels and battle-gear*) refuerza la sensación de enormidad de la batalla y de movimiento constante. Este es un gran poema, con una de las mejores descripciones del fragor y el horror de la guerra que hay. Un poema de trece versos (número que se repite en Sassoon, que parece detenerse al borde del soneto), de rima que se resiste a conformar un patrón: hay rimas consecutivas (1° y 2° versos; 11° y 12°), rimas alternadas y líneas sin rimar, como si la falta de un orden de rima estricta se correspondiera con el desorden trágico y desesperante del ataque que se describe. La referencia al tiempo, personificado como un ser de vida propia que sigue latiendo, indiferente, en la muñeca de los soldados, que ignoran su paso, es un verdadero triunfo poético, igual que la personificada esperanza, de mirada esquiva y puños combatientes, empantanada en el fango.

Hart-Davis incluye en su edición la siguiente línea aclaratoria de Sassoon: "De una nota en mi diario mientras observaba el ataque a la Línea Hindenburg" (línea alemana de defensa, construida en 1916).

Sobrevivientes

No hay duda de que pronto se pondrán bien; el choque
[y la tensión
son la causa de su hablar inconexo y de su balbuceo.
Por supuesto que "ansían volver a salir",
estos muchachos de rostro viejo, con cicatrices, que
[están aprendiendo a caminar;
pronto olvidarán las perturbadas noches, el amedrentado
sometimiento a los fantasmas de sus amigos muertos,
los sueños que rezuman asesinato, y estarán orgullosos
de la gloriosa guerra que hizo trizas su orgullo...
estos hombres que marcharon a la batalla, sombríos y
[contentos,
niños, con ojos que odian, destrozados y dementes.

Survivors

No doubt they'll soon get well; the shock and strain
Have caused their stammering, disconnected talk.
Of course they're longing to go out again, '—
These boys with old, scarred faces, learning to walk.

They'll soon forget their haunted nights; their cowed
Subjection to the ghosts of friends who died, —
Their dreams that drip with murder; and they'll be proud
Of glorious war that shatter´d all their pride...
Men who went out to battle, grim and glad;
Children, with eyes that hate you, broken and mad.

Counter-Attack. Otro de los poemas escritos en Craiglockhart, fechado octubre de 1917. Es un breve poema de diez versos, dos cuartetos de rima alternada y un *heroic couplet* final. Ya el primer verso se refiere al problema básico de la preocupación del poeta por los soldados, internados en Craiglockhart. La idea de que "ellos" han de mejorar su situación es claramente irónica, pues es seguida por una referencia a sus síntomas de habla desconectada y tartamudeo, características de la neurosis de guerra o neurastenia. Expresiones como "*no doubt*" (sin duda) y "*of course*" (por supuesto) son claras marcas irónicas. El tercer verso, referido al supuesto deseo de los soldados de volver al frente, era otra de las "verdades" repetidas como clichés en discursos patrióticos y en diarios y radios de Gran Bretaña. Nadie ha de querer volver a "una gloriosa guerra que hizo trizas su orgullo". Hay varias referencias a los padecimientos de los internados en el hospital, como sus rostros envejecidos, su dificultad para caminar, sus pesadillas nocturnas... Los dos versos finales enfatizan las desastrosas consecuencias de la guerra, que ha convertido a quienes estuvieron en ella en hombres "destrozados y dementes".

"*Survivors*" es un poema de denuncia, directo y desprovisto de recursos poéticos, salvo quizá la línea "*their dreams that drip with murder*" [sus sueños que rezuman asesinato], con una metáfora que podría pertenecer a *Macbeth*.

Destierro	Banishment

Estoy desterrado de los pacientes hombres que luchan,
que me han llenado el corazón de lástima, edificado mi
[orgullo.
Hombro a dolorido hombro, lado a lado,
penosamente se alejaron de las anchas llanuras
[luminosas de la vida.
Sus males eran los míos, y siempre mis ojos los vieron
revestidos de honor. Pero murieron,
no uno por uno, y amotinado protesté
contra quienes les ordenaron marchar hacia la noche.

. . . .

La oscuridad proclama que he luchado en vano
por librarlos del pozo donde deben habitar
en desterrada lobreguez convulsionada y mellada y
[rasgada
por pugnaces armas. El amor me llevó a la rebeldía.
El amor me lleva de nuevo a buscar a tientas a través
[del infierno;
y ante sus torturados ojos me siento perdonado.

I am banished from the patient men who fight
They smote my heart to pity, built my pride.
Shoulder to aching shoulder, side by side,
They trudged away from life's broad wealds of light.
Their wrongs were mine; and ever in my sight
They went arrayed in honor. But they died,–
Not one by one: and mutinous I cried
To those who sent them out into the night.

. . . .

The darkness tells how vainly I have striven
To free them from the pit where they must dwell
In outcast gloom convulsed and jagged and riven
By grappling guns. Love drove me to rebel.
Love drives me back to grope with them through hell;
And in their tortured eyes I stand forgiven.

Uno de los poemas que compuso Sassoon en 1917, durante su forzada convalecencia en Craiglockhart. Proviene de su poemario *Counter-Attack*, publicado el 27 de junio de 1918. Se trata de un soneto petrarquesco en el que en los dos cuartetos riman el primer verso con el cuarto y el segundo con el tercero; el patrón de rima del sexteto es ABABBA. El título se refiere a la sensación que tiene Sassoon en Craiglockhart, donde siente que su permanencia en el hospital es un destierro metafórico de la patria en la que debería estar: el Frente, con sus camaradas soldados, a los que él dejó atrás. Los elogia por seguir luchando y muriendo. El *pit* (pozo) de la segunda estrofa es la trinchera, pero metafóricamente el Infierno en vida, o la muerte en vida de los habitantes de la trinchera. El sexteto se refiere al esfuerzo fútil que realizó con su protesta contra la guerra en su Declaración, que citamos en la parte titulada "Siegfried Sassoon" de la "Sección IV. Memorias de la guerra". El hecho de que fue el amor lo que lo llevó a la rebeldía quizás obre como perdón. A pesar de que ya ha tomado la decisión de regresar al frente, siente un gran dolor por su "deserción", dolor que ocupa el sexteto final.

En las barracas

La cuadra de las barracas, limpia por la lluvia,
brilla, húmeda y gris como el invierno, y fría.
Jóvenes Fusileros, valientes y fuertes de pierna,
marchen y giren y vuelvan a marchar.
El sol se asoma por el portón de las barracas,
cálido y blanco y de deslumbrante brillo,
para observar a los soldados del Frente
que la vida ha contratado para luchar contra el destino.

. . . .

Rompan filas: los largos desfiles han concluido.
Viene la oscuridad; el sol se pone.
La luz de la ventana empareda la cuadra.
Duerman bien, sensuales Fusileros;
cierren los valientes ojos a los sentidos y a la luz,
y destierren de los oídos sin sueños
las postreras notas del clarín que proclaman
"otra noche, otro día".

In Barracks

The barrack-square, washed clean with rain,
Shines wet and wintry-grey and cold.
Young Fusiliers, strong-legged and bold,
March and wheel and march again.
The sun looks over the barrack gate,
Warm and white with glaring shine,
To watch the soldiers of the Line
That life has hired to fight with fate.

. . . .

Fall out: the long parades are done.
Up comes the dark; down goes the sun.
The square is walled with windowed light.
Sleep well, you lusty Fusiliers;
Shut your brave eyes on sense and sight,
And banish from your dreamless ears
The bugle's dying notes that say,
"Another night; another day".

Escrito en Limerick el 9 de enero de 1918 y publicado en *Counter-Attack and Other Poems* (London: Heinemann, 1918). Se refiere a un intervalo en la guerra. Homoerótico, pone de manifiesto la atracción que sentía Sassoon por los hombres jóvenes, aquí en su referencia a *"young fusiliers, strong-legged and bold"*. Los "fusiliers" son el regimiento de Sassoon, los *Royal Welch Fusiliers*. Hay aquí un eco del modo lírico de A. E. Housman (1859-1936), a quien Sassoon admiraba, cuya poesía (en especial la de *A Shropshire Lad*, de 1896) muestra un marcado homoerotismo. El final, referido al clarín, cuyas notas dicen *"Another night; another day"*, es una alusión al poema XLIII de *A Shropshire Lad*: *"I hear my bones within me say / Another night, another day"* [Siento dentro de mí los huesos que me dicen / otra noche, otro día]. En *The Great War and Modern Memory*, Paul Fussell relaciona el interés que despierta la poesía de Housman en la Gran Guerra con el homoerotismo relacionado con el sufrimiento de "hermosos muchachos" (p. 282). Agrega que quizá la mayor contribución de Housman a la guerra sea la palabra *lad* (muchacho), que en muchos de sus poemas se refiere a "un hermoso, valiente muchacho condenado a muerte". Así como el tema predilecto de Poe es "la muerte de una mujer hermosa", en Housman es la muerte prematura de un muchacho, preferentemente por su propia mano.

Alfred Edward Housman (1859-1936) fue un distinguido especialista en clásicos, profesor de Latín en la Universidad de Cambridge, editor de la obra de Manilius, en cinco volúmenes, y autor de dos volúmenes de poesía lírica, caracterizados por su sencilla intensidad y economía de palabras, *A Shropshire Lad* (1896) y *Last Poems* (1922). Sassoon admiraba profundamente la poesía de Housman, sobre todo el concepto de que la función de la poesía es "transfundir emoción, no trasmitir pensamientos sino despertar en el lector una vibración correspondiente a la que siente el escritor". La poesía debía ser más física que intelectual.

Quizás el poema de Sassoon donde es más fuerte la presencia de Housman sea *"Suicide in the Trenches"*. Housman es también una influencia importante en la poesía de Wilfred Owen.

El poema *"In Barracks"* fue escrito en Limerick, ciudad de Irlanda donde había un centro de adiestramiento en que estuvo Sassoon como oficial instructor, a lo que nos hemos referido en la "Sección IV. Memorias de la guerra. Siegfried Sassoon". El poema comienza con una referencia a los aspectos positivos de la experiencia militar en Limerick, donde hay orden, en contraste con las trincheras. Dice que "la cuadra de las barracas, limpia por la lluvia, brilla, húmeda y gris como el invierno, y fría". El sol y la naturaleza parecen estar en simpatía con los soldados. Ellos luchan, no contra otros hombres, sino contra un poder amoral, como el concepto de impiedad cósmica de Thomas Hardy, que destruye sin causa (la vida los ha contratado "para luchar contra el destino"). Su supervivencia está a merced del destino.

La segunda estrofa tiene un movimiento lento, como un adagio musical: los hombres se van a la cama. Todos han sobrevivido un día más. Sin embargo, cada hora que pasa (la undécima) lleva a estos hombres, que nada sospechan, más cerca de la muerte en el Frente.

En la vida real, Sassoon salió de Edimburgo el 26 de diciembre de 1917 hacia la base de reclutamiento que tenía su regimiento en Litherland, cerca de Liverpool. Al llegar, se enteró de que su batallón, el 3º, había sido enviado a Limerick, y que él debía unírsele allí el 7 de enero de 1918, en lo que se llamaba "*The New Barracks*"[144]. Sassoon se refiere a todo esto en *Sherston's Progress*, como hemos visto, parte de sus memorias autobiográficas.

///

---

144 [http://www.thewildgeese.com/pages/ww/ssass.html].

Suicidio en las trincheras

Yo conocía a un sencillo muchacho soldado
que sonreía a la vida con vacía alegría,
dormía profundamente en la oscuridad solitaria
y con la alondra temprano silbaba.

. . . .

En las trincheras de invierno, atemorizado y sombrío,
con explosivos y piojos y nada de ron,
se perforó de un tiro el cerebro.
Nadie volvió a hablar de él.

. . . .

Multitudes de complacido rostro y mirada enardecida
que lanzan vivas al paso de los muchachos,
escóndase en su casa y recen para no conocer nunca
el infierno al que marchan la juventud y la risa.

Suicide in Trenches

I knew a simple soldier boy
Who grinned at life in empty joy,
Slept soundly through the lonesome dark,
And whistled early with the lark.

. . . .

In winter trenches, cowed and glum,
With crumps and lice and lack of rum,
He put a bullet through his brain.
No one spoke of him again.

. . . .

You smug-faced crowds with kindling eye
Who cheer when soldier lads march by,
Sneak home and pray you'll never know
The hell where youth and laughter go.

Poema de tres cuartetos, cada uno formado por dos *heroic couplets*, publicado en *Counter-Attack* y en *Cambridge Magazine* el 23 de febrero de 1918. Se refiere a un joven soldado, "un sencillo muchacho" que no puede hacer frente a la situación bélica. Como carece del alivio del ron, este chico de "vacía alegría", "atemorizado y sombrío", escapa de la realidad de la guerra en el sueño, hasta que se suicida. Pronto es olvidado, como indica el verso octavo: "Nadie volvió a hablar de él". La estrofa final va dirigida a las multitudes patrióticas, "de complacido rostro", que vitorean a las tropas que pasan, rumbo al Frente. El poeta les aconseja que se metan en su casa, porque desconocen el infierno que espera a los soldados. Sassoon agrega al dolor de una muerte prácticamente anónima su crítica a las condiciones de higiene del Frente y la soledad, que nada puede apaciguar.

El refugio subterráneo

¿Por qué yaces con las piernas torpemente encogidas,
y un brazo doblado sobre el hosco y frío
rostro exhausto? Se me parte el corazón al mirarte,
en medio de la sombra del dorado de la vela que gotea:
y te preguntas por qué te sacudo el hombro;
amodorrado, balbuceas y suspiras y mueves la cabeza...
Eres muy joven para dormirte para siempre;
y cuando duermes me recuerdas a los muertos.

The Dug-out

Why do you lie with your legs ungainly huddled,
And one arm bent across your sullen cold
Exhausted face? It hurts my heart to watch you,
Deep-shadow'd from the candle's guttering gold:
And you wonder why I shake you by the shoulder;
Drowsy, you mumble and sigh and shift your head...
You are too young to fall asleep for ever;
And when you sleep you remind me of the dead.

Este poema, escrito en St. Venant en julio de 1918, forma parte de *The War Poems* (Heinemann, 1919). Según Patrick Campbell, en *Siegfried's Journey*, de 1946, donde Sassoon rememora los años 1916-1920, hay una parte en que escribe sobre la gestación de este poema: "Mientras estaba en Lancaster Gate [un hospital militar en Londres, donde en ese momento se curaba de heridas], escribí ocho líneas acosadas por el desvelo, "*The Dug-Out*", que probablemente sean más memorables que nada que podría haber logrado con la alianza de un Ministerio de Propaganda" (Campbell, p. 188). El título hace referencia a la escena donde se desarrolla. Se refiere a la agonía y muerte de un soldado muy joven para morir: aquí Sassoon está denunciando la brutal injusticia de la guerra. El poema describe la postura del muerto, que parece dormido en la trinchera-refugio que le da título. Simple y directo, incluye un detalle que adquiere la proporción de un símil indirecto: la vela que gotea oro puede identificarse con la vida que se extingue en la dorada promesa de la juventud. Todo el dramatismo está en la compasión de la voz poética.

El poema está fechado en St. Venant, julio de 1918. St. Venant está en el norte de Francia, en el departamento de Pas-de-Calais. Al regresar de Palestina, Sassoon fue destinado al Frente, cerca de St. Venant, Allí fue herido en la cabeza y enviado a un hospital en Inglaterra, como se narra en el apartado sobre Sassoon en la "Primera Parte. Sección IV. Memorias de la guerra".

Reconciliación	*Reconciliation*

Cuando de pie ante la tumba de tu héroe,	*When you are standing at your hero's grave,*
o cerca de alguna aldea sin casas donde murió,	*Or near some homeless village where he died,*
recuerda, con el orgullo que vuelve a encender tu [corazón,	*Remember, through your heart's rekindling pride,*
a los soldados alemanes que fueron leales y valientes.	*The German soldiers who were loyal and brave.*
. . . .	. . . .
Los hombres lucharon como bestias, y cosas horrendas [se hicieron,	*Men fought like brutes; and hideous things were done;*
y tú has alimentado el odio, duro y ciego.	*And you have nourished hatred, harsh and blind.*
Pero en ese Gólgota quizás encuentres	*But in that Golgotha perhaps you'll find*
a las madres de esos hombres que mataron a tu hijo.	*The mothers of the men who killed your son.*

Este poema, escrito en noviembre de 1918, forma parte del poemario *Private Show* (London: Heinemann, 1919 y New York: E. P. Dutton & Co., 1919, con edición aumentada en 1920). Es probable que haya sido inspirado por el armisticio, que se puso en efecto el 11 de noviembre de 1918. Puede considerarse un epitafio o inscripción personal del poeta, que brega por la reconciliación final de aliados y enemigos. Todos lucharon con valor y cerraron los ojos al matar. Todos actuaron como brutos, pero la responsabilidad recae sobre uno y otro lado, como sugieren los dos versos finales. El uso metafórico de "Gólgota", con su connotación de calvario o sacrificio, común a ambos bandos combatientes, y la referencia a las inocentes madres que dieron a luz a unos y otros refuerza el concepto de culpa compartida como razón de ser de una reconciliación final. "*Reconciliation*", poema simple y directo, consta de dos estrofas de cuatro versos cada una, con rima ABBA.

Consecuencias

¿Te has olvidado ya? ...
Pues los acontecimientos del mundo han seguido
        [rugiendo desde aquellos amordazados días,
como tráfico inspeccionado por un rato en los cruces de
        [los caminos de la ciudad:
y el perturbado vacío de tu mente se llena de
        [pensamientos que pasan
como nubes en los cielos iluminados de la vida; y eres
        [un hombre con su partida demorada,
que aprovechas la pacífica porción del Tiempo que te
        [toca, con alegría para derrochar.
Pero el pasado es el mismo, y la Guerra un maldito juego...
¿Te has olvidado ya?...
Mira hacia atrás, y jura por los muertos de la Guerra que
        [jamás olvidarás.

. . . .

¿Recuerdas los oscuros meses en que estabas al frente
        [del sector en Mametz,
las noches en que montabas guardia y telegrafiabas y
        [cavabas y amontonabas bolsas de
        [arena sobre los parapetos?
¿Recuerdas las ratas; y el hedor
de los cadáveres pudriéndose frente a la primera
        [trinchera,
y el amanecer que llegaba, color blanco sucio, y el frío
        [en la desesperanzada lluvia?
¿Te detienes alguna vez a preguntarte: "Esto ¿pasará
        [de nuevo?"

. . . .

¿Recuerdas esa hora de estrépito antes del ataque,
y la furia, la ciega compasión que se apoderaba de ti y
        [te sacudía entonces,
mientras escudriñabas los rostros sentenciados y
        [demacrados de tus hombres?
¿Recuerdas los heridos en camillas que se abandonaban,
con ojos moribundos y cabezas colgando, aquellas
máscaras gris ceniza de los muchachos, antes alertas y
        [bondadosos y alegres?

. . . .

¿Te has olvidado ya?...
Levanta la mirada, y jura por el verdor de la Primavera
        [que jamás olvidarás.

Aftermath

Have you forgotten yet?...
For the world's events have rumbled on since those gagged
        [days,
Like traffic checked while at the crossing of city-ways:
And the haunted gap in your mind has filled with thoughts
        [that flow
Like clouds in the lit heaven of life; and you're a man
        [reprieved to go,
Taking your peaceful share of Time, with joy to spare.
But the past is just the same–and War's a bloody game...
Have you forgotten yet?
Look down, and swear by the slain of the War that you'll
        [never forget.

. . . .

Do you remember the dark months you held the sector
        [at Mametz–
The nights you watched and wired and dug and piled
        [sandbags on parapets?
Do you remember the rats; and the stench
Of corpses rotting in front of the front-line trench–
And dawn coming, dirty-white, and chill with a hopeless
        [rain?
Do you ever stop and ask, 'Is it all going to happen again?'

. . . .

Do you remember that hour of din before the attack–
And the anger, the blind compassion that seized and shook
        [you then
As you peered at the doomed and haggard faces of your
        [men?
Do you remember the stretcher-cases lurching back
With dying eyes and lolling heads–those ashen-grey
Masks of the lads who once were keen and kind and gay?

. . . .

Have you forgotten yet?
Look up, and swear by the green of the spring that you'll
        [never forget.

También de *Picture Show*, marzo de 1919. La guerra ya ha terminado, y el poeta siente que la responsabilidad propia y de los sobrevivientes es recordar. Este poema rompe con el modelo regular clásico característico de Sassoon, como indican la forma irregular de las estrofas, su también irregular número de líneas y la extensión inusitada de las mismas. Comienza con una pregunta retórica que, a modo de refrán, se usa tres veces, enfatizando el tema. Hay otras cinco preguntas, todas en la segunda estrofa. Como la inicial, es posible que vaya dirigida al poeta mismo, o a un camarada oficial, con soldados a su mando (como sugiere la referencia a *"your men"*); tienen que ver con los horrores compartidos. La posibilidad de que se trate de otro oficial, o el poeta mismo, se ve reforzada por el uso de términos como *"bloody"*, común en el idioma de los soldados, la referencia a sitios del Frente, como Mametz[145], o a las trincheras y las actividades cotidianas. El nivel figurado (en oposición al literal) reposa en recursos como el epíteto, usado metafóricamente. Son ejemplos *gagged days*, *haunted gap*, *hopeless rain*, *doomed faces*. Ayudan al nivel de figuración los colores como calificativos: *dirty-white* (*dawn*); *ashen-grey* (*masks*). El uso de la conjunción and uniendo elementos en grupos de tres o cuatro contribuye a reforzar la cadencia lírica general del poema: *"The nights you watched and wired and dug and piled sandbags"*; *"who once were keen and kind and gay"*. El poema abunda en recursos poéticos, como son el carácter metafórico de los verbos (*"rumbled on"*), de símiles (*"like clouds"*) y las metáforas (*"the lit heaven of life"*, *"peaceful share of time"*).

Hay rima, si bien no de uso regular, pues algunos versos carecen de ella. La rima generalizada es la de *heroic couplets* (versos de pentámetros yámbicos pareados): *days/ways; flow/go; yet/forget*.

Sassoon no escatima detalles realistas para presentar el frente de batalla. Están en la segunda estrofa, que describe la experiencia de la guerra de trincheras: las ratas, el hedor a descomposición de los muertos, la "desesperanzada lluvia", las referencias al estado anímico y reacción de los soldados, los heridos y moribundos llevados en camilla...

Al final hay una nota pastoril, típica del verso de Sassoon, en especial en sus primeros poemas.

---

145 Véase la nota 47 en p. 54.

Todos cantaron	Everyone Sang
Todos de pronto estallaron en canto:	Everyone suddenly burst out singing;
y tal deleite se apoderó de mí	And I was filled with such delight
como el que las aves prisioneras han de sentir cuando [están libres,	As prisoned birds must find in freedom,
aleteando salvajes sobre los blancos	Winging wildly across the white
huertos y campos verde oscuro; volando y volando hasta [perderse de vista.	Orchards and dark-green fields; on – on – and out of sight.
. . . .	. . . .
Se elevaron de pronto las voces de todos;	Everyone's voice was suddenly lifted;
y llegó la belleza como el sol poniente:	And beauty came like the setting sun:
se me encogió el corazón hasta el llanto; y el horror	My heart was shaken with tears; and horror
se fue flotando... Ah, pero Todos	Drifted away... O, but Everyone
eran pájaros; y la canción no tenía palabras; jamás habrá [de hacerse el canto.	Was a bird; and the song was wordless; the singing will [never be done.

Este poema, uno de los más bellos del poeta, fue escrito en abril de 1919, como dice el mismo Sassoon en *Siegfried's Journey: 1916-1920*. Agrega allí que su forma libre lo hace distinto del resto de los poemas que escribió (p. 140). Lo compuso durante sus primeras semanas como editor literario de *The Daily Herald* (Wilson, p. 45), en momentos en que tenía fe en la posibilidad de una revolución social. Fue recopilado en *Collected Poems 1908-1956* (London: Faber and Faber, 1986). El poema consta de dos estrofas de cinco versos cada una. Sassoon se refirió a él como "bastante libre", con lo que probablemente alude al patrón de la rima: riman el segundo, cuarto y quinto versos, con el primero y tercero libres. Asimismo, hay recursos ocasionales, como el de aliteración (*find / freedom*; *winging / wildly / white*; *setting sun*) y el de repetición de términos (*Everyone, singing, on, suddenly*).

Sassoon llamó a *"Everyone Sang"* "una celebración de la paz", explicando que en realidad se refería a la revolución social que, según creía, se iniciaría con la conclusión de la guerra en 1919 (Wilson, p. 45).

El poema expresa una sensación de gran alivio luego del dolor de la contienda bélica, como si se rescatara la capacidad humana de experimentar una alegría súbita. Constituye un triunfo poético la comparación del júbilo de la gente con el canto de los pájaros que han estado prisioneros: de pronto conocen la libertad, estallan en canto y echan a volar sobre los blancos huertos y verdes campos, hasta perderse de vista. Es un gran acierto, también, la comparación del canto de los pájaros de la primera estrofa con el de "todos" de la segunda, que, convertidos en pájaros, elevan la voz y hacen llorar al poeta de alivio y alegría. Quizá no importe que la canción sea mental, y sin palabras, y no haya de cantarse nunca.

Sassoon le dijo al poeta Walter de la Mare que este poema era su *"Innisfree"* (Wilson, p. 46), aludiendo al bellísimo poema de Yeats *"The Lake Isle of Innisfree"*, de 1890, en que el poeta, que siente nostalgia de su Irlanda y está triste y se siente prisionero en Londres, mentalmente se libera y parte a Innisfree, una isla imaginaria cuyo nombre mismo connota libertad (*free*= libre). En el poema, Yeats, como Thoreau, parte a los bosques y hace su propia cabaña para vivir en libertad.

Dice el poema de Yeats, escrito en 1890:

La isla lacustre de Innisfree

Debo levantarme e ir ahora, e ir a Innisfree,
y allí construir una pequeña choza, de arcilla y zarzos:
nueve surcos de habas tendré allí, y una colmena para
                                    [las abejas y su miel,
y en el claro viviré solo, con el rumor de las abejas.

. . . .

Y allí tendré un poco de paz, porque la paz llega despacio,

desprendida del velo matinal, hasta donde canta el grillo;

allí la medianoche es todo un resplandor, y el mediodía
                                    [púrpura fulgor,
y llena está la noche del aletear de jilgueros.

. . . .

Debo levantarme ahora, porque siempre, noche y día,
oigo el chapalear del agua del lago con un sonido grave
                                    [en la orilla;
mientras que aquí, en la carretera o en el pavimento gris,
lo oigo en el fondo de mi corazón.

The Lake Isle of Innisfree

I will arise and go now, and go to Innisfree,
And a small cabin build there, of clay and wattles made:
Nine bean-rows will I have there, a hive for the honey-bee,
And live alone in the bee-loud glade.

. . . .

And I shall have some peace there, for peace comes
                                  [dropping slow,
Dropping from the veils of the morning to where the cricket
                                  [sings;
There midnight's all a glimmer, and noon a purple glow,
And evening full of the linnet's wings.

. . . .

I will arise and go now, for always night and day
I hear lake water lapping with low sounds by the shore;
While I stand on the roadway, or on the pavements grey,
I hear it in the deep heart's core.

Al pasar por la nueva muralla de Menin

¿Quién recordará, al atravesar el portal de esta Muralla,
a los Muertos no heroicos que alimentaron a los fusiles?
¿Quién absolverá la vileza de la suerte
de esos condenados, conscriptos no victoriosos?
Crudamente renovada, la Saliente se mantiene firme.
Pagos están sus oscuros defensores por esta pompa;
pagos, por una pila de la pacíficamente complaciente
[piedra,
los ejércitos que soportaron ese tétrico pantano.
. . . .
Aquí ocurrió la peor herida del mundo. Y aquí con orgullo
"Su nombre vive para siempre", alega la Muralla.
¿Hubo alguna vez una inmolación tan desmentida
como la de estos nombres sin nombre?
Bien podrían los Muertos que bregaron en el fango
levantarse y escarnecer este sepulcro del crimen.

On Passing the New Menin Gate

Who will remember, passing through this Gate,
The unheroic Dead who fed the guns?
Who shall absolve the foulness of their fate, --
Those doomed, conscripted, unvictorious ones?
Crudely renewed, the Salient holds its own.
Paid are its dim defenders by this pomp;
Paid, with a pile of peace-complacent stone,
The armies who endured that sullen swamp.
. . . .
Here was the world's worst wound. And here with pride,
"Their name liveth for ever," the Gateway claims.
Was ever immolation so belied
As these intolerably nameless names?
Well might the Dead who struggled in the slime
Rise and deride this sepulcher of crime.

Este soneto, recolectado en *Collected Poems 1908-1956*, fue comenzado en Bruselas el 25 de julio de 1927 y terminado en la residencia londinense de Sassoon en 23 Campden Hill Square, Kensington, en enero de 1928[146]. *Campden Hill Square* es un área residencial, considerada una de las más caras y exclusivas, en el corazón de Holland Park.

Menin Gate, un portal semejante al Arco de Triunfo de París, es un monumento conmemorativo cuya piedra tiene grabados los nombres de los 54.889 soldados del Reino Unido y del Commonwealth (Australia, Canadá, India Británica, Sudáfrica e Indias Occidentales) muertos en las tres batallas de Ypres (la 1ª, del 13 al 15 de noviembre de 1914; la 2ª, el 22 de abril de 1915; la 3ª, conocida como Passchendaele, del 31 de julio al 15 de noviembre de 1917). Ypres es una localidad cerca de Bruselas[147].

"*Crudely renewed*" (crudamente renovado) es una referencia a la reconstrucción imperfecta del saliente en el monumento. A pesar de ello, se mantiene firme.

El poema está estructurado en dos cuartetos de rima alternada seguidos por un sexteto con rima ABABCC. Es un poema amargo, posiblemente porque Sassoon pensara que ningún monumento podía hacer honor a los muertos en batalla ni constituir un recordatorio satisfactorio, como se pregunta en las primeras líneas.

El tétrico pantano (8° verso) recuerda la condición en que vivieron y murieron los soldados, algunos de los cuales se ahogaron en el fango.

No falta la característica ironía de Sassoon, aquí en el uso repetido de "*Paid*" (pagos), que inicia los versos sexto y séptimo: ¿cómo es posible pagarles su sacrificio, su muerte a los soldados? Toda su recompensa ha sido la de figurar en la piedra. También es irónica la línea 10ª, referida a la inscripción de la entrada: "Su nombre vive para siempre", ya que nada significa para el visitante: es solo un nombre y, como dice su calificativo, un nombre "sin nombre". Proviene del *Ecclesiasticus*, capítulo 44, versículo 14. El *Ecclesiasticus* es considerado un libro apócrifo de alrededor del año 200 de la era cristiana. Los dos versos finales tienen una carga de amargura: bien podrían estos muertos, que lucharon en el fango, levantarse de la tumba y hacer trizas el monumento.

---

146 [http://www.aftermathww1.com/sassoon3.asp].
147 [http://en.wikipedia.org/wiki/Menin_Gate].

Solo

"Cuando estoy solo"... las palabras tropezaron en su
[lengua
como si estar solo no fuera nada extraño.
"Cuando yo era joven", dijo; "cuando yo era joven..."
. . . .
Pensé en la vejez, y en la soledad, y en el cambio.
Pensé qué extraños nos tornamos cuando estamos solos,
y qué distintos de los seres que se juntan, y conversan,
y apagan las velas de un soplido, y dicen buenas noches.
. . . .
Solo... La palabra es la vida soportada y conocida.
Es la quietud cuando nuestros espíritus caminan
y todo, salvo la fe más profunda, es derribado.

Alone

"When I'm alone"... the words tripped off his tongue
As though to be alone were nothing strange.
"When I was young," he said; "when I was young..."
. . . .
I thought of age, and loneliness, and change.
I thought how strange we grow when we're alone,
And how unlike the selves that meet and talk,
And blow the candles out, and say good night.
. . . .
Alone... The word is life endured and known.
It is the stillness where our spirits walk
And all but inmost faith is overthrown.

Escrito en diciembre de 1925 (Wilson, p. 164), no es específicamente un poema de guerra, aunque la condición de soledad a que se refiere bien puede ser una consecuencia permanente de la guerra en un ser sensible que ha perdido a tantos camaradas.

Sassoon creía que era uno de sus mejores poemas, pues en él había descubierto su modo maduro de expresión, que él denominaba "su voz de cello". En esa época estaba viviendo en su nuevo domicilio de 23 Campden Hill Square.

SECCIÓN IV
Wilfred Owen

Wilfred Owen nació el 18 de marzo de 1893 en Plas Wilmot, Oswestry, condado de Shropshire, donde tuvo una infancia feliz. Cuenta Edmund Blunden en la Memoria introductoria de su edición de *The Poems of Wilfred Owen* que su vocación poética se despertó en unas vacaciones que hizo de niño en Broxton by the Hill, una aldea en el condado de Cheshire. Según su madre, tenía entonces alrededor de diez años (Blunden, p. 4). Escribió sobre ello en un pasaje de unos diez años después:

For I fared back into my life's arrears
Even the weeks at Broxton by the Hill,
Where first I felt my boyhood fill
With uncontainable movements; here was born
My poethood.

[Pues viajé de regreso a las deudas de mi vida hasta las semanas en Broxton by the Hill, donde primero sentí que mi niñez se llenaba de incontenibles movimientos; allí nació mi vocación poética.]

En sus primeros años escribió en forma copiosa poemas que mostraban una marcada influencia de Keats, de otros románticos, principalmente Shelley, y de victorianos como Tennyson. No han quedado ejemplos de sus primeros poemas, pues, obedeciendo sus instrucciones, su madre los quemó a su muerte. (Stallworthy, p. 53).

Siguiendo la trayectoria de los sucesivos puestos de trabajo de su padre en el ferrocarril, se educó en el Birkenhead Institute, Liverpool y en el Technical College, Shrewsbury, luego de lo cual se matriculó en London University, en 1911, donde aspiraba a seguir su educación superior. Fue admitido, pero sin honores, lo que no lo calificaba para la beca, que necesitaba, ya que sin ella sus padres no podían hacer frente a los gastos de su educación. Decidió entonces aceptar un cargo no rentado como asistente laico del vicario, el Reverendo Herbert Wigan, en Dunsden, una aldea en Oxfordshire, a cambio de alojamiento y comida.

La permanencia en Dunsden dejó una honda impresión en Owen. Visitaba los barrios pobres de la parroquia de Oxfordshire, lo que lo puso en contacto con un grado de miseria y enfermedad desconocido, que despertó en él una poderosa compasión por la humanidad sufriente, que la experiencia de la guerra reviviría. Al mismo tiempo, lo que consideraba la hipocresía de la iglesia frente a los sufrimientos de los pobres prepara el camino a su distanciamiento con la religión.

Ya en una carta de noviembre de 1911, que escribe a su hermana Mary, se refiere a la lástima que siente por los desamparados de la parroquia de Dunsden:

Muchos de los viejos no saben leer; los que pueden, rara vez lo hacen. Centenares de ellos han pasado toda la vida en la misma caja de piedra con una tapa de paja, que llaman su choza, y desconocen todo interés fuera de ese mundo. Los que tienen alguna Esperanza en un Mundo Futuro viven satisfechos, y con el viejo semblante iluminado por el blanco resplandor de la eternidad. Los que, como los animales, no tienen esa Esperanza, pasan la vejez amortajados en una lobreguez interior... (Carta citada en Stallworthy, p. 66).

La miseria que ve a su alrededor es también una de las causas que lo hace rechazar la idea inicial de un sacerdocio, o incluso dedicarse a estudios teológicos. En Dunsden empieza a dedicar gran parte del tiempo a la poesía, y descubre las posibilidades de la rima asonante, imperfecta, o *pararhyme* (*pararrima*), que usará en algunos poemas, como *"Song of Songs"* [Canción de canciones], *"From My Diary, July 1914"* [De mi diario, julio de 1914], *"Miners"* [Mineros], *"Insensibility"* [Insensibilidad], *"Strange Meeting"* [Extraño encuentro], *"Arms and the Boy"* [Las armas y el muchacho], *"Futility"* [Futilidad] y *"Exposure"* [Exposición]. En la pararrima se retiene la estructura consonante y se cambia la vocálica: *cold/called/killed/curled*. No se trata de un descubrimiento de Owen. Como nota D. S. R. Welland, ya la habían usado Henry Vaughan, Gerard Manley Hopkins y Emily Dickinson, aunque no es posible determinar si Owen estaba familiarizado con la obra de los dos ingleses. Por otra parte, con seguridad, desconocía la de Dickinson. Asimismo, Montezanti apunta que Jules Romains había usado el recurso de la pararrima en *La Vie Unanime* (Montezanti *et al.*, p. 43). Agrega Welland que es posible que tanto Vaughan, Hopkins como Owen derivaran la pararrima de los galeses (Welland, pp. 104-105). En la poesía galesa se denominaba *cynghanedd* y se usaba desde el siglo XIV.

Owen se mostró siempre interesado en la música de la poesía. Blunden lo destaca como un trabajador incansable en el laboratorio de la palabra, el ritmo y la música del lenguaje, en parte por naturaleza y en parte por su estrecha familiaridad con la poesía francesa y sus sutilezas técnicas (Blunden, p. 28).

En los poemas que escribe Owen en Dunsden, Stallworthy destaca la sensualidad con que describe la belleza del cuerpo humano y, casi sin excepción, su celebración del masculino, hecho que ve importante para la comprensión de los poemas posteriores. Stallworthy lo relaciona con el alejamiento del sentimiento religioso en Owen y la lejanía de su dominante y puritana madre, una anglicana evangélica que veía impuro todo lo que tenía que ver con la sexualidad (Stallworthy, p. 70). Se detiene en el poema *"Lines Written on my Nineteenth Birthday"*, donde el poeta se imagina en la agonía de un sufrimiento similar al de Cristo, con sugerencias inconfundiblemente sexuales. Críticos y comentaristas posteriores se referirán a un marcado homoerotismo en Owen, e incluso a una posible homosexualidad. Para reforzarlo, se suele citar, entre otros poemas, *"Maunday Thursday"* [Jueves santo], un soneto que data de mayo/junio de 1915 (edición de Stallworthy de los poemas de Owen, p. 86):

——————————————— /// ———————————————

Entre las morenas manos de un monaguillo	*Between the brown hands of a server-lad*
se ofrecía la cruz de plata para ser besada.	*The silver cross was offered to be kissed.*
Los hombres se acercaban, lúgubres, pero no tristes,	*The men came up, lugubrious, but not sad,*
y se arrodillaban con renuencia, a medias prejuiciados.	*And knelt reluctantly, half-prejudiced.*
Luego venían luctuosas mujeres; bocas sufridas tenían,	*Then mourning women knelt; meek mouths they had,*
(y besaban, por cierto, el Cuerpo del Cristo.)	*(And kissed the Body of the Christ indeed.)*
Venían niños, de labios anhelantes y gozosos.	*Young children came, with eager lips and glad.*
(Estos besaban un muñeco de plata, inmensamente [brillante.)	*(These kissed a silver doll, immensely bright.)*
Luego también yo me arrodillé ante el acólito.	*Then I, too, knelt before the acolyte.*
Encima del crucifijo incliné la cabeza:	*Above the crucifix I bent my head:*
el Cristo era flaco, y frío, y estaba bien muerto:	*The Christ was thin, and cold, and very dead:*
Y sin embargo me incliné, sí, y besé: mis labios se aferraron.	*And yet I bowed, yea, kissed – my lips did cling.*
(Besé las cálidas manos llenas de vida que sostenían la cosa.)	*(I kissed the warm live hands that held the thing.)*

——————————————— /// ———————————————

Es indudable que el poeta besa con fruición las manos llenas de vida del joven acólito, lo que da pie a una interpretación homoerótica. Al mismo tiempo, el poema dice mucho acerca de los sentimientos religiosos del poeta. El pasaje de una carta de Owen del 27 de diciembre de 1914 que cita Stallworthy tiende a reforzar esta idea. Dice así:

> Hicimos dos viajes a la iglesia… y nos instalamos en el santuario mismo. Una posición interesante para mí, mezclado con las velas, el incienso, los acólitos, casullas y todas esas cosas… Me parece que los esfuerzos de los queridos, adorables acólitos para mantenerse despiertos fue lo que más mantuvo mi atención allí.

Un soneto posterior, posiblemente de 1917, que titula *"To Eros"* [A Eros], el dios del amor, dramatiza su crisis de fe como una batalla entre Cristo y Eros, con el triunfo del amor carnal. Sin embargo, Owen nunca dejó de reverenciar la figura de Jesús. En un poema como *"Greater Love"*, por ejemplo, identifica la figura del sufriente soldado, víctima de los conductores de la guerra, con la de Cristo. Ambos tienen su Calvario:

——————————————— /// ———————————————

Corazón, nunca fuiste tan ardoroso,	*Heart, you were never hot*
ni tan pleno ni espacioso como los corazones ametrallados;	*Nor large, nor full like hearts made great with shot;*
y aunque sea pálida tu mano,	*And though your heart be pale,*
más pálidos son todos los que llevan a cuestas	*Paler are all which trail*
tu cruz a través de las llamas o el granizo:	*Your cross through flame and hail:*
llora, llorar puedes, mas tocarlos, nunca.	*Weep, you may weep, for you may touch them not.*

——————————————— /// ———————————————

Las experiencias vividas en Dunsden lo han hecho recapacitar. El dolor ajeno le llega hondo: la compasión es su sentimiento dominante.

Luego de poco más de un año (20 de octubre de 1911-7 de febrero de 1913), Owen abandona la vicaría en circunstancias un tanto oscuras. En palabras de Stallworthy, el 7 de febrero de 1913 el joven sacudió de sus zapatos "el polvo teológico de Dunsden". En una carta a su madre del 4 de enero de 1913, Owen escribía:

> He asesinado a mi falso credo. Si existe uno verdadero, lo encontraré. Si no, adiós a los credos aún falsos que aprisionan el corazón de casi todos mis congéneres. (Stallworthy, p. 83).

Una serie de ataques bronquiales (su madre ve en ellos, a pesar de la opinión contraria del médico, una predisposición a la tuberculosis), sumado a la recomendación del facultativo de que un invierno en el sur de Francia le haría bien, hacen que Owen acepte un empleo de medio tiempo como profesor de inglés en la escuela Berlitz de Bordeaux, y el 15 de septiembre de 1913 aborda un vapor con destino a Francia, donde permanecerá hasta mayo de 1915.

El estallido de la guerra lo sorprende en Bordeaux. En Francia conoce al poeta y escritor francés Laurent Tailhade (1854-1919), amigo de Verlaine y discípulo de Mallarmé, y traba amistad con él. Tailhade, a la sazón de 59 años, era un pacifista declarado. Igual que Owen, había planeado que su destino fuera la Iglesia, pero se había rebelado contra el cristianismo. En su panfleto *Lettre aux conscrits*, de 1903, en que declara su pacifismo, Tailhade culpa a la generación de los mayores por el sacrificio de los jóvenes y pondera un sentimiento de hermandad que trasciende las barreras del nacionalismo y que resulta acorde a las ideas y sentimientos de Owen. Lo mismo sucede con la prédica de Tailhade de la libertad de conciencia detrás del pacifismo. Sin embargo, como afirma Welland, cuando la convocatoria de voluntarios en Inglaterra se volvió más urgente y clamorosa, la influencia del pacifismo de Tailhade no resultó suficiente para que Owen volviera a su patria para alistarse (Welland,

p. 92). En junio de 1916 se había alistado y tenía el grado de subteniente en el Manchester Regiment, Quinto Batallón (Stallworthy, p. 136).

A fines de 1916, en el peor invierno de la guerra, Owen ya estaba en el Frente Occidental. La tarea de su destacamento era retener posiciones en la Tierra de Nadie en el área de Beaumont Hamel[148]. El 12 de enero, Owen condujo su pelotón al Frente. En una carta a su casa describe la situación:

> Hicimos una marcha de tres millas por un camino bombardeado y luego casi tres más a lo largo de una trinchera inundada. Después de eso llegamos a una zona donde las trincheras habían sido aplanadas y tuvimos que caminar por encima. Estaba, por supuesto, oscuro, demasiado oscuro, y el suelo no era barro, no era todo lodo, sino un pulpo de limo que nos chupaba a tres, cuatro y cinco pies de profundidad, con solo el alivio de cráteres llenos de agua. Se sabe que allí se han ahogado hombres. Muchos se quedaron atascados en el fango & pudieron salir solo abandonando sus botas altas de vadear, su equipo y, en algunos casos, su ropa. (Carta citada en Stallworthy, p. 156).

El regimiento de Owen en ese mes de enero de 1917 padece una verdadera tortura en medio del hielo y el fuego. En otra carta a su madre, escribe:

> Yo había perdido los guantes en un refugio subterráneo, pero encontré un mitón en el Campo [de batalla]. Tenía mi impermeable (sin forro pero llevaba un chaquetón debajo). Me dolían los pies hasta que ya dejaron de dolerme, pues por algún tiempo se me habían dormido. Me mantenía caliente el ardor de la Vida en mi interior. Olvidé el hambre por el hambre por la Vida. La intensidad de tu Amor me llegaba y me mantenía vivo. Pensaba en ti y en Mary sin interrupción, todo el tiempo. No puedo decir que sintiera miedo. Todos estábamos medio locos por los explosivos. Creo que mi peor reflexión era la imposibilidad de sacar de allí a los heridos, una imposibilidad total durante el día, y terriblemente difícil de noche.
>
> Estábamos abandonados en un desierto helado. No hay signo alguno de vida en el horizonte y un millar de signos de muerte.
>
> Ni una brizna de pasto, ni un insecto; una o dos veces al día, la sombra de un buitre enorme, que olfatea carroña. (Carta citada por Stallworthy, p. 159).

La noche del 14 o 15 de marzo, Owen andaba a tientas en la oscuridad cuando se cayó en una especie de pozo de unos cinco metros de profundidad, pegándose en la nuca. Si bien solo sintió dolor de cabeza al principio, empezó a comportarse en forma extraña, como notó el comandante en jefe (teniente coronel Luxmoore). Temblaba y tenía la mente confusa. En una carta a su madre del 2 de mayo, escribe que ha tenido un colapso nervioso, "que llaman neurastenia". Una junta médica lo había encontrado no apto para el Frente y había decidido enviarlo al hospital de guerra Craiglockhart[149], en Edimburgo, para observación y tratamiento.

Owen permaneció en Craiglockhart cuatro meses, desde junio hasta octubre de 1918. La estadía en Craiglockhart fue decisiva para la carrera de Owen como poeta. Allí compuso poesía todo el tiempo y fue editor de *The Hydra*, la revista literaria del hospital. Lo más importante de todo fue conocer a Siegfried Sassoon a mediados de agosto, que estaba recluido allí, como se ha relatado, no porque sufriera de neurosis de guerra, sino para salvarse de ser dado de baja por su oposición a la guerra. Owen se presentó a Sassoon, poeta consagrado, como aspirante a poeta. Con toda generosidad, Sassoon leyó su poesía, lo aconsejó y lo alentó. Después de salir de Craiglockhart, Owen fue a Londres, donde gracias a las recomendaciones de Sassoon conoció a destacadas figuras literarias, como H. G. Wells, Arnold Bennett y Robert Ross, ex

---

148 Véase nuestra nota sobre el poema "El Ancre en Hamel", de Edmund Blunden, en la Segunda Parte: Antología poética. I. Edmund Blunden.

149 Véase "Sección III. La poesía de guerra: segunda etapa" y la parte dedicada a Siegfried Sassoon, en la misma sección.

amante y ejecutor literario de Oscar Wilde, que a su vez, lo puso en contacto con otros escritores, como el influyente Osbert Sitwell, que contribuyó en gran parte a que se conociera la obra de Owen. Gracias a sus nuevas relaciones literarias, tres poemas de Owen se publicaron en *The Nation*: "*Miners*", "*Hospital Barge*" y "*Futility*".

En junio de 1918, Owen fue declarado nuevamente apto para el Frente, y al mes siguiente se reincorporó al servicio.

En marzo-abril de ese año, los alemanes lanzaron su mayor ofensiva, llamada por ellos *Kaiserschlacht*, o Batalla del Emperador, contra los Aliados, también conocida como Segunda Batalla del Somme. Para el 23 de mayo los alemanes habían avanzado catorce millas, una enorme ganancia. En junio continuaban su avance hacia París, pero al mes siguiente un contraataque de las fuerzas estadounidenses, recientemente incorporadas a la guerra, sirvió para detener al enemigo. En agosto, los aliados lanzan su ofensiva final, conocida por los británicos como la batalla de Amiens y por los franceses como la batalla de Montdidier. En septiembre, los alemanes inician su retirada (Ferrell, pp. 118-121).

Owen se distinguió luchando en la línea Beaurevoir-Fonsomme, cerca de Joncourt, y por su actuación se le concedió la Cruz Militar. Fue al Frente por última vez el 29 de octubre y fue muerto el 4 de noviembre, mientras cruzaba el canal Oise-Sambre, cerca de Or.

Las hostilidades cesaron siete días después. El telegrama que comunicaba su muerte llegó a sus padres en Shrewsbury mientras las campanas anunciaban el Armisticio. Al parecer, en el último día que pasó con su madre, mientras miraba hacia Francia a través del Canal de la Mancha momentos antes de partir, había citado una frase del *Gitanjali*, el poemario de Rabindranath Tagore, de 1910:

Cuando me vaya de aquí, que estas sean mis palabras de despedida: Lo que he visto es insuperable. (Stallworthy, p. 267).

No se sabe con certeza cuándo Owen empezó a escribir poesía. Posiblemente haya habido un largo proceso, iniciado con sus lecturas de los románticos, en especial Keats, pero también Shelley, y otros como Swinburne, Blake, Rossetti... De los fragmentos que sobrevivieron a la quema llevada a cabo por su madre a instancias de los deseos de su hijo, hay uno escrito a lápiz en un volumen de *A Midsummer-Night's Dream* [Sueño de una noche de verano]. Guiándose por la letra, Stallworthy (p. 53) cree que el fragmento data de 1909 o 1910, luego de la lectura de "*The Fall of Hyperion*" [La caída de Hiperión], el poema de Keats de 1818-19, que quedó inconcluso. Se titula "*To Poesy*" [A la poesía], y en la sección que tiene mayor significación para nosotros, referida a su declaración de servicio poético, dice:

─────────────── /// ───────────────

Ningún hombre (salvo quienes a tú concediste el [derecho de ascender y sentarse contigo, consagrándolos con unción [espléndida, llamándote a ti mismo su sirviente y su amigo) te ha amado con amor más puro que yo.	No man (save them thou gav'st the right to ascend And sit with thee, 'nointing with unction fine Calling thyself their servant and their friend) Has loved thee with a purer love than mine.

─────────────── /// ───────────────

En una carta a su madre, en que echa una mirada retrospectiva a su vida, reafirma su dedicación a la poesía. Son unas líneas escritas la víspera del año nuevo de 1918, a los veinticuatro años:

No estoy insatisfecho con mis años. Todo ha sido hecho en períodos: períodos de horrible trabajo en Shrewsbury & Bordeaux; períodos de asombroso placer en los Pirineos, y juego en Craiglockhart; períodos de religión en Dunsden; períodos de horrible peligro en el Somme; períodos de poesía siempre; de tu afecto siempre; de compasión por los oprimidos siempre.

Salgo de este año un Poeta, mi querida madre, como no entré en él. Los *Georgians* me consideran su igual; soy un poeta de poetas. (Citado por Stallworthy, p. 253).

La Gran Guerra le dio su tema y su pasión. En su última poesía se afirma como un poeta experto, conocedor profundo y dominador de su oficio poético. Salvo por la excepción de la guerra, su oficio es parte de la tradición del siglo XIX. No quiso, no pudo o no buscó experimentar con el modernismo como lo hicieron infatigablemente sus contemporáneos Pound y Eliot. Absorbido por la guerra como fue, no podría haber sido un innovador como ellos, ni como intentó serlo Rosenberg. No obstante, mejor que Rosenberg (cuya situación era desfavorable por no contar con la educación de Owen y vivir sumido en la pobreza), Owen conocía en profundidad los recursos poéticos y experimentó con las formas métricas (odas, sonetos, poemas narrativos), con la rima, la aliteración, las imágenes... Absorbió de Keats una riqueza notable de dicción, a la par que su notable impersonalidad, y escribió con la rica tradición poética inglesa que amó y pudo estudiar a fondo. Abundan en sus poemas ecos de Shakespeare, del Shelley de *Adonais*, incluso de Dante.

Su célebre Prefacio, encontrado entre los papeles de Owen después de su muerte e incluido en la edición de sus poemas hecha por Edmund Blunden en 1931, no es un trabajo terminado, sino una serie de notas que Owen intentaba usar como introducción para un poemario que no llegó a ser. Incluye una declaración que resulta un auxiliar fundamental para la comprensión de su poesía:

―――――――――― /// ――――――――――

PREFACIO

PREFACE

Este libro no es sobre héroes. La Poesía Inglesa aún no está preparada para hablar de ellos.

No es tampoco sobre hazañas, ni tierras, ni nada que tenga que ver con la gloria, el honor, el poderío, la majestad, el dominio o el poder, salvo la Guerra.

Sobre todo, no estoy interesado en la Poesía.
Mi tema es la Guerra, y la compasión de la Guerra.
La Poesía está en la compasión.

Sin embargo, para esta generación estas elegías no son, en ningún sentido, consolatorias. Pueden serlo para la próxima. Todo lo que puede hacer hoy un poeta es advertir. Por eso los verdaderos Poetas deben ser veraces.

(Si yo creyera que la letra de este libro pudiera perdurar, podría haber usado nombres propios; pero si el espíritu del libro sobrevive –si sobrevive a Prusia– mi ambición y esos nombres habrán alcanzado campos más lozanos que los de Flandes...).

This book is not about heroes. English Poetry is not yet fit to speak of them.

Nor is about deeds, or lands, nor anything about glory, honour, might, majesty, dominion, or power, except War.

Above all I am not concerned with Poetry.
My subject is War, and the pity of War.
The poetry is in the pity.

Yet these elegies are to this generation in no sense consolatory. They may be to the next. All a poet can do to-day is warn. That is why the true Poets must be truthful.

(If I thought the letter of this book would last, I might have used proper names; but if the spirit of it survives –survives Prussia– my ambition and those names will have achieved themselves fresher fields than Flanders...).

―――――――――― /// ――――――――――

Lo primero que hay que aclarar es que, al decir que no está interesado en la Poesía, Owen se está refiriendo a la poesía en el sentido convencional de la palabra; en este caso específico, a cómo la concebía el romanticismo del siglo XIX, un género que se ocupaba de temas como el amor y la belleza, ajeno al horror y dolor y realismo de la guerra, donde todo es muerte. Owen está diciendo que no escribe *acerca* de la compasión, sino que su poesía *es* la expresión o manifestación de su compasión o identificación emocional. Entendemos compasión como sentimiento de conmiseración que se experimenta hacia el otro y posibilidad que tiene el ser de proyectarse en otro ser sufriente, confundirse con él y compartir su dolor, hacerlo propio, con la aspiración de poder hacer algo para remediar la situación o iniciar una cruzada humanitaria contra la guerra.

A continuación del Prefacio, Owen incluye el contenido de su libro proyectado, la tabla o índice de materias, y agrega, "con sus perplejidades". A la primera columna, que enumera los títulos de veintisiete poemas, sigue una segunda, sobre el motivo (o tema) del poema (si es sobre la locura, o sobre lo monstruoso de las armas, o el heroísmo, etc.) y una tercera, de "perplejidades", con lo que quizá se refiriera a sus propias dudas sobre si incluir o no un poema determinado, o sobre si es descriptivo, reflexivo, alegórico, lírico o sobre si expresa "repugnancia" (o asco). Todo es tentativo, ya que son notas tentativas, en una etapa de proyecto.

Selección de poemas de Wilfred Owen[150]

———————————————— /// ————————————————

Los hados

Me vigilan, esos informantes de los Hados,
llamados Suerte, Casualidad, Necesidad y Muerte;
el Tiempo, disfrazado como alguien que sirve y espera,
la Eternidad, como muchachas de fragante aliento.
Los conozco. Hay hombres y muchachos en su paga,
y hay quienes considero mis confiables amigos
que pueden resultar Agentes de ellos, listos a apresarme
si me aparto del fatal reglamento. Si me muevo, ellos
                        [se mueven...

. . . .

¿Escapar? Hay un camino que no vigilan: tus ojos,
¡Oh Belleza! Mantén a salvo esa puerta secreta.
Y cuando se estreche el cordón de los espías,
agranda el iris cerrado de tus ojos.
Así evadiré el defecto y el tormento de los años
y me libraré de la marcha de la vida, etapa por etapa.

The Fates

They match me, those informers to the Fates,
Called Fortune, Chance, Necessity, and Death;
Time, in disguise as one who serves and waits,
Eternity, as girls of fragrant breath.
I know them. Men and boys are in their pay,
And those I hold my truest friends may prove
Agents of Theirs to take me if I stray
From fatal ordinance. If I move they move—

. . . .

Escape? There is one unwatched way: your eyes,
O Beauty! Keep me good that secret gate.
And when the cordon tightens of the spies
Let the close iris of your eyes grow great.
So I'll evade the vice and rack of age
And miss the march of lifetime, stage by stage.

Soneto shakesperiano, el tipo de soneto más usado por Owen, cuyo patrón de rima es aquí ABABABAB CDCDEE. Fue escrito en Craiglockhart entre el 31 de junio y el 1º de julio de 1917. En su edición de *The Poems of Wilfred Owen*, Jon Stallworthy cita una carta a Leslie Gunston, fechada 1º de julio, en que escribe Owen:

> Anoche muy apresuradamente bosquejé un soneto sobre los Hados. Tuve una idea, que es casi mi Evangelio. ¿Puedes deducirla de esto? En ese caso, ¿cómo la expresarías en prosa? (Stallworthy, p. 64).

Se desprendería del título mismo que la idea del poema es una concepción determinista de la vida, concebida como que está bajo la observación de una serie de "informantes" o agentes de los Hados: la Fortuna, la Casualidad, la Necesidad, la Muerte, el Tiempo y la Eternidad. Existe una sola vía de escape para el poeta, la creación poética, o la creación de la Belleza, que permite evadir a "los informantes". Owen toma de su admirado Keats el culto de la Belleza, parte importante de su Evangelio como tabla de salvación, idea que se había afirmado con los esteticistas (Walter Pater, Oscar Wilde, Théophile Gautier, prerrafaelistas y decadentes), que enfatizan los valores estéticos en literatura en detrimento de los temas sociopolíticos. Este tema aparece también en los *Georgians*.

En Owen, el tema de la guerra y el énfasis sobre los detalles realistas desplazarán los resabios de *l'art pour l'art*, si bien pueden subsistir en las imágenes.

Leslie Gunston, primo hermano de Wilfred, dos años menor, era también poeta, autor de *The Nymph and Other Poems* (London: Stockwell, 1916).

l. 3: "*Time, in disguise as one who serves and waits*" [el Tiempo, disfrazado como alguien que sirve y espera]. La fuente es el soneto XIX de Milton, sobre la ceguera, "*When I consider How My Light is Spent*" [Cuando pienso que mi luz se ha agotado] cuyo último verso se refiere a que hay diversas maneras de servir al Señor. Dice: "*They also serve who only stand*

---

[150] La secuencia de los poemas aquí adoptada sigue la cronología de la edición de *The Poems of Wilfred Owen*, de Jon Stallworthy, New York. London: W. W. Norton, 1983, 1985. Para citarla, usamos la abreviatura JS.

and wait" [También sirven quienes permanecen y esperan"].

ll. 13-14: "*So I'll evade the vice and rack of age / And miss the march of lifetime, stage by stage*" [Así evadiré el defecto y el tormento de los años / y me libraré de la marcha de la vida, etapa por etapa). Expresión de fe o esperanza de que el culto de la Belleza sirva para vencer el paso del tiempo y el avance de la vejez.

Canción de canciones	*Song of Songs*

Cántame a la mañana, mas solo con tu risa;	*Sing me at morn but only with your laugh;*
igual que la Primavera, que al reír se convierte en hoja;	*Even as Spring that laugheth into leaf;*
igual que el Amor, que después de la Vida ríe.	*Even as Love that laugheth after Life.*
. . . .	. . . .
Cántame, mas solo con tus palabras, todo el día,	*Sing me but only with your speech all day,*
igual que las volubles hojas; deja que las violas mueran;	*As voluble leaflets do; let viols die;*
¡la menor palabra de tus labios es una melodía!	*The least word of your lips is melody!*
. . . .	. . . .
¡Cántame al atardecer, mas solo con tu suspiro!	*Sing me at eve but only with your sigh!*
Como los mares henchidos, reconforta; susurra así,	*Like lifting seas it solaceth; breathe so,*
quedo y suave, el sentido que no hay canción que [trasmita.	*Slowly and low, the sense that no songs say.*
. . . .	. . . .
¡Cántame a la medianoche con tu murmurante corazón!	*Sing me at midnight with your murmurous heart!*
Que las quejumbrosas e inmortales cuerdas de la [juventud se oigan	*Let youth's immortal-moaning chords be heard*
en ti, palpitantes y sollozantes y nunca amortiguadas.	*Throbbing through you, and sobbing, unsubdued.*

Owen escribió "*Song of Songs*" entre fines de junio y mediados de agosto de 1917. En su *Edición*, Jon Stallworthy cita una carta de Owen a Leslie Gunston sobre su primer encuentro con Siegfried Sassoon, en que dice que algunos de sus sonetos no le gustaron a Sassoon en absoluto, pero sí este poema, que ponderó como "perfecto y totalmente encantador", al punto de pedirle una copia (p. 66). No es un poema de guerra. Es tradicional, tanto en el tema (es un poema de amor de tono extático) como en sus imágenes, características de la poesía romántica (primavera, hojas, labios, suspiros, melodía, suspirar, medianoche, murmurante corazón...). Usa también sinestesia. Fue el primero de Owen en publicarse. Apareció en *The Hydra*, la revista del Hospital Militar de Craiglockhart, que dirigía Owen, el 1° de septiembre de 1917. Existe un manuscrito en el Museo Británico (Welland, p. 129), que difiere ligeramente de la versión publicada en *The Hydra*, que es la que siguió Blunden en su edición de 1920. La versión de Stallworthy tiene pequeñas variantes. El poema está estructurado en cuatro tercetos sobre la base del tiempo: en la primera estrofa es la mañana; en la segunda, todo el día; en la tercera, el atardecer; en la cuarta, la medianoche. El uso de pararrima (*laugh / leaf / life, day / die / melody*, etc.), de aliteración (*laugh, leaf, love, life; sense / song; throbbing / through; midnight, murmurous, moaning*) y de la anáfora (*sing me*, en los cuatro tercetos; *even*, en el segundo) le otorga musicalidad.

Inspección

"¡Tú! ¿Qué significa esto?" exclamé.
"¿Te atreves a venir así a la revista?
"Perdón, señor, es que..." "Cierra el pico", le espetó el
[sargento.
"¿Anoto su nombre, señor?" – "Hazlo, y luego que rompan
[filas".

. . . .

Le dieron unos días de "confinamiento"
por estar "sucio en la revista de tropas".
Me dijo después que la maldita mancha
era de sangre, la suya. "Pues la sangre es mugre", le dije.

. . . .

"La sangre es mugre", dijo él, riendo y desviando la
[mirada
hacia adonde había sangrado su herida,
hasta casi fundirse para siempre con la tierra.
"El mundo se está lavando las manchas", dijo.
"No le gusta que tengamos demasiado rojas las mejillas.
La sangre joven es su mayor objeción.
Pero cuando estemos debidamente blanqueados, luego
[de muertos,
la raza tendrá que soportar la inspección de Dios, el
[Mariscal de Campo".

Inspection

'You! What d'you mean by this?' I rapped.
'You dare come on parade like this?'
'Please, sir, it's -' "Old yer mouth,' the sergeant snapped.
'I take 'is name, sir?' - 'Please, and then dismiss.'

. . . .

Some days 'confined to camp' he got,
For being 'dirty on parade'.
He told me, afterwards, the damned spot
Was blood, his own. 'Well, blood is dirt,' I said.

. . . .

'Blood's dirt,' he laughed, looking away
Far off to where his wound had bled
And almost merged for ever into clay.
'The world is washing out its stains,' he said.
'It doesn't like our cheeks so red:
Young blood's its great objection.
But when we're duly white-washed, being dead,

The race will bear Field-Marshal God's inspection.

Poema de tres estrofas, las dos primeras de cuatro versos, la última de ocho, cuyo borrador fue iniciado en Craiglockhart en agosto de 1917. Se completó en septiembre. Lleva patrón de rima ABAB. Muestra la influencia de Sassoon, en especial de su poema *"They"*. Ambos poemas son una sátira, el de Sassoon, contra la Iglesia; el de Owen, contra la Iglesia y la "inhumanidad del ejército", según él mismo anota como "Motivo" en la Tabla de Contenidos que sigue al "Prefacio". Ambos poemas incluyen diálogo directo y lenguaje coloquial. De hecho, como observa Welland, los ocho primeros versos reproducen el diálogo de una manera coloquial, mientras que la segunda parte del poema, u ocho versos finales, están escritos en un idioma poético, con imágenes literarias y metáforas (Welland, p. 62).

En *"Inspection"*, hay tres personajes: el poeta (la voz poética), un sargento y el "acusado", posiblemente un soldado raso. El diálogo final es entre el oficial (el poeta) y el soldado que tiene una mancha en su uniforme el día en que pasan revista. Es una mancha de sangre, lo que tiene una connotación religioso-militar: en la guerra, soldados y oficiales son sacrificados para expiar la culpa de la humanidad. Cuando estén muertos, y limpios, entonces podrán pasar la inspección de Dios. Esta imagen del Juicio Final como una revista de tropas es profundamente irónica.

Resulta interesante comprobar que el oficial que lleva a cabo el castigo del soldado es la voz poética, es decir, el poeta mismo.

l.7: *"The Damned Spot"*. Referencia a Macbeth, acto v, escena 1, l.35: *"Out, damned spot!"* exclama Lady Macbeth, sonámbula, en alusión a su parte de culpa en el asesinato del rey. Quiere lavarse las manos para así "lavar" su culpa.

Antífona para la juventud condenada	***Anthem for Doomed Youth***
¿Campanas de difuntos para quienes mueren como [ganado?	*What passing bells for these who die as cattle?*
Solo la monstruosa iracundia de las armas.	*Only the monstrous anger of the guns.*
Solo el rápido tartamudear de los fusiles	*Only the stuttering rifles' rapid rattle*
puede silenciar sus apresuradas plegarias.	*Can patter out their hasty orisons.*
Para ellos no hay burlas de rezos ni campanas,	*No mockeries for them from prayers or bells,*
ni voces de lamentos, salvo las de los coros,	*Nor any voice of mourning save the choirs,-*
el agudo, demente coro de quejosos proyectiles,	*The shrill, demented choirs of wailing shells;*
y clarines llamándolos desde regiones tristes.	*And bugles calling for them from sad shires.*
. . . .	. . . .
¿Qué cirios pueden encenderse para despedirlos?	*What candles may be held to speed them all?*
No en las manos de niños, pero sí en sus ojos	*Not in the hands of boys, but in their eyes*
ha de resplandecer la sagrada vislumbre de la despedida.	*Shall shine the holy glimmers of good-byes.*
El pálido semblante de las muchachas habrá de ser su [palio;	*The pallor of girls' brows shall be their pall;*
sus flores, la ternura de mentes silenciosas,	*Their flowers the tenderness of silent minds,*
y cada lento atardecer el bajar de las persianas.	*And each slow dusk a drawing-down of blinds.*

Escrito en Craiglockhart en septiembre-octubre de 1917, el poema es una elegía para soldados anónimos, muertos en el Frente. Sassoon ayudó a Owen a darle forma final, sugiriendo mejoras a los versos 5° y 13°, y contribuyó con el título (Stallworthy, *Biography*, p. 218). La palabra "anthem", antífona, otorga solemnidad, siendo como es un pasaje tomado por lo general de las Sagradas Escrituras que se canta o reza antes y después de cánticos y salmos en las horas canónicas. Aquí se canta por los millones de soldados muertos, muchos ellos sin enterrar, y comparados con ganado. En la Tabla de Contenidos que sigue al Prefacio, en la columna de "Motivo" correspondiente a este poema, Owen escribió *"Grief"* [Pesar], lo que es apropiado para esta antífona de duelo y lamento. Es irónico que oraciones y campanas, y toda forma de ritual, sean reemplazados por el "tartamudear de los fusiles" y la "iracundia de las armas", que pusieron fin a las vidas perdidas. Habrá un coro de "quejosos proyectiles" en lugar de coros.

El poema se aproxima en forma a un soneto, formado por un octeto y un sexteto, con rima alternada en el octeto y el patrón ABBACC en el sexteto. Utiliza imágenes pastoriles (ganado), con imágenes de guerra (armas, fusiles) y de velorio (plegarias, campanas, coros, lamentos, cirios, palio). Owen usa onomatopeya (*"stuttering"*, *"rattle"*, *"patter"*) como también aliteración (*"anger of the guns"*, *"rapid rattle"*, *"shall shine"*, *"pallor/pall"*) y personificación (monstruosa iracundia de las armas, tartamudear de los fusiles, quejosos proyectiles).

1.7: *"The shrill, demented choir of wailing shells"* [el agudo, demente coro de quejosos proyectiles]. El subtexto es *"Ode to Autumn"*, de Keats, l.27: *"Then in a wailful choir the small gnats mourn"* [Luego en quejoso coro los pequeños mosquitos se lamentan].

Sobre mis canciones

Aunque innumerables veces poetas nunca vistos
me hayan respondido como si mi pesar conocieran,
y su verso de tal forma se adaptara
que clamor de mi alma pareciera, ocasionando el correr
de mis mudas lágrimas con un lenguaje dulce como un
[sollozo,
sin embargo hay días en que este cúmulo de ideas
nada significa para mí. No hay palpitante verso
que palpite con mi corazón, ni que tenga parecidos
[pensamientos.

. . . .

Es entonces cuando doy voz a mis propios, fantásticos
[ensueños:
graves canturreos de un huérfano sin madre, que en
[la penumbra
se canta a su propio y asustado yo para poder dormirse.
Si alguna noche tú estuvieras en esta sala de enfermos,
temeroso de la oscuridad que a alumbrar no te atreves,
escucha, que a lo mejor mi voz te tranquiliza.

On My Songs

Though unseen Poets, many and many a time,
Have answered me as if they knew my woe,
And it might seem have fashioned so their rime
To be my own soul's cry; easing the flow
Of my dumb tears with language sweet as sobs,

Yet are there days when all these hoards of thought
Hold nothing for me. Not one verse that throbs
Throbs with my heart, or as my brain is fraught.

. . . .

'Tis then I voice mine own weird reveries:

Low croonings of a motherless child, in gloom

Singing his frightened self to sleep, are these.
One night, if thou shouldst lie in this Sick Room,
Dreading the Dark thou darest not illume,
Listen; my voice may haply lend thee ease.

Soneto en pentámetros yámbicos, con división entre el octeto y el sexteto. Usa rima alternada en el octeto. En el sexteto, el patrón es CDCDDDC. Fue escrito en Dunsden el 4 de enero de 1913 (Stallworthy, *Edition*, p. 90), en un momento difícil para Owen, luego de haber atravesado una honda crisis religiosa y llegado a la conclusión de que su futuro no estaba en la Iglesia. En una carta escrita a su madre ese día (a la que nos hemos referido en la "Sección IV. Wilfred Owen" de la Segunda Parte), Wilfred le confiesa que ha "sacudido el polvo teológico de Dunsden", y agrega:

> He asesinado a mi falso credo. Si existe uno verdadero, lo encontraré. Si no, adiós a los credos aún falsos que aprisionan el corazón de casi todos mis congéneres. (Stallworthy, *Biography*, p. 83).

El abandono de la religión por parte de su hijo debe de haber sido un golpe terrible para su madre, profundamente religiosa como era. El poema "*On My Songs*" muestra su descubrimiento de una nueva religión: la poesía. El poema es un testamento de confianza en su propia voz poética.

l.1: "*Unseen Poets*". Posiblemente el panteón de poetas románticos y victorianos que leyó y estudió en sus días escolares: Keats, Shelley, Wordsworth, Coleridge, Thomas Gray, y luego Tennyson, Arnold y Rossetti.

ll.7.8: "*Not one verse that throbs / Throbs with my heart, or as my brain is fraught*" [No hay palpitante verso / que palpite con mi corazón, ni que tenga parecidos pensamientos]. Asoma ya aquí una especie de declaración de independencia, una aspiración a mayoría de edad.

l.14: "*Listen; my voice may haply lend thee ease*" [Escucha, que a lo mejor mi voz te tranquiliza]. Para el final, ya ha cobrado seguridad en sí mismo, descubierto su propia voz, y se muestra esperanzado de ayudar a otros.

Este poema de Wilfred Owen está inspirado en un florido soneto decimonónico del poeta estadounidense James Russell Lowell titulado "*To the Spirit of Keats*", en el que Lowell se refiere al dolor del poeta que lucha por su arte, ante un destino seguro de "olvido y menosprecio". Owen lo cita en una carta a su madre del 17 de septiembre de 1912 (JS, p. 90).

To the Spirit of Keats

Alma grande, sentada conmigo en mi cuarto,	*Great soul, thou sittest with me in my room,*
que me exaltas con tus vastos, sosegados ojos	*Uplifting me with thy vast, quiet eyes,*
en cuyos orbes plenos, con benigno fulgor, yace	*On whose full orbs, with kindly lustre, lies*
la crepuscular tibieza de un rojizo florecer de brasas	*The twilight warmth of ruddy ember-gloom:*
de segura esperanza, para el que llora, solitario	*Thy clear, strong tones will oft bring sudden bloom*
y lucha con las agonías del poeta joven,	*Of hope secure, to him who lonely cries,*
olvido y menosprecio, al parecer condena cierta.	*Wrestling with the young poet's agonies,*
¡Sí! Las pocas palabras que, como grandes gotas de [trueno,	*Neglect and scorn, which seem a certain doom:* *Yes! the few words which, like great thunder-drops,*
tu inmenso corazón dejó caer sobre la tierra,	*Thy large heart down to earth shook doubtfully,*
estremecidas por el relámpago interior de su poder,	*Thrilled by the inward lightning of its might,*
sereno y puro, como efusivo júbilo de luz,	*Serene and pure, like gushing joy of light,*
seguirán las eternas cuerdas del Destino	*Shall track the eternal chords of Destiny,*
después que el pulso lunar del océano se haya detenido.	*After the moon-led pulse of ocean stops.*

James Russell Lowell (1819-1891)

---— /// ———

De mi diario, julio de 1914	**From My Diary, July 1914**

Hojas
   que murmuran por miríadas en los relucientes árboles.
Vidas
   que despiertan maravilladas en los Pirineos.
Pájaros
   que gorjean alegres temprano a la mañana.
Poetas
   que cantan a la siega del heno en el verano.
Abejas
   que agitan el pesado rocío de flores y de frondas.
Niños
   que hacen estallar la superficie del ebenáceo estanque.
Destellos
   de nadadores que en el centelleante frío se abren paso.
Carne
   que mojada resplandece en el oro de la mañana.
Un prado
   bordeado de arroyos susurrantes.
Una muchacha
   que ríe conmigo la risa del amor, orgullosa de su [aspecto.
El calor
   que palpita entre la sierra y la cumbre.
Su corazón
   tembloroso de pasión muy junto a mi mejilla.
Entrelazar
   de flotantes flamas en la cresta de la montaña.
Meditación
   de la quietud; y un suspirar de la rama.
Alboroto
   de hojuelas en la penumbra; suaves chubascos de [pétalos.
Estrellas
   que se expanden con las estrelladas flores de la noche.

Leaves
   Murmuring by myriads in the shimmering trees.
Lives
   Wakening with wonder in the Pyrenees.
Birds
   Cheerily chirping in the early day.
Bards
   Singing of summer, scything thro' the hay.
Bees
   Shaking the heavy dews from bloom and frond.
Boys
   Bursting the surface of the ebony pond.
Flashes
   Of swimmers carving thro' the sparkling cold.
Fleshes
   Gleaming with wetness to the morning gold.
A mead
   Bordered about with warbling water brooks.
A maid
   Laughing the love-laugh with me; proud of looks.
The heat
   Throbbing between the upland and the peak.
Her heart
   Quivering with passion to my pressed cheek.
Braiding
   Of floating flames across the mountain brow.
Brooding
   Of stillness; and a sighing of the bough.
Stirs
   Of leaflets in the gloom; soft petal-showers;
Stars
   Expanding with the starr'd nocturnal flowers.

    Poema experimental temprano, en que Owen hace maravillas con el idioma poético. El primer borrador probablemente date de los días de Owen en los Pirineos franceses (fines de julio de 1914). Se considera que volvió a este poema en Craiglockhart en octubre-noviembre de 1918, o en Scarborough, donde se desempeñó como mayordomo del Comandante del 5º Batallón de Reserva entre el 24 de noviembre de 1917 y marzo de 1918 (Stallworthy, *Edition*, p. 97). La estructura es compleja, al punto de que el solo hecho de describirla resulta complicado. Consta de 32 líneas, que llamaremos "binarias", o estrofas de dos líneas, la primera formada por una sola palabra inicial y la segunda por una línea o verso más extenso (16 binarios en total).

Cada "binario" completa una oración referida a un día de verano, desde el alba hasta el esplendor de una noche estrellada, lo que ubica el poema dentro de la tradición romántica del Keats de "*Ode to Melancholy*". Por otra parte, la organización en torno al ciclo de día y noche o la oposición noche/día es recurrente en Owen, como comprobamos en "*Dulce et Decorum Est*", "*Song of Songs*", y "*Mental Cases*", entre otros poemas. Se usa una combinación de rima tradicional (*trees / Pyrinees; day / hay*) y pararrima (*leaves / lives; birds / bards*). Los dos primeros binarios constan de palabras que comienzan con "l" (*leaves / lives*), los cuatro siguientes con "b" (*birds, bards, bees, boys*); el siguiente grupo binario empieza con "f", y luego, sucesivamente con "m", "h", "b" y finalmente con "s". Otro recurso usado es la recurrencia de la forma de gerundio en *–ing*, acompañada de aliteración: en versos sucesivos "*murmuring*" + "*myriads*", "*wakening*" + "*wonder*", "*chirping*" + *cheerily*", etc. Muchas de las formas en gerundial son onomatopoeyas: *shimmering, chirping, shaking, gleaming, warbling, throbbing*... También se usa la aliteración: *cheerily chirping; boys bursting; warbling water*. Todos estos recursos otorgan al verso gran musicalidad.

Apología pro Poemate Meo

Yo, también, vi a Dios en el fango,
el fango que se agrietaba en las mejillas cuando los
[desdichados sonreían.
La guerra trajo más gloria a sus ojos que la sangre,
y dio a su risa más alegría que la que sacude a un niño.

. . . .

Feliz era reír allí,
donde la muerte se vuelve absurda, y la vida más
[absurda.
Porque el poder era nuestro cuando descarnábamos los
[huesos
para no sentir la enfermedad ni el remordimiento del
[asesinato.

. . . .

Yo, también, he descartado el miedo,
detrás de la barrera de fuego, muerto como mi pelotón,
y he enviado mi espíritu a navegar en el oleaje, ligero
[y claro
más allá de la alambrada, donde las esperanzas yacían,
[esparcidas.

. . . .

Y presenciado el júbilo:
he visto rostros que solían maldecirme, con los que
[intercambiábamos amenazas,
los he visto resplandecer e iluminarse con la pasión de
[la oblación,
seráficos por una hora, aunque fueran execrables.

. . . .

He hecho camaradería,
ignorada por los amantes felices de antiguas canciones.
Porque el amor no es la unión de bellos labios
con la suave seda de ojos que miran y anhelan,

. . . .

Por la Alegría, cuyos galones se escurren,
pero que hiere con el duro alambre de la guerra cuyas
[estacas son duras;
cosida con la venda del brazo que gotea;
tejida en la tela de la correa del fusil.

. . . .

He percibido mucha belleza
en los roncos juramentos que mantenían puro nuestro
[coraje;
he oído música en la quietud del deber;

Apologia pro Poemate Meo

I, too, saw God through mud –
The mud that cracked on cheeks when wretches smiled.
War brought more glory to their eyes than blood,
And gave their laughs more glee than shakes a child.

. . . .

Merry it was to laugh there –
Where death becomes absurd and life absurder.
For power was on us as we slashed bones bare
Not to feel sickness or remorse of murder.

. . . .

I, too, have dropped off fear –
Behind the barrage, dead as my platoon,
And sailed my spirit surging, light and clear
Past the entanglement where hopes lay strewn;

. . . .

And witnessed exultation –
Faces that used to curse me, scowl for scowl,
Shine and lift up with passion of oblation,
Seraphic for an hour; though they were foul.

. . . .

I have made fellowships –
Untold of happy lovers in old song.
For love is not the binding of fair lips
With the soft silk of eyes that look and long,

. . . .

By Joy, whose ribbon slips, –
But wound with war's hard wire whose stakes are strong;
Bound with the bandage of the arm that drips;
Knit in the welding of the rifle-thong.

. . . .

I have perceived much beauty
In the hoarse oaths that kept our courage straight;
Heard music in the silentness of duty;

hallado paz cuando el asalto con bombas vomitaba el [torrente más rojo.	*Found peace where shell-storms spouted reddest spate.*

. . . .

Sin embargo, a menos que compartas	*Nevertheless, except you share*
con ellos la oscuridad dolorosa del infierno,	*With them in hell the sorrowful dark of hell,*
cuyo mundo no es más que el temblor de una bengala,	*Whose world is but the trembling of a flare,*
y el cielo no más que la carretera para una bomba,	*And heaven but as the highway for a shell,*

. . . .

No has de oír su regocijo:	*You shall not hear their mirth:*
no pensarás que están contentos	*You shall not come to think them well content*
por ninguna broma mía. Estos hombres valen	*By any jest of mine. These men are worth*
tus lágrimas. Tú no vales su alegría.	*Your tears: You are not worth their merriment.*

Siegfried Sassoon dijo que la forma correcta en latín es *"Apologia pro Poema Mea"* (apología por mi poesía). Se cree que el título se basó en *Apologia pro Vita Sua*, del Cardenal Newman. El poema fue escrito en Scarborough en noviembre-diciembre de 1917. (Stallworthy: *Edition*, p. 102).

Consta de nueve estrofas de rima alternada. Si bien abundan los sustantivos abstractos (alegría, remordimiento, miedo, júbilo), los superan los detalles muy concretos y realistas de la guerra y el frente de batalla: el fango que se agrieta en las mejillas, la barrera de fuego, el duro alambre, estacas duras, la venda de un brazo que gotea, el asalto con bombas que vomitaba el torrente rojo...

l.1: *"I, too, saw God through mud..."*. Este poema está relacionado con Robert Graves. Jon Stallworthy cita una carta de Graves de diciembre de 1917 donde este le dice a Owen: "Por amor de Dios, ¡ánimo y escribe con más optimismo! La guerra no ha terminado todavía pero un poeta debería poseer un espíritu por encima de las guerras". Welland (p. 67), por su parte, sugiere que este comienzo es una alusión al poema *"Two Fusiliers"*, de Graves (véase en la selección de poemas de Robert Graves). La alusión sugerida puede ser a la estrofa final:

Muéstrame a dos tan íntimamente unidos	*Show me two so closely bound*
como nosotros, por el húmedo lazo de la sangre,	*As we, by the wet bond of blood,*
por la amistad, florecida del fango,	*By friendship, blossoming from mud,*
por la Muerte: la enfrentamos, y encontramos	*By Death: we faced him, and we found*
en la Muerte, belleza,	*Beauty in Death,*
en los hombres muertos, aliento.	*In dead men breath.*

Por otra parte, es indiscutible que el poema se abre como una respuesta a algo dicho en una conversación anterior a un interlocutor que está presente en todo el poema: *"I, too, saw God through mud..."*.

l.17: *"I have made fellowships..."*. Para referirse a las amistades que ha hecho el poeta en la guerra, y con las que ha sufrido, usa adecuadamente duras metáforas de guerra: *"war's hard fire whose stakes are strong, / Bound with the bandage of the arm that drips; / knit in the webbing of the rifle-thong"* [la herida con el duro alambre de la guerra cuyas estacas son duras / cosida con la venda del brazo que gotea; / tejida en la tela de la correa del fusil] (ll. 22-24).

ll.19: *"For love is not the binding of fair lips..."* (Stallworthy, *Edition*, p. 102) sugiere una comparación con un par de versos de *"L'Amour"*, del poemario *The Nymph and Other Poems*, de Leslie Gunston: *"Love is the binding of souls together, / The binding of lips, the binding of eyes"* [El amor es la atadura de almas / La atadura de labios, la atadura de ojos].

l.25: *"I have perceived much beauty"*. El culto a la belleza, que prevalece en los románticos y en los prerrafaelistas, nunca disminuyó en Owen. Es posible que, por contraste o ausencia, se fortaleciera en el panorama de la guerra.

ll.33-36: La estrofa final surge como una especie de advertencia y reproche a quienes no participan directamente en la guerra. Según Jon Silkin, lo que se requiere que sientan los civiles por las víctimas de la guerra es empatía, no simpatía (Silkin, Preface to *Out of Battle*, p. x).

Mineros	*Miners*
Se oyó un susurro en el fuego del hogar, el carbón suspirando, nostálgico de una tierra anterior que quizá recordara.	*There was a whispering in my hearth, A sigh of the coal, Grown wistful of a former earth It might recall.*
. . . .	. . . .
Agucé el oído a la espera de un cuento de hojas y helechos extinguidos, bosques de frondas, y de las vidas primitivas y furtivas antes de los ciervos.	*I listened for a tale of leaves Anz smothered ferns; Frond-forests; and the low, sly lives Before the fawns.*
. . . .	. . . .
Mi fuego podría mostrar espectros de vapor hirviendo [a fuego lento desde la antigua caldera de los Tiempos, antes de que los pájaros hicieran sus nidos en verano, o engendrara hijos la gente.	*My fire might show steam-phantoms simmer From Time's old cauldron, Before the birds made nests in summer, Or men had children.*
. . . .	. . . .
Pero los carbones murmuraban acerca de su mina, y allá abajo de los gemidos de sobresaltados muchachos que soñaban, y de hombres retorciéndose para poder respirar.	*But the coals were murmuring of their mine, And moans down there Of boys that slept wry sleep, and men Writhing for air.*
. . . .	. . . .
Y vi huesos blanqueados en los fragmentos de brasas, innumerables huesos, muchos chamuscados por los musculosos cuerpos, y pocos lo recuerdan.	*And I saw white bones in the cinder-shard, Bones without number; For many hearts with coal are charred; And few remember.*
. . . .	. . . .
Pensé en los que trabajaban en los oscuros pozos de la guerra, y morían cavando las rocas donde la Muerte considera que allí es donde la paz yace.	*I thought of some who worked dark pits Of war, and died Digging the rock where Death reputes Peace lies indeed.*
. . . .	. . . .
Años de bienestar brindarán muelles sillones en salas de ámbar; los años extenderán las manos, vitoreados por las ascuas de nuestra vida.	*Comforted years will sit soft-chaired In rooms of amber: The years will stretch their hands, well-cheered By our lives' ember.*
. . . .	. . . .
Los siglos quemarán las opulentas cargas de las que nosotros nos quejábamos, cuyo calor arrullará sus adormilados párpados al compás de románticas canciones. Pero no han de soñar con nosotros, pobres muchachos perdidos en la tierra.	*The centuries will burn rich loads With which we groaned, Whose warmth shall lull their dreaming lids While songs are crooned. But they will not dream of us poor lads, Lost in the ground.*

Blunden (p. 125) cita una carta de Owen a su madre, del 14 de febrero de 1918, en que dice: "Escribí un poema acerca del Desastre de la Mina de carbón, pero mezclo la Guerra al final. Es corto, pero ¡ay, tan amargo!". Lo escribió en Scarborough el 13 o 14 de enero de 1918. El 12 de enero hubo una explosión en un pozo de la mina Podmore Hall, en Halmer End, una aldea en Staffordshire, en que murieron ciento cuarenta hombres y muchachos mineros. Owen le mostró el poema a Sassoon, que sugirió cambios. El poema fue aceptado para su publicación en *The Nation*, y apareció el 26 de enero. Owen veía una analogía entre los mineros que cavaban pozos y los soldados que hacían lo propio en la Tierra de Nadie para minar las líneas enemigas. Todos parecen compartir la misma mina, tumba e infierno.

El poema consta de siete cuartetos y un sexteto final. Utiliza pararrima alternada en toda su extensión (ABAB). En el sexteto, el patrón de la pararrima es igualmente ABABAB. Asimismo, hay onomatopeya y aliteración en la cuarta estrofa: *murmuring / mine / moans / men*. En las tres primeras estrofas, la voz poética parece adormilada junto al fuego, en una suerte de ensueño en que medita acerca de los orígenes de la tierra o las primeras eras geológicas, antes de que aparecieran las aves. Las estrofas cuarta y quinta la vuelven al presente de la explosión en la mina, que se asemeja a la guerra. "*White bones in the cinder-shard*" [huesos blanqueados en los fragmentos de brasas] (l.17), puede aplicarse tanto a las minas como a las fronteras. En la sexta ya estamos plenamente en el campo de batalla. La séptima se refiere a los industriales o dueños de las minas, que viven en medio de la comodidad y el lujo, y se enriquecieron con el trabajo de quienes ahora están muertos. La última estrofa ejemplifica la "compasión" a la que se refiere Owen en su Prefacio: hay una identificación de la voz poética con "*us poor lads / left in the ground*" [nosotros, pobres muchachos / perdidos en la tierra].

Dulce et Decorum Est

Doblados en dos, como viejos mendigos bajo cargamento,
las piernas torcidas, tosiendo como demonios,
    [maldecíamos en medio del fango
hasta que a la luz de las obsesionantes bengalas nos
    [dimos vuelta
y hacia nuestro distante puesto nos arrastramos.
Los hombres marchaban dormidos. Muchos habían
    [perdido las botas,
y rengueaban, los pies ensangrentados. Todos
    [rengueaban, todos ciegos;
borrachos de fatiga, sordos incluso al ulular
de las extenuadas, ya rezagadas granadas de gas que
    [caían a nuestras espaldas.

. . . .

¡Gas! ¡GAS! ¡Rápido, muchachos! – Un éxtasis de caminar
    [a tientas,
de calzarnos con torpeza los cascos justo a tiempo,
pero alguien todavía daba alaridos y tropezaba
y avanzaba a los tumbos como un hombre en un incendio
    [o caminando sobre cal...
Borrosamente, a través de vidrios empañados y una
    [densa luz verde,
como en el fondo de un mar verde, lo vi ahogarse.

. . . .

En todos mis sueños, ante mi impotente mirada,
él viene hacia mí, gorgoteando, asfixiándose, ahogándose.

. . . .

Si en algún oprimente sueño tú también pudieras
    [caminar
detrás del carro en que lo arrojamos
y vieras sus ojos en blanco retorcerse en la cara,
en su cara colgante, como un demonio harto ya del
    pecado;
si pudieras oír, con cada traqueteo, la sangre
saliendo a borbotones y con espumarajos de los
    [pulmones podridos,
obscena como el cáncer, amarga como el bolo digerido
    [a medias
de viles e incurables pústulas en lenguas inocentes,
amigo mío, no les dirías con tanto entusiasmo
a los niños ansiosos de desesperada gloria
la antigua mentira: Dulce et decorum est
pro patria mori.

Dulce et Decorum Est

Bent double, like old beggars under sacks,
Knock-kneed, coughing like hags, we cursed through
    [sludge,
Till on the haunting flares we turned our backs,
And towards our distant rest began to trudge.
Men marched asleep. Many had lost their boots,

But limped on, blood-shod. All went lame, all blind;

Drunk with fatigue; deaf even to the hoots
Of gas-shells dropping softly behind.

. . . .

Gas! GAS! Quick, boys! – An ecstasy of fumbling
Fitting the clumsy helmets just in time,
But someone still was yelling out and stumbling
And flound'ring like a man in fire or lime. –
Dim through the misty panes and thick green light,

As under a green sea, I saw him drowning.

. . . .

In all my dreams before my helpless sight
He plunges at me, guttering, choking, drowning.

. . . .

If in some smothering dreams, you too could pace

Behind the wagon that we flung him in,
And watch the white eyes writhing in his face,
His hanging face, like a devil's sick of sin,

If you could hear, at every jolt, the blood
Come gargling from the froth-corrupted lungs

Bitter as the cud

Of vile, incurable sores on innocent tongues, –
My friend, you would not tell with such high zest
To children ardent for some desperate glory,
The old Lie: Dulce et decorum est
Pro patria mori.

En octubre de 1917, Wilfred Owen escribió a su madre desde Craiglockhart, enviándole este poema. Lo dedicó a Jessie Pope (véase "Poetas mujeres"), autora de versos publicados en diarios de amplia distribución nacional en que exhortaba a los jóvenes a alistarse, entre ellos un poema jingoísta titulado *"Who's for the Game"* [¿Quién juega?], en el que hacía que la guerra pareciera algo divertido y la obligación de los jóvenes fuera dar la vida por su patria. "Dulce et Decorum Est", la respuesta de Owen a Jessie Pope, presenta la guerra como algo terrible: es un despropósito morir por la patria, idea que hace eco del título, proveniente de la Oda II del libro Tercero de *Odas*, de Horacio: *"dulce et decorum est pro patria mori: / mors et fugaces persequitur uirum / nec parcit inbellis iuuentae / poplitibus timidote aurae"* [Dulce y honroso es morir por la patria: / la muerte también sigue al hombre que huye / y a jóvenes cobardes no perdona / las corvas ni las tímidas espaldas] (Quinto Horacio Flaco. *Odas*. Tr. Alejandro Bekes. Buenos Aires: Editorial Losada, 2005, p. 312).

El poema de Owen arroja una detenida mirada al horror de una batalla, enfatizando detalles terribles. Los soldados, "cojos y ciegos", van "doblados en dos, como viejos mendigos bajo un pesado cargamento, las piernas torcidas". La primera estrofa presenta un batallón vencido, que arrastra los pies ensangrentados. El enemigo arroja una bomba, y todos buscan su máscara antigás. Uno de los soldados no alcanza a ponérsela, y el poema describe el doloroso proceso de su horrible muerte por asfixia. El gas (del tipo denominado "de mostaza") es como un mar verde, que lo ahoga. Los detalles con los que se describe al soldado moribundo son horrendos: tiene los ojos en blanco, la cara colgante, "como un demonio harto ya de pecado"; la sangre mana a borbotones, con "espumarajos de los pulmones podridos". Entonces, ¿qué sentido tiene decirles a los niños ansiosos de desesperada gloria la antigua mentira de lo honroso que es morir por la patria?

Owen utiliza una técnica realista, que estremece al lector, para presentar la agonía del soldado, con acumulación de detalles difíciles de soportar. Había recibido consejos de Sassoon de suprimir todo lo que pudiera resultar sentimental, olvidar las imágenes bellas y voluptuosas, propias del romanticismo, e incrementar la fuerza de la denuncia contra la guerra. Welland cita un pasaje de *Siegfried's Journey*, donde Sassoon recuerda que él había objetado en Owen "la escritura excesivamente voluptuosa de sus versos inmaduros" (Welland, p. 49-50).

"Dulce et Decorum Est" está estructurado en cuatro estrofas desiguales que componen dos sonetos. El primero va de la primera línea hasta la 14ª ("*Bent double / I saw him drowning*") y el segundo de la 15ª. hasta el final. La rima sigue el patrón ABAB, con la excepción de "*light / sight*" en las líneas 13ª. y 15ª.

El poema es rico en recursos poéticos de gran efecto, como la personificación de "*haunting flares*" [obsesionantes bengalas]; la hipálage en "*tired...Five-Nines*"[151] [la extenuación de los hombres se aplica a las granadas]; los símiles "*like old beggars*" [como viejos mendigos]; "*coughing like hags*"[tosiendo como demonios]; "*as under a green sea*" [como debajo de un mar verde] o "como cáncer"...; y las repeticiones ("*All went lame; all blind*"). La elección de vocablos merece también ponderación. Nos referimos, por ejemplo, al uso de formas en –*ing* para verbos que denotan acciones de hombres en situaciones límite: "*coughing*" [tosiendo], "*yelling*" [dando alaridos]," *stumbling*" [tropezando], "*guttering*" [gorgoteando], "*choking*" [asfixiándose], "*drowning*" [ahogándose]. La elección de la palabra *ecstasy* merece explicación, pues no se usa en el sentido corriente de exaltación o arrebato, sino para significar un estado febril de violenta confusión mental, locura. Estos comentarios van como ejemplos que no aspiran a agotar la riqueza de recursos poéticos ni la justeza en el uso de vocablos. Merecería que nos detuviéramos en símiles como "*like a devil sick of sin*" [como un demonio harto de pecado], o en el uso del sustantivo "*jolt*" [traqueteo] o en expresiones como "*innocent tongues*" [lenguas inocentes], todos ellos pertenecientes a la parte final del poema, que se refiere a las consecuencias que deja esta experiencia en el poeta, a la angustia que padeció, posiblemente en Craiglockhart, su neurastenia.

---

151 *Five-Nines*: Granadas calibre 5.9.

Insensibilidad

I
Felices son los hombres que aun antes de morir
pueden dejar que sus venas se enfríen.
en quienes no hay compasión que se mofe
ni haga que sus pies
se llaguen en los pasadizos empedrados con sus
[hermanos.
El frente de batalla se marchita,
pero con las tropas que se desvanecen, no con flores
para el plañidero juego de poetas:
los hombres, espacios que hay que llenar,
bajas que podrían haber luchado
más tiempo; pero nadie se preocupa.

II
Y algunos ya no sienten
ni a ellos mismos, ni por ellos mismos.
El embotamiento esclarece mejor
el asedio y la incertidumbre del cañoneo,
y la extraña aritmética del Azar
resulta ser más simple que el cálculo de sus chelines.
No llevan la cuenta del diezmar del ejército.

III
Felices los que pierden la imaginación:
bastante tienen con llevar municiones.
Su espíritu no acarrea mochila;
sus viejas heridas, salvo por el frío, ya no pueden doler más.
Sus ojos, que han visto todo rojo,
han quedado libres para siempre
del doloroso color de la sangre.
Y una vez superada su primera contracción de terror,
el corazón se les encoge eternamente.
Sus sentidos hace tiempo templados en alguna hirviente
[cauterización de la batalla,
ahora hace tiempo endurecidos
pueden reír entre los moribundos, despreocupados.

IV
Feliz el soldado que ha vuelto al hogar, y que no sabe
que cada amanecer hay un ataque en algún lado,
y en quien muchos suspiros se han secado.
Feliz el muchacho cuya mente nunca fue entrenada:

Insensibility

I
Happy are men who yet before they are killed
Can let their veins run cold.
Whom no compassion fleers
Or makes their feet
Sore on the alleys cobbled with their brothers.
The front line withers.
But they are troops who fade, not flowers,
For poets' tearful fooling:
Men, gaps for filling:
Losses, who might have fought
Longer; but no one bothers.

II
And some cease feeling
Even themselves or for themselves.
Dullness best solves
The tease and doubt of shelling,
And Chance's strange arithmetic
Comes simpler than the reckoning of their shilling.
They keep no check on armies' decimation.

III
Happy are these who lose imagination:
They have enough to carry with ammunition.
Their spirit drags no pack.
Their old wounds, save with cold, can not more ache.
Having seen all things red,
Their eyes are rid
Of the hurt of the colour of blood for ever.
And terror's first constriction over,
Their hearts remain small-drawn.
Their senses in some scorching cautery of battle
Now long since ironed,
Can laugh among the dying, unconcerned.

IV
Happy the soldier home, with not a notion
How somewhere, every dawn, some men attack,
And many sighs are drained.
Happy the lad whose mind was never trained:

ROLANDO COSTA PICAZO

vale más la pena que olvide sus días.	*His days are worth forgetting more than not.*
Canta durante la marcha	*He sings along the march*
que nosotros realizamos, taciturnos, por el atardecer,	*Which we march taciturn, because of dusk,*
el largo, solitario, despiadado camino	*The long, forlorn, relentless trend*
del largo día a la más larga noche.	*From larger day to huger night.*

V

Nosotros, que sabemos, que con solo pensar	*We wise, who with a thought besmirch*
nos manchamos de sangre el alma,	*Blood over all our soul,*
¿cómo habremos de ver nuestra tarea	*How should we see our task*
salvo a través de sus ojos embotados y sin pestañas?	*But through his blunt and lashless eyes?*
Él, vivo, no es en exceso vital,	*Alive, he is not vital overmuch;*
moribundo, no es en exceso mortal;	*Dying, not mortal overmuch;*
ni triste, ni orgulloso,	*Nor sad, nor proud,*
ni curioso tampoco.	*Nor curious at all.*
No es capaz de distinguir	*He cannot tell*
la placidez de los viejos de su propia placidez.	*Old men's placidity from his.*

VI

Pero malditos sean los estólidos a los que ningún cañón [sacude,	*But cursed are dullards whom no cannon stuns,*
pues deberían ser como las piedras;	*That they should be as stones.*
desdichados sean, y despreciables,	*Wretched are they, and mean*
con una pequeñez que jamás fue sencillez.	*With paucity that never was simplicity.*
Por su propia elección se han vuelto inmunes	*By choice they made themselves immune*
a la piedad y a todo lo que en el hombre gime	*To pity and whatever mourns in man*
ante el último mar y las estrellas de la desventura;	*Before the last sea and the hapless stars;*
a todo lo que se lamenta cuando muchos de estas riberas [parten;	*Whatever mourns when many leave these shores;*
a todo lo que comparte	*Whatever shares*
la eterna reciprocidad del llanto.	*The eternal reciprocity of tears.*

En su edición, Stallworthy sugiere que pudo haber dos posibles momentos y lugares de composición de este poema: entre octubre y noviembre de 1917 en Craiglockhart, o entre noviembre de 1917 y enero de 1918 en Scarborough. Se trata de una oda pindárica. La oda es un poema lírico de cierta extensión, estructurado en estrofas complejas, de pronunciada y solemne formalidad y de tono meditativo, reflexivo. Píndaro (522-442 a.C.), poeta griego, es uno de los más importantes autores de odas escritas para ocasiones públicas, sobre todo en honor de triunfadores en los juegos olímpicos. En sus odas, empleaba la estructura triádica atribuida a Estesícoro (siglos VII y VI a.C.). Consistía en una *estrofa* (dos o más versos repetidos como unidad), seguida por una *antistrofa* métricamente armoniosa, y luego una estrofa como resumen o recapitulación, el *epodo*, de una métrica distinta. Estas tres partes se correspondían con el desplazamiento de un coro hacia un costado del escenario, luego hacia el otro, para luego detenerse en el medio del escenario y pronunciar el epodo (*Enciclopedia Británica*).

Stallworthy relaciona el título *"Insensibility"* con *A Defence of Poetry* (1821), de Shelley, tratado en el que el poeta romántico destaca la suprema importancia de la riqueza imaginativa aunada a una delicada *sensibilidad* en el poeta. La insensibilidad puede ser una ventaja para el soldado, que le permitiría no sentir nada en el fragor de la batalla, como se dice en la primera estrofa: *Happy are men who yet before they are killed / Can let their veins run cold* [Felices son los hombres que aun antes de morir / pueden dejar que sus venas se enfríen].

Son felices porque pueden olvidar la compasión (l.3) hacia sus propios compañeros. Sin embargo, el poeta los cuestiona (con una especie de *mea culpa*): los dignos de compasión son hombres que mueren, no flores para "el plañidero juego de poetas". Hay en el poema un juego de ironías en la dicotomía sensibilidad/insensibilidad, compasión/inhumanidad, entre la capacidad del soldado de endurecerse, no sentir nada por sus compañeros soldados, "perder" la imaginación, dejar la mente en blanco, soportar la realidad omnipresente de la sangre, endurecerse hasta lograr una total insensibilidad.

El poema, de seis estrofas de distinta extensión, usa pararrima en todas, sin patrón regular. De hecho, como hace notar Welland, Owen crea un patrón azaroso e intrincado, en que un sonido vocal, al parecer único, encuentra eco varios versos después, como *feet/fought* en la primera estrofa, separados por seis versos, o *"march"* en la cuarta estrofa, que encuentra su pararrima, *"besmirch"*, en el primer verso de la 5ª. estrofa. En la última estrofa hay toda una red de pararrima que juega con la aliteración de *mean / immune / moans / man / mourns / many*.

1ª. estrofa: *Happy are the men...* [Felices son los hombres]. Parte del subtexto de "Insensibilidad" es la oda de Wordsworth sobre el guerrero feliz, *"Character of the Happy Warrior"*: *Who is the happy Warrior? Who is he / That every man in arms should wish to be?* [¿Quién es el Guerrero feliz? ¿Quién es / el que todo soldado desearía ser?].

Este poema de 1806, compuesto por Wordsworth luego de la muerte de Lord Nelson, héroe de las guerras napoleónicas, es el retrato del hombre ideal, valeroso, de espíritu guerrero, ideas nobles y moral inconmovible, poseedor de un espíritu compasivo y tierno. Owen parte de este ejemplo con otros hombres y otras guerras, quizás en un intento por responder irónicamente al carácter ideal del modelo del guerrero del poeta romántico.

En esta primera estrofa, Owen se refiere a soldados que de tanto sufrir se han insensibilizado al dolor de los demás, que han perdido la posibilidad de sentir compasión.

l.3: *"Fleers"*. Burlarse. Traducida como "mofar".

l.5: *"Allies cobbled with their brothers"* [Pasadizos empedrados con sus hermanos]. Esta brutal figura se repite en una carta de Owen del 25 de marzo de 1916: "Están muriendo otra vez en Beaumont Hamel, que ya en 1916 estaba empedrada con calaveras" (Harold Owen. John Bell. *Wilfred Owen. Collected Letters*. Oxford University Press, 1967, p. 542).

Beaumont Hamel fue una batalla en el Somme, una terrible derrota para los aliados, en el que de un total de ochocientos un soldados, setecientos treinta y tres fueron muertos o heridos.

l.9: *"Men, gaps for filling"* [Espacios que hay que llenar]. Referencia a carteles de guerra con espacios en filas de soldados con la leyenda: *"Fill up the Ranks!"* [¡Llenen las filas!].

2ª. estrofa: En la segunda estrofa, los soldados han perdido hasta el poder de compasión hacia sí mismos. El aturdimiento, el entumecimiento mental resulta beneficioso en ese sentido: *"Dullness best solves..."* [El embotamiento mejor...].

l.16: *"Chance's strategic arithmetic"* [La estratégica aritmética del Azar]. En la guerra no opera una probabilidad matemática: todo está librado al azar.

l.17: *Shilling* [chelín]. Referencia al "chelín del rey", que el oficial de reclutamiento daba por tradición al nuevo soldado que reclutaba.

3ª. estrofa: Felices los que han acallado la imaginación, que han olvidado sus sufrimientos pasados. *"Old wounds... can ache no more"* [sus viejas heridas... ya no pueden doler más], cuyo corazón es inmune a la compasión. Varias metáforas provienen de la situación bélica: *"They have enough to carry with ammunition"* [bastante tienen con llevar las municiones] y *"Their spirit drags no pack"* [Su espíritu no acarrea mochila].

ll.23.25: *"Having seen all things red, / Their eyes are rid / of the hurt of the colour of blood forever"* [Sus ojos, que han visto / todo rojo, han quedado libres para siempre / del doloroso color de la sangre]. Luego de haber visto tanta sangre, han quedado inmunes: ningún derramamiento de sangre los trastornará.

4ª. estrofa: Cuando están en su hogar, de licencia, los soldados olvidan sus experiencias y pierden el sentido del peligro. Otros, cuya mente no ha sido entrenada, olvidan lo que sucede. A los soldados con experiencia ("nosotros", l. 37), en cambio, les resulta imposible ser insensibles: conocen el "largo, solitario, despiadado camino / del largo día a la más larga noche".

5ª. estrofa: A los poetas, que saben lo que pasa, solo les basta pensar para sangrar, es decir, volver a la horrible realidad de la batalla. ¿Cómo poder componer poesía? Solo absorbiendo la insensibilidad del soldado común, es decir, mirando con ojos embotados, sin pestañas, no siendo ni en exceso vital ni mortal.

6ª. estrofa: En esta estrofa final, se maldice a los insensibles a los que "ningún cañón sacude", que no son capaces de compadecerse de nadie. Carecen de aquello que a Owen más le importa: la compasión, "todo lo que en el hombre gime", y son incapaces de compartir "la eterna reciprocidad" de las lágrimas. (magnífico remate).

——————————————— /// ———————————————

Extraño encuentro

Al parecer de la batalla me había escapado
por un profundo y lóbrego túnel, hacía tiempo excavado
a través de granitos que las titánicas guerras ahuecaran.

. . . .

Sin embargo, allí apiñados durmientes se quejaban,
demasiado sumidos en el pensamiento o en la muerte
[para conmoverse.
Luego, cuando los toqué, uno dio un salto y me miró
con lastimoso reconocimiento en la mirada fija,
levantando acongojadas manos como en una bendición.
Y por su sonrisa reconocí ese sombrío lugar,
por su sonrisa muerta reconocí que estábamos en el
[Infierno.

. . . .

Ese rostro de visión un millar de dolores marcaban;
pero desde lo alto no llegaba la sangre,
y no tronaban cañones, ni se oían sus quejas bajar por
[los conductos.
"Extraño amigo", le dije, "no hay razón aquí para el lamento".
"Razón ninguna", dijo el otro, "salvo los años perdidos,
la desesperanza. La esperanza que tengas,
fue también mi vida; en una caza salvaje
perseguí la belleza más salvaje del mundo,
que no se halla calma en los ojos ni en el trenzado pelo,
pero que se burla del avance firme de las horas,
y que, si se lamenta, se lamenta con más fuerza que aquí.
Porque gracias a mi alegría muchos habrán reído,
y algo habrá quedado de mi llanto,
que debe morir ahora. Hablo de la verdad no dicha,
la lástima de la guerra, la lástima que la guerra destilaba.
Ahora los hombres se conformarán con lo que nosotros
[hemos arruinado.
O, disconformes, les hervirá la sangre y será derramada.
Serán rápidos con la rapidez de la tigresa,
nadie romperá filas, aunque las naciones se aparten del
[progreso.
El coraje era mío, y poseía misterio;
la sabiduría era mía, y poseía poder;
y he de perder la marcha de este mundo en retirada
hacia vanas ciudadelas desprovistas de murallas.
Luego, cuando mucha sangre haya atascado las ruedas
[de sus carruajes

Strange Meeting

It seemed that out of battle I escaped
Down some profound dull tunnel, long since scooped
Through granites which titanic wars had groined.

. . . .

Yet also there encumbered sleepers groaned,
Too fast in thought or death to be bestirred.
Then, as I probed them, one sprang up, and stared
With piteous recognition in fixed eyes,
Lifting distressful hands, as if to bless.
And by his smile, I knew that sullen hall,
By his dead smile I knew we stood in Hell.

. . . .

With a thousand pains that vision's face was grained;
Yet no blood reached there from the upper ground,
And no guns thumped, or down the flues made moan.
'Strange friend,' I said, 'here is no cause to mourn.'
'None,' said that other, 'save the undone years,
The hopelessness. Whatever hope is yours,
Was my life also; I went hunting wild
After the wildest beauty in the world,
Which lies not calm in eyes, or braided hair,
But mocks the steady running of the hour,
And if it grieves, grieves richlier than here.
For by my glee might many men have laughed,
And of my weeping something had been left,
Which must die now. I mean the truth untold,
The pity of war, the pity war distilled.
Now men will go content with what we spoiled,
Or, discontent, boil bloody, and be spilled.
They will be swift with swiftness of the tigress.
None will break ranks, though nations trek from progress.
Courage was mine, and I had mystery,
Wisdom was mine, and I had mastery:
To miss the march of this retreating world
Into vain citadels that are not walled.
Then, when much blood had clogged their chariot-wheels,

iré a lavarlas con agua de dulces manantiales,	*I would go up and wash them from sweet wells,*
incluso con verdades que yacen demasiado hondo para [la corrupción.	*Even with truths that lie too deep for taint.*
Podría haber derramado mi espíritu sin parar	*I would have poured my spirit without stint*
pero no por las heridas, no por la letrina de la guerra.	*But not through wounds; not on the cess of war.*
La frente de los hombres ha sangrado por donde no había [heridas.	*Foreheads of men have bled where no wounds were.*
. . . .	. . . .
Yo soy el enemigo que mataste, amigo mío.	*I am the enemy you killed, my friend.*
Te reconocí en esta oscuridad; porque así fruncías el ceño	*I knew you in this dark: for so you frowned*
ayer mientras me atravesabas y matabas.	*Yesterday through me as you jabbed and killed.*
Me defendí del golpe, pero mis manos estaban reacias [y frías.	*I parried; but my hands were loath and cold.*
Durmámonos ahora..."	*Let us sleep now...'*

Se cree que este poema tiene su origen en un fragmento, *"With those that are become"*, que data de noviembre de 1917 (*The First World War Poetry Digital Archive*[152]). Incorpora otro fragmento, *"Earth's wheels run oiled with blood"*, escrito entre noviembre de 1917 y enero de 1918 (JS, p. 126):

Las ruedas de la tierra corren aceitadas de sangre. [Olvidemos eso.	*Earth's wheels run oiled with blood. Forget we that.*
Acostémonos y concentrémonos en este pensamiento.	*Let us lie down and dig ourselves in thought.*
La belleza es tuya y es tuya la maestría.	*Beauty is yours and you have mastery,*
La sabiduría es mía, y mío es el misterio.	*Wisdom is mine, and I have mystery.*
Los dos nos quedaremos atrás para cumplir nuestra [promesa.	*We two will stay behind and keep our troth.*
Olvidemos la mente de los hombres de brutal naturaleza,	*Let us forego men's minds that are brute's natures,*
no embebamos la sangre que, según algunos, alimenta,	*Let us not sup the blood which some say nurtures,*
no seamos veloces con la velocidad de la tigresa.	*Be we not swift with swiftness of the tigress.*
Rompamos filas con los que se apartan del progreso.	*Let us break ranks from those who trek from progress.*
Apartémonos de la marcha de este mundo, en retroceso hacia ciudadelas sin murallas.	*Miss we the march of this retreating world Into old citadels that are not walled.*
Apartémonos y sostengamos la verdad abierta.	*Let us lie out and hold the open truth.*
Luego, cuando su sangre haya trabado las ruedas de las [cuadrigas	*Then when their blood hath clogged the chariot wheels*
las lavaremos con el agua de pozos profundos.	*We will go up and wash them from deep wells.*
Aunque caigamos en el aprecio de los hombres como [cántaros volcados,	*What though we sink from men as pitchers falling*
muchos nos levantarán para llenar su copa,	*Many shall raise us up to be their filling*
hasta de pozos demasiado hondos para la guerra	*Even from wells we sunk too deep for war*
y llenos de frentes que sangran donde no hay heridas.	*And filled by brows that bled where no wounds were.*

---

152 [http://www.oucs.ox.ac.uk/ww1lit/collections/item4468?CISBOX=1&REC=1].

La fecha de composición de este poema es incierta. Es posible que Owen lo completara en Ripon, pequeña ciudad catedral en North Yorkshire, una de las más pequeñas del Reino Unido. Durante la guerra hubo allí un campo de adiestramiento militar, adonde fue transferido Owen en marzo de 1918.

La complejidad de *"Strange Meeting"* probablemente se deba al hecho de la incorporación de estos fragmentos. Fue hallado entre los papeles de Owen. Según sus biógrafos, no lo revisó ni le dio forma final.

Se trata de un poema visionario, irreal, onírico, de pesadilla, como sugiere ya el dubitativo, incierto *"it seemed"* [al parecer] que abre el poema. La escena tiene lugar en "un profundo y lóbrego túnel", una de las excavaciones, túneles o pozos recurrentes en el escenario bélico, posiblemente una trinchera, metafóricamente un Infierno. Allí se lleva a cabo el "extraño encuentro" de dos soldados de bandos enemigos, muertos. Existe la posibilidad de que se trate del desdoblamiento de la voz poética, o la confrontación con su *doppelgänger*. Los dos soldados que hablan en el poema solo lamentan los años perdidos, la muerte de sus esperanzas, la verdad nunca expresada, y la lástima, verdadera y emocional esencia que despierta la guerra. Pronostican un futuro negro, que se cumplió, ya que la Gran Guerra no puso final al odio generalizado entre las naciones ni a sus ambiciones desmedidas; por el contrario, condujo a una segunda guerra, tanto o más cruenta que la primera.

"Strange Meeting" es un poema de cuarenta y cuatro versos, en algunas ediciones agrupados en cuatro grupos o estrofas irregulares, como sucede en la edición de Jon Stallworthy, que lo estructura en cuatro partes: la primera formada por los versos 1° a 3°, la segunda, por los versos 4° a 10°; la tercera, por versos 11° a 39°, y la 4ª. del 40° al 44°. Blunden, por su parte, lo presenta en su edición sin divisiones, lo mismo que sucede en *The Penguin Book of First World War Poetry*. Los versos, pentámetros yámbicos, son pareados con pararrima, con irregularidades menores.

El título del poema de Owen proviene de una frase de *The Revolt of Islam* [La rebelión del Islam]. Este extenso poema de Percy Bysshe Shelley, de 1819, es una parábola en defensa de la libertad y del idealismo revolucionario luego de la desilusión de la Revolución Francesa. El héroe, un joven libertario de gran parecido con Shelley, lucha para liberar a un país árabe ficticio, Argolia. El poema es, en el fondo, una lucha entre el bien y el mal, o la libertad y la tiranía. Shelley afirmaba que el propósito de su poema era despertar en sus lectores "un virtuoso entusiasmo hacia las doctrinas de libertad y justicia, que ni la violencia ni el prejuicio podrán extinguir por completo" (BBC Homepage).

El héroe del poema de Shelley es herido en una batalla, pero sus camaradas lo curan. La voz poética se pregunta: "¿Por qué el mal siempre surge del mal, / y el dolor siempre engendra mayor dolor? / Somos todos hermanos; hasta los esclavos que matan / por la paga, son hombres..." (Canto V. Estrofa XI).

Al volver en sí, se encuentra en medio de aliados y enemigos: "Y uno, cuya lanza me había atravesado, se inclinó a mi lado, / con labios temblorosos y ojos húmedos; y todo / se asemejaba a unos hermanos en un largo / viaje emprendido, a quienes ahora les acontecía *un extraño encuentro* / en una tierra extraña, junto a alguien a quien podían llamar / su amigo, su jefe, su padre..." (Canto V. Estrofa XIII –itálica propia–).

Con referencia a estas estrofas, escribe Welland:

> La reconciliación de los enemigos, el sentido de la hermandad de los hombres, y la conquista final, incluso de la muerte, como también la frase que sirve de título, "Extraño encuentro", son comunes a ambos poemas... (Welland, p. 100).

l.1: *"It seemed that out of battle I escaped"* [Al parecer de la batalla me había escapado]. "Batalla" e "infierno" son lo mismo, en un sentido metafórico.

l.3: *"Titanic wars"* [guerras titánicas]. "Titánicas" (propias de titanes), ya produce un distanciamiento al plano de lo irreal, a la mitología griega y las luchas entre Zeus y sus dioses del Olimpo contra su padre, Cronos, y los titanes de este, semidioses hijos de Urano.

l.4: *"Encumbered sleepers groaned"* [Apiñados durmientes se quejaban]. Los durmientes enfatizan el plano onírico.

l.10: *"In Hell"* [en el Infierno]. El lugar es el Infierno, según queda ahora confirmado. Muchos comentaristas ven como subtexto el "extraño encuentro", en *Inferno*, de Dante con su antiguo maestro Brunetto Latino (*Inferno* xv, pp. 22-30; la traducción que usamos es de Ángel J. Battistessa):

Cosí adocchiato da cotal famiglia,
fui conosciuto de un che mi prese
per lo lembo e gridò: "Qual maraviglia!"
. . . .
E io, quando 'l suo braccio a me distese,
ficca' li occhi per lo cotto aspetto,
sí che 'l viso abbruciato non difese
. . . .
la conoscenza sua al mio intelletto;
e chinando la mano a la sua faccia,
rispuosi: "Siete voi qui, ser Brunetto?

[Ojeado al paso por la tal familia,
uno me conoció, y me retuvo
por el vestido, y exclamó: "¡Oh prodigio!"
. . . .
Y yo, cuando él tendió hacia mí su brazo,
en su aspecto cocido ahinqué los ojos,
y tanto que su cara chamuscada
. . . .
no impidió que pudiera conocerlo;
e inclinando mi cara hacia la suya,
respondí: "¿Estáis aquí, ser Brunetto?"].

l.17: *"I went hunting wild / After the wildest beauty in the world, / Which lies not calm in eyes, or braided hair, / But mocks the steady running of the hour, / And if it grieves, grieves richlier than here"* [En una caza salvaje / perseguí la más salvaje belleza del mundo, que no se encuentra calma en ojos ni en trenzado pelo, / pero que se burla del avance firme de las horas, / y si se lamenta, se lamenta con más fuerza que aquí]. Vemos aquí una clara referencia a Owen mismo y a su culto keatsiano de la belleza y la verdad como aunadas (*"Beauty is truth, truth beauty"* [La belleza es verdad, la verdad, belleza]). Es interesante ver que la belleza no se encuentra en las mujeres, *"not calm in eyes, or braided hair"* [no calma en ojos ni en trenzado pelo]. Silkin destaca el uso de la palabra *"wild"* [salvaje], por lo general asociada a la sexualidad.

l.25: *"The pity of war, the pity war distilled"* [La lástima de la guerra, la lástima que la guerra destilaba]. Otra referencia al credo personal de Owen, esta tomada de su Prefacio. El verbo *"distilled"*, destilaba, hace de la lástima la esencia misma de la guerra.

l.32: *"To miss the march of this retreating world"* [Perder la marcha de este mundo en retirada]. Compárese con *"And miss the march of lifetime"* [Y me libraré de la marcha de la vida], en *"The Fates"* [Los Hados], último verso.

l.34: *"Chariot-wheels"* [Las ruedas de las cuadrigas]. No existen en la guerra moderna, pero la referencia apunta a la idea de que todas las guerras son una guerra.

l.36: *"With truths that lie too deep for tears"* [Verdades que yacen demasiado hondo para la corrupción]. Eco de la l.205 de *"Ode on Intimations of Immortality"*, de Wordsworth: *"Thoughts that lie too deep for tears"* [Pensamientos que yacen demasiado hondo para las lágrimas].

ll.40-44, última estrofa: Citamos el comentario de Jon Silkin en su estudio sobre la poesía de guerra:

"Strange Meeting" termina con una recapitulación de lo sucedido entre los dos hombres, y sobre lo perturbador e irónico que es su encuentro. Creo que el poema no termina de una manera optimista, a pesar de la reconciliación –*"I am the enemy you killed, my friend"*–pues esto se logra solo con la muerte y después de ella, quizá la muerte de ambos. *"Let us sleep now"* se lee generalmente como la conciliación angélica de la enemistad entre los hombres, en que "el lobo yacerá con el cordero", pero el milenio que crea Isaías es una metáfora a la que le faltan los hechos existentes, y que en la experiencia acarrearía una alteración impensada en el reino irreconciliable de la sociedad. (Silkin, p. 241).

El único lugar donde se puede hallar reconciliación es en la muerte.

Las armas y el muchacho

Deja que el muchacho compruebe la hoja de esta bayoneta,
lo frío del acero, sediento de sangre;
azulado de malicia, como la mirada fogosa de un demente;
desenvainado y hambriento de carne.

. . . .

Préstaselo para que acaricie estas ciegas, romas puntas
[de bala
que ansían acurrucarse en el corazón de los muchachos,
o dale cartuchos de buenos dientes de zinc,
agudos con la agudeza del dolor y de la muerte.

. . . .

Pues sus dientes parecen listos para sonreír al morder
[una manzana.
No asoman garras de sus dúctiles dedos;
y Dios no ha de hacer crecer espolones en sus talones,
ni cornamenta en la espesura de su rizado pelo.

Arms and the Boy

Let the boy try along this bayonet-blade
How cold steel is, and keen with hunger of blood;
Blue with all malice, like a madman's flash;
And thinly drawn with famishing for flesh.

. . . .

Lend him to stroke these blind, blunt bullet-heads
Which long to nuzzle in the hearts of lads,
Or give him cartridges of fine zinc teeth,
Sharp with the sharpness of grief and death.

. . . .

For his teeth seem for laughing round an apple.
There lurk no claws behind his fingers supple;
And God will grow no talons at his heels,
Nor antlers through the thickness of his curls.

Breve poema de tres cuartetos formados por pareados con pararrima, escrito probablemente en Ripon. La copia en blanco de este poema está fechada en esa ciudad el 3 de mayo de 1918. En la Tabla de Contenidos que sigue al Prefacio, Owen completa el "Motivo" del poema con "*The unnaturalness of weapons*" [La anormalidad o artificialidad de las armas]. En efecto, en el poema se enumera algunas armas y se las califica mediante la figura de la personificación: la bayoneta tiene un acero "azulado de malicia como la mirada fogosa de un demente", "sediento de sangre" y "hambriento de carne". Las balas tienen una intención aviesa: buscan "acurrucarse en el corazón de los muchachos": la profunda ironía del verbo "acurrucarse", que connota búsqueda de tibieza y protección, resulta acertadamente chocante; por su parte, los cartuchos son verdaderos asesinos, "agudos con la agudeza del dolor y de la muerte". Nada de esto se desprende de su aspecto, que es inocente.

Futilidad

Llévenlo hasta el sol—
dulcemente su toque lo despertaba,
en el hogar, susurrándole de campos sin sembrar.
Siempre lo despertó, aun en Francia,
hasta esta mañana y esta nieve.
Si algo pudiera despertarlo ahora,
el benévolo sol habría de saberlo.

. . . .

Piensen cómo despierta las simientes:
despertó, una vez, la arcilla de una estrella fría.
¿Son los miembros, con tanto amor formados, los flancos,
de vigor cargados, tibios aún, tan difíciles de reanimar?
¿Fue para esto que creció la arcilla?
Ay, ¿qué hizo que los fatuos rayos solares trabajaran
para quebrar el sueño de la tierra?

Futility

Move him into the sun—
Gently its touch awoke him once,
At home, whispering on fields unsown.
Always it woke him, even in France,
Until this morning and this snow.
If anything might rouse him now
The kind old sun will know.

. . . .

Think how it wakes the seeds,-
Woke, once, the clays of a cold star
Are limbs, so dear achieved, are sides,
Full-nerved—still warm—too hard to stir?
Was it for this the clay grew tall?
—O what made fatuous sunbeams toil
To break earth's sleep at all?

"*Futility*" es un homenaje a un soldado anónimo, arquetípico, en el que Owen aborda su tema esencial de la compasión que despierta el sacrificio de un hombre joven en aras vaya a saber de qué. Es otro poema elegíaco en el que el poeta se aferra a la posibilidad, increíble, incluso para él mismo, de volver a la vida a un joven soldado muerto. Invoca hasta la piedad del universo en la sinécdoque del sol, símbolo de vida. Sin embargo, nada se puede hacer contra lo irreversible. El universo tiene leyes implacables y absurdas. Como la humanidad misma, desconoce la compasión, que impregna toda la producción poética de Owen. El poema consta de dos estrofas de siete versos cada una, con un patrón de pararrima ABABCCC. Juntas, las dos estrofas forman un soneto. Las tres preguntas retóricas de la segunda estrofa, la última de las cuales encierra una indignada protesta por la futilidad de la vida (¿valdría la pena vivir?), enfatizan la característica utópica de la súplica y denotan la imposibilidad de un cierre. No puede haber terapia poética.

Esta elegía es también un réquiem a la muerte del soldado desconocido, cuya característica especial es que no menciona nunca la guerra.

"*Futility*" fue escrito en Ripon en mayo de 1918 (JS). Junto con otro poema, "*Hospital Barge at Cérisy*", fue publicado en *The Nation* el 15 de junio de 1918.

Título: El poema "*Futility*" puede estar inspirado en el lamento de *In Memoriam*, poema elegíaco de Alfred Lord Tennyson, publicado en 1850, escrito en memoria de Arthur H. Hallam, un joven de extraordinaria promesa, amigo del poeta, muerto a los veintidós años. En el Canto 56, exclama el poeta: "*Is this the end? / O life, as futile, then, as frail! / O for thy voice to soothe and bless! / What hope of answer or redress?*" [¿Es este el fin? ¡Ay, vida, tan fútil, entonces, como frágil! / ¡Ay, que tu voz calme y bendiga! / ¿Qué esperanza hay de respuesta o remedio?].

l.1: "*Move him...*" [Llévenlo...]. Se trata de un imperativo metafórico, en realidad destinado al lector.

l.1: "*Into the sun*" [Hacia el sol]. *Sun / once* es el primer uso de pararrima. Otros son: *once / France; snow / now / know; seeds / sides; star / stir; tall / toil / all.*

l.3: "*fields unsown*" [campos sin sembrar]. Puede referirse a la promesa de una juventud cercenada.

l.9: "*Woke once the clays of a cold star*" [Despertó, una vez, la arcilla de una estrella fría]. La tierra, despertada a la vida por el sol. No es esta una verdad científica, sino una convención poética. Nos parece absurdo que algunos comentaristas objeten este verso.

ll.10-11: "*Are limbs, so dear achieved, are sides / Full-nerved, still warm, too hard to stir?*" [¿Son los miembros, con tanto amor formados, los flancos, / de vigor cargados, tibios aún, tan difíciles de reanimar?]. Welland destaca estas líneas como una reafirmación del valor de la vida (Welland, p. 72). Asimismo, son un ejemplo de la sensualidad con la que Owen se refiere al cuerpo humano, en particular el masculino.

--- /// ---

La próxima guerra

La guerra es una broma para mí y para ti,
Mientras sabemos que esos sueños son verdad.
- Siegfried Sassoon

. . . .

Allá afuera hemos caminado muy amigablemente con [la Muerte;
nos hemos sentado y comido con ella, serenos e [imperturbables,
le hemos perdonado que derrame las latas de rancho en nuestras manos.
Hemos olfateado el hedor verde y espeso de su aliento:
nuestros ojos han lagrimeado, sin abatirse nuestro [coraje.
Nos ha escupido con balas y nos ha tosido metralla. Le hacíamos coro cuando cantaba en lo alto;
silbábamos cuando nos afeitaba con su guadaña.

. . . .

¡Ah, la Muerte nunca fue nuestra enemiga!
Nos reíamos de ella, nos aliábamos con ella, vieja camarada.
A ningún soldado le pagan para que proteste contra sus [poderes.
Nos reíamos, sabiendo que vendrían hombres mejores,
y guerras mayores; cuando un guerrero alardea,
lucha contra la Muerte, por la Vida; no contra los [hombres, por estandartes.

The Next War

War's a joke for me and you,
Wile we know such dreams are true.
- Siegfried Sassoon

. . . .

Out there, we've walked quite friendly up to Death,-
Sat down and eaten with him, cool and bland,-
Pardoned his spilling mess-tins in our hand.
We've sniffed the green thick odour of his breath,-
Our eyes wept, but our courage didn't writhe.
He's spat at us with bullets and he's coughed
Shrapnel. We chorused when he sang aloft,
We whistled while he shaved us with his scythe.

. . . .

Oh, Death was never enemy of ours!
We laughed at him, we leagued with him, old chum.
No soldier's paid to kick against His powers.
We laughed, -knowing that better men would come,
And greater wars: when each proud fighter brags
He wars on Death, for lives; not men, for flags.

Soneto escrito en Craiglockhart a fines de septiembre de 1917. Owen lo envió a su madre junto con *"Anthem for Doomed Youth"* el 25 de ese mes. Revisó *"The Next War"* en Scarborough en julio de 1918.

Epígrafe. Del poema *"A Letter Home"*, de Sassoon, que este envió a Robert Graves en mayo de 1916.

Tiene la forma de un soneto tradicional en cuanto a número de versos, la separación entre el octeto y el sexteto y el patrón de la rima (ABBAABBA CDCDEE). Sin embargo, la forma poética "soneto" está en contraposición con el tema, desusado para un soneto. En la Tabla de Contenidos, Owen especifica como

"Motivo" de este poema "Jovialidad y Descripción y Reflexión", según lo cual estaríamos ante un poema irónico (¿se puede ser jovial con la muerte?) que describe la proximidad de los soldados con la guerra y reflexiona sobre ello. De hecho, el poema es sobre el diario y permanente contacto de los soldados con la muerte: los acompaña siempre, los amenaza con su presencia, los hace temer, aunque no por eso flaquea su coraje... Sin embargo, como se dice en el último verso, la muerte es la gran rival. Se lucha contra ella, y no contra el estandarte o el país o los soldados enemigos o el engrandecimiento de la Nación.

Mayor amor	*Greater Love*

Los labios rojos no son tan rojos	*Red lips are not so red*
como las piedras manchadas que han besado los muertos [ingleses.	*As the stained stones kissed by the English dead.*
El afecto del que corteja y es cortejado	*Kindness of wooed and wooer*
desmerece con su amor puro comparado.	*Seems shame to their love pure.*
¡Ay, amor, tus ojos pierden su encanto	*O Love, your eyes lose lure*
cuando los veo cegados!	*When I behold eyes blinded in my stead!*
. . . .	. . . .
Tu esbelta actitud	*Your slender attitude*
no tiene el temblor exquisito de miembros acuchillados	*Trembles not exquisite like limbs knife-skewed,*
que ruedan y ruedan	*Rolling and rolling there*
como a Dios parece no importarle;	*Where God seems not to care:*
hasta que el feroz amor que abrigan	*Till the fierce love they bear*
los inmoviliza en la decrepitud extrema de la muerte.	*Cramps them in death's extreme decrepitude.*
. . . .	. . . .
Tu voz no canta con igual dulzura	*Your voice sings not so soft,—*
–aunque murmure como el viento en las vigas–	*Though even as wind murmuring through raftered loft,—*
tu querida voz no es tan querida,	*Your dear voice is not dear,*
ni tan suave ni tiene la claridad del atardecer	*Gentle and evening clear,*
como la voz de aquellos, a quienes nadie oye,	*As theirs whom none now hear,*
ahora que la tierra ha cubierto las lastimeras bocas que [tosían.	*Now earth has stopped their piteous mouths that coughed.*
. . . .	. . . .
Corazón, nunca fuiste tan ardoroso,	*Heart, you were never hot*
ni tan pleno ni espacioso como los corazones agrandados [por la metralla;	*Nor large, nor full like hearts made great with shot;*
y aunque sea pálida tu mano,	*And though your hand be pale,*
más pálidos son todos los que llevan a cuestas	*Paler are all which trail*
tu cruz a través de las llamas y el granizo:	*Your cross through flame and hail:*
llora, llorar puedes, mas tocarlos, nunca.	*Weep, you may weep, for you may touch them not.*

Poema escrito en Craiglockhart en octubre-noviembre de 1917, o en Scarborough entre noviembre de 1917 y enero de 1918, y revisado en Scarborough ese julio.

El título proviene del Evangelio según San Juan 15:13: Mayor amor que este no tiene el hombre, el que un hombre dé su vida por sus amigos.

"*Greater love*" es una frase que Owen usa también en el poema "*At a Calgary near the Ancre*" [En un Calvario cerca del Ancre], de fines de 1917 o principios de 1918: "*But they who love the greater love / Lay down their life; they do not hate*" [Pero los que aman el mayor amor / dan su vida; ellos no odian].

El comienzo de "*Greater Love*" es un eco de los dos primeros versos del poema de Swinburne "*Before the Mirror*" [Ante el espejo], dedicado al pintor James Whistler: "*White rose in red rose-garden / Is not so white; / Snowdrops that plead for pardon / And pine for fright / Because the hard East blows / Over their maiden rows / Grow not as this face grows from pale to bright*"

[La rosa blanca en el jardín de rosas rojas / no es tan blanca; / el amarilis que implora perdón / y languidece de espanto / porque el recio viento del este sopla / sobre sus primeros brotes / no crece como este rostro que se cambia / de pálido a radiante].

El poema de Algernon Charles Swinburne (1837-1909), de 1866, *"Before the Mirror"*, está inspirado en una serie de tres cuadros de Whistler, titulados *Symphony in White No. 1, No. 2, y No. 3*. Presentan el modelo femenino como amante, esposa y prostituta. El tema es el amor romántico o erótico de la poesía victoriana decadente, que Owen compara y contrasta con el amor fraternal entre los soldados en la guerra, que resulta superior por el sacrificio heroico de su vida en el frente bélico.

Stallworthy sugiere también que este poema es un posible eco de las palabras de Salomé a Jokanaan en la pieza teatral *Salomé*, de Oscar Wilde: *"The roses in the garden of the Queen of Arabia are not so white as thy body"* [Las rosas del jardín de la Reina de Arabia no son tan blancas como tu cuerpo].

Asimismo, Stallworthy cita una carta de Owen a su madre, de mayo de 1916: "Cristo está literalmente en la Tierra de Nadie. Allí los hombres oyen Su voz: el hombre no tiene *mayor amor* que este: que un hombre dé su vida por un amigo" (Stallworthy: *Edition*, p. 143; énfasis agregado).

Hay una notable diferencia entre las imágenes y el vocabulario propios del amor romántico o erótico y la realidad brutal de la guerra. Entre las referidas al amor encontramos: *red lips, wooed and wooer, Love, eyes, slender, trembles, exquisite, sings, dear voice, gentle, evening star...*; y entre las referidas a la guerra: *stained stones kissed by the English dead, blinded, limbs knife-skewed, fierce, cramps, death's extreme decrepitude, earth has stopped their piteous mouths that coughed...* El primer campo lexical es el reconocidamente "poético" o "romántico"; el segundo, el del realismo de la poesía de guerra.

"Greater Love" consta de cuatro estrofas de seis líneas rimadas AABBBA.

l.1: *"Red lips"* [Labios rojos]. La tradicional imagen erótica contrasta con la de los labios ensangrentados de los muertos en la guerra, que no han besado otros labios, sino las piedras. Lo de "besar las piedras" trae a la mente una referencia del poema *"Insensibility"*: *"Alleys cobbled with their brothers"* [pasadizos empedrados con sus hermanos]. El color rojo es el elemento que une (o asocia) el amor y la muerte.

l.4: *"Seems shame"* [Da pena]. El amor romántico da pena, comparado con el "amor puro" del soldado moribundo.

l.5: *"O Love..."*. Se mantiene el apóstrofe tradicional al amor, pero los ojos carecen de atractivo: son ojos de víctimas de guerra que han perdido la visión.

l.6: *"When I behold eyes blinded"* [Cuando veo los ojos cegados]. Owen presenció cómo uno de sus soldados quedaba ciego en enero de 1917. Hay referencias a esto en sus poemas, entre ellos *"The Sentry"* [El centinela].

l.8: *"Trembles not..."* [No tiene el temblor...]. El estremecimiento de la mujer amada (en la poesía erótica) no es comparable al temblor de los miembros acuchillados de un soldado que muere.

l.10: *God seems not to care"* [A Dios parece no importarle]. La actitud de Dios hacia los soldados que sufren y mueren no es de compasión.

l.23: *"Paler are all which trail / Your cross through flame and hail"* [Más pálidos son todos los que llevan a cuestas / tu cruz a través de las llamas y el granizo]. Los soldados son comparados con Jesucristo: ambos llevan una cruz a cuestas.

l.24: *"Weep, you may weep, for you may touch them not"* [Llora, llorar puedes, mas tocarlos, nunca]. Creemos que dice que es posible llorar por los soldados, víctimas de la guerra, pero no tocarlos, es decir, no llegar a lo hondo de su ser: no somos capaces de comprender profundamente su sufrimiento, es decir, sentir una total compasión.

El subtexto es Juan 20. 15; 17: María Magdalena, que ha estado llorando junto al sepulcro de Jesús, ve a Jesús, sin saber que es Él. 15. Jesús le dice: "Mujer ¿por qué lloras? ¿A quién buscas?" 17. Jesús le dice: no me toques, pues aún no he ascendido a mi Padre.

Enfermos mentales

¿Quiénes son éstos? ¿Por qué están sentados aquí, en [el atardecer?
¿Por qué se mecen, estas sombras del purgatorio,
con la lengua colgante, que babean con fruición
y desnudan los lascivos dientes como malignos dientes [de calavera?
Ataque tras ataque de dolor, pero ¿qué lento pánico
escopleó estos abismos en torno a sus carcomidas [órbitas?
Siempre de su pelo y a través de las palmas de las manos,
rezuma la desgracia. De seguro hemos perecido
en el sueño, y cruzamos el infierno, pero ¿quiénes son [estos seres infernales?

. . . .

–Estos son hombres cuya mente los Muertos han violado.
La memoria juguetea con su pelo tupido de asesinatos,
tumultuosos asesinatos que alguna vez presenciaron.
Vadeando escaras de carne deambulan estos desvalidos [seres,
pisoteando sangre de pulmones otrora enamorados de [la risa.
Siempre deberán ver estas cosas, y oírlas siempre,
estruendo de cañones y fragmentos de músculos que [vuelan en el aire,
mortandad incomparable, y desperdicios humanos,
en maraña demasiado densa para que estos hombres [logren liberarse.

. . . .

Por eso la cuenca de sus ojos se encoge, atormentada,
volviendo al cerebro, porque para sus sentidos
la luz del sol parece una mancha de sangre; la noche llega [como sangre negra;
el alba rompe como una herida que vuelve a sangrar.
–Así su cara exhibe esta hilarante, horrible,
atroz falsedad de cadáveres de sonrisas congeladas.
–Así descarnan sus manos,
rasgando los látigos de cuerda que las flagelan;
intentando agarrarnos a nosotros, que les hemos [pegado, hermano,
dándonos zarpazos a quienes les trajimos la guerra y [la locura.

Mental Cases

Who are these? Why sit they here in twilight?
Wherefore rock they, purgatorial shadows,
Drooping tongues from jaws that slob their relish,
Baring teeth that leer like skulls' teeth wicked?

Stroke on stroke of pain, - but what slow panic,
Gouged these chasms round their fretted sockets?
Ever from their hair and through their hands' palms
Misery swelters. Surely we have perished
Sleeping, and walk hell; but who these hellish?

. . . .

–These are men whose minds the Dead have ravished.
Memory fingers in their hair of murders,
Multitudinous murders they once witnessed.
Wading sloughs of flesh these helpless wander,

Treading blood from lings that had loved laughter.

Always they must see these things and hear them,
Batter of guns and shatter of flying muscles,

Carnage incomparable, and human squander
Rucked too thick for these men's extrication.

. . . .

Therefore still their eyeballs shrink tormented
Back into their brains, because on their sense
Sunlight seems a blood-smear; night comes blood-black;

Dawn breaks open like a wound that bleeds afresh.
–Thus their heads wear this hilarious, hideous,
Awful falseness of set-smiling corpses.
–Thus their hands are plucking at each other;
Picking at the rope-knouts of their scourging;
Snatching after us who smote them, brother,

Pawing us who dealt them war and madness.

Este poema sobre invalidez o incapacidad (otro sobre el mismo tema es *"Disabled"*) fue escrito en Ripon en mayo de 1918, y revisado en Scarborough en julio de ese año. Se habla de la existencia de un fragmento anterior, *"Purgatorial Passions"*[153], que al parecer fue destruido por Owen. En una carta a su madre del 25 de mayo, Owen le dice que ha estado atareado con su "terrible poema, en este momento titulado The Deranged [Los locos]".

Jon Stallworthy se refiere a una carta que le ha enviado Mr. Mark Sinfield[154], en que le dice que el comienzo de cada estrofa de *"Mental Cases"* hace eco de la dicción bíblica y, con amarga ironía, traza un paralelo de la estructura de la versión inglesa del Rey Jaime del Libro de la Revelación de San Juan (llamado El Apocalipsis o Revelación del Apóstol San Juan en español), 7:13-17. Transcribimos el capítulo 7: 13-17 en nuestra traducción.

7.[13]. Y uno de los Ancianos respondió, diciéndome: ¿Quiénes son estos que están cubiertos de túnicas blancas? Y ¿de dónde vienen?

[14]. Y respondí: Señor, tú sabes. Y me dijo: Estos son los que vinieron de gran tribulación, y lavaron su túnica, y la emblanquecieron en la sangre del Cordero.

[15]. Por esto están ante del trono de Dios, y le sirven día y noche en su templo; y el que está sentado en su trono vivirá entre ellos.

[16]. Ellos no tendrán hambre ni sed nunca más; tampoco caerá sobre ellos el sol, ni el calor.

[17]. Porque el Cordero que está en medio del trono los alimentará, y los conducirá a las fuentes vivientes de aguas, y Dios enjuagará toda lágrima de sus ojos.

El espeluznante poema de Owen se refiere a los enfermos mentales de un hospital que no se nombra, posiblemente Craiglockhart, donde estuvo Owen varios meses. Sufren de "neurastenia", un desorden de stress post traumático. Aquí reviven "el estruendo de cañones y fragmentos de músculos que vuelan en el aire". Son seres torturados, para quienes la luz del sol es "una mancha de sangre". La voz poética dice que son sombras del purgatorio o habitantes del infierno y que los culpables somos quienes les trajimos la guerra y la locura, lo que incluye a toda la humanidad.

Consta de tres estrofas no rimadas de nueve líneas cada una. El uso insistente de la pregunta retórica en la primera estrofa enfatiza la sensación de incredulidad, como si fuera imposible absorber la horrenda realidad de esta escena infernal. No obstante, la segunda estrofa parece responder las preguntas de la primera, dando explicaciones acerca de quiénes son esas sombras y por qué están allí. Owen utiliza la aliteración y la repetición de palabras para subrayar las imágenes de horror. Son ejemplos, en la segunda estrofa: *memory / murders / multitudinous murders*; y *lungs that loved laughter*; y, en la tercera, *heads, hilarious, hideous*. Hay, asimismo, una enumeración de partes sueltas del cuerpo de los enfermos: lengua (colgante), dientes (de calavera), órbitas, pelo, palmas de las manos, carne, pulmones, músculos, cuencas, cara. Símiles y metáforas se suceden para subrayar la despersonalización de los enfermos: sombras del purgatorio; abismos en torno a sus carcomidas órbitas; vadeando escaras de carne; la noche llega como sangre negra; el alba rompe como una herida que vuelve a sangrar.

l.12: Tumultuosos asesinatos. Eco de *Macbeth*, acto ii, escena ii:

... esta mano mía preferiría
ver encarnados los tumultuosos mares,
y hacer de todo el verde un solo rojo. (ll.62-64).

— /// —

---

153 *The First World War Poetry Digital Archive* muestra una página del manuscrito, prácticamente ilegible [http://www.oucs.ox.ac.uk/ww1lit/collections/document/5211/4617].

154 Autor de una nota, "Wilfred Owen's Mental Cases: Source and Structure", *Notes and Queries* 227 (1982), p. 340.

La parábola del viejo y el joven

De modo que Abraham se incorporó, y hendió la leña, [y se fue,
y se llevó el fuego con él, y un cuchillo,
y mientras estaban juntos,
Isaac el primogénito habló y dijo, Padre mío,
he aquí los preparativos, fuego y hierro,
pero ¿dónde está el cordero para esta ofrenda de fuego?
Entonces Abraham ató al joven con correas y tiras,
y levantó allí parapetos y trincheras,
y alzó el cuchillo para matar a su hijo.
Cuando he aquí que un ángel le habló desde el cielo,
diciéndole: No le levantes la mano al muchacho,
ni le hagas daño. Mira, he aquí
un carnero, atrapado en un matorral por los cuernos;
ofrece el Carnero del Orgullo en cambio.
Pero el anciano no quiso hacer esto, y mató a su hijo,
y a la mitad de la simiente de Europa, uno por uno.

The Parable of the Old Man and the Young

So Abram rose, and clave the wood, and went,
And took the fire with him, and a knife,
And as they sojourned both of them together,
Isaac the first-born spake and said, My Father,
Behold the preparations, fire and iron,
But where the lamb for this burnt-offering?
Then Abram bound the youth with belts and straps,
And builded parapets and trenches there,
And stretched forth the knife to slay his son.
When lo! An angel called him out of heaven,
Saying, Lay not thy hand upon the lad,
Neither do anything to him. Behold,
A ram, caught in a thicket by its horns;
Offer the Ram of Pride instead of him.
But the old man would not so, but slew his son,-
And half the seed of Europe, one by one.

Este poema vuelve a contar la historia de Abraham e Isaac (Génesis 22: 1-19). En la parábola bíblica, Abraham es el padre arquetípico, el padre alegórico que está a punto de sacrificar a su hijo para probar su temor de Dios. Owen vuelve a relatarla, cambiando el final. En su versión de la parábola, Abraham termina sacrificado a Isaac. El resultado es que una generación de padres, patriarcas, jefes de estado y generales igualmente sacrificarán a sus hijos y "a la mitad de la simiente de Europa, uno por uno".

El poema fue escrito probablemente en Scarborough en julio de 1918 o en Ripon un mes antes. Consta de dieciséis líneas, pentámetros yámbicos no rimados.

Lisiado	*Disabled*

Sentado en una silla de ruedas, esperaba la oscuridad,
y temblaba en su atroz traje gris,
sin piernas, de mangas cosidas cortas en los codos. A
[través del parque
llegaban voces de muchachos, tristes como un himno,
voces de juegos y placeres al terminar el día,
hasta que el sueño los alejaba, convocándolos a su madre.

. . . .

En aquel tiempo la Ciudad solía vibrar, alegre,
cuando las radiantes lámparas florecían en los celestes
[árboles,
y las chicas lanzaban miradas más encantadoras al
[oscurecerse el aire...
en los viejos tiempos, antes de que él se quedara sin
[rodillas.
Ahora ya no ha de sentir lo delgada
que es la cintura de las chicas, ni cuán tibias sus sutiles
[manos;
todas lo tocan ahora como si él fuera una enfermedad
[extraña.

. . . .

Había un artista que estaba enloquecido con su cara,
que el año pasado era más joven que su juventud.
Ahora, es viejo; su espalda nunca será fuerte;
perdió el color muy lejos de aquí,
lo derramó en los hoyos de las bombas, hasta que sus
[venas se secaron,
y la mitad de su vida se fue en la violenta carrera,
y en los chorros púrpura que manaron de su muslo.

. . . .

En un tiempo le gustaban las gotas de sangre en la pierna,
después del partido, cuando lo llevaban en andas.
Fue después del fútbol, cuando había tomado unos tragos,
cuando pensó que lo mejor era alistarse. No sabe por
[qué fue.
Alguien había dicho que parecería un dios con una falda
[escocesa;
fue por eso, y a lo mejor, también, para complacer a su Meg;
sí, por eso fue, para complacer a las jóvenes coquetas
fue que se alistó. No tuvo que insistir;
sonriente, escribió su mentira: diecinueve años de edad.
Apenas si pensó en los alemanes; la culpa de ellos,
y de Austria, no lo impulsó. Y aún no existía el temor

He sat in a wheeled chair, waiting for dark,
And shivered in his ghastly suit of grey,
Legless, sewn short at elbow. Through the park
Voices of boys rang saddening like a hymn,
Voices of play and pleasure after day,
Till gathering sleep had mothered them from him.

. . . .

About this time Town used to swing so gay
When glow-lamps budded in the light-blue trees
And girls glanced lovelier as the air grew dim,
– In the old times, before he threw away his knees.
Now he will never feel again how slim
Girls' waists are, or how warm their subtle hands,
All of them touch him like some queer disease.

. . . .

There was an artist silly for his face,
For it was younger than his youth, last year.
Now he is old; his back will never brace;
He's lost his colour very far from here,
Poured it down shell-holes till the veins ran dry,
And half his lifetime lapsed in the hot race,
And leap of purple spurted from his thigh.

. . . .

One time he liked a bloodsmear down his leg,
After the matches carried shoulder-high.
It was after football, when he'd drunk a peg,
He thought he'd better join. He wonders why ...
Someone had said he'd look a god in kilts.
That's why; and maybe, too, to please his Meg,
Aye, that was it, to please the giddy jilts,
He asked to join. He didn't have to beg;
Smiling they wrote his lie; aged nineteen years.
Germans he scarcely thought of; all their guilt
And Austria's, did not move him. And no fears

al Temor. Pensó en la empuñadura tachonada	Of Fear came yet. He thought of jewelled hilts
de una daga en la funda escocesa; en elegantes saludos;	For daggers in plaid socks; of smart salutes;
en portar armas; y en la licencia; y en pagas acumuladas;	And care of arms; and leave; and pay arrears;
en *Esprit de corps*; y en recomendaciones a los reclutas [jóvenes.	Esprit de corps; and hints for young recruits.
Y pronto lo despidieron con vivas y tambores.	And soon, he was drafted out with drums and cheers.
. . . .	. . . .
Algunos lo vitorearon al regresar a casa, pero no como [grita la multitud un Gol.	Some cheered him home, but not as crowds cheer Goal.
Solo un hombre solemne que le trajo fruta	Only a solemn man who brought him fruits
le dio las gracias; y luego le preguntó acerca de su alma.	Thanked him; and then inquired about his soul.
. . . .	. . . .
Ahora pasará unos pocos años enfermo en Institutos,	Now, he will spend a few sick years in Institutes,
y hará todo lo que el reglamento considere prudente,	And do what things the rules consider wise,
y recibirá la lástima que puedan darle como dádiva.	And take whatever pity they may dole.
Esta noche notó cómo la mirada de una mujer	To-night he noticed how the women's eyes
se desviaba de él a los hombres fuertes que estaban [enteros.	Passed from him to the strong men that were whole.
¡Qué frío hace y que tarde es! ¿Por qué no vienen	How cold and late it is! Why don't they come
a acostarlo? ¿Por qué no vienen?	And put him into bed? Why don't they come?

Poema de seis estrofas irregulares, sin patrón fijo de rima, escrito en Craiglockhart en octubre de 1917 y revisado en Scarborough en julio de 1918. En una carta del 14 de octubre de 1917, Owen le escribe a su madre contándole que había conocido a Robert Graves, a quien le mostró *"Disabled"*. Graves ponderó el poema (Stallworthy: *Wilfred Owen. A Biography*, p. 223 y siguientes). Sin embargo, no es este uno de los mejores poemas de Owen. Además de mostrar irregularidad en la métrica y la rima, no está bien organizado y presenta líneas inconexas.

El poema se centra en una víctima de la guerra, un muchacho muy joven y bien parecido, admirado por todos, que se destacaba en deportes y al parecer lo tenía todo en la vida. Probablemente, no por patriotismo o convicción, sino quizá solo por vanidad física, opta por alistarse y queda lisiado. Ha perdido un brazo y las dos piernas. Ya nadie lo admira y debe depender de los demás para movilizarse. En el poema, lo vemos en un hospital, en su silla de ruedas, escuchando las voces de muchachos que juegan en un parque.

l.8: *"When glow-lamps budded in the light blue trees"* [Cuando las radiantes lámparas florecían en los celestes árboles]. Quizás una de las mejores líneas del poema, cuyas imágenes románticas (radiantes lámparas que al brillar en los árboles los hacen florecer) connotan la promesa "celeste" de una juventud mágica de gran felicidad.

l.22: *"Shoulder-high"*. Nos hemos referido a la presencia de A. E. Housman y su homoerotismo en nuestra nota al poema *"In Barracks"*, de Sassoon. La expresión *"shoulder-high"* y la situación del joven atleta admirado por todos provienen del poema más conocido de Housman, *"To An Athlete Dying Young"*, uno de sus *"lads"*, cuya estrofa inicial dice: *"The time you won your town the race / We chaired you through the market-place; / Man and boy stood cheering by, / And home we brought you shoulder-high"* [La vez que ganaste la carrera para tu ciudad / te alzamos en andas por la plaza del mercado; / hombres y niños vivaban de pie - / y te llevamos en hombros a tu casa].

l.46: ¿Por qué no vienen? Stallworthy hace referencia al lema o consigna de un cartel de reclutamiento aparecido en 1914, que alentaba a los jóvenes a alistarse. Decía: "Will they never come?" [¿No vendrán nunca'?] (Stallworthy, *Edition*, p. 154).

Exposición

Nos duele el cerebro en los despiadados vientos helados
                                       [del este que nos acuchillan...
Fatigados, nos mantenemos despiertos porque la noche
                                       [es silenciosa...
Bajas luces de Bengala que descienden confunden
                                    [nuestro recuerdo del saliente...
Inquietos por el silencio, los centinelas cuchichean,
                                    [curiosos, nerviosos,
       pero no pasa nada.

       . . . .

Vigilantes, oímos las frenéticas ráfagas que tironean
                                      [el alambrado
como crispadas agonías de hombres entre sus zarzas.
Hacia el norte, incesantemente, la fluctuante artillería
                                        [retumba,
a lo lejos, como el rumor sordo de alguna otra guerra.
       ¿Qué estamos haciendo aquí?

       . . . .

La intensa miseria del alba comienza a intensificarse...
Solo sabemos que la guerra dura, la lluvia empapa
                        [y las tormentosas nubes se hinchan.
Agrupando su melancólico ejército en el este, el alba
ataca una vez más en filas sobre temblorosas filas de
                                                 [gris,
       pero no pasa nada.

       . . . .

Sucesivas descargas repentinas de proyectiles vetean
                                             [el silencio.
Menos mortíferos que el aire que, ennegrecido de nieve,
                                              [se estremece
con oblicuos copos ondeantes que se juntan, vacilan y
                                           [se renuevan,
nosotros los observamos vagar arriba y abajo con la
                                       [indiferencia del viento,
       pero no pasa nada.

       . . . .

Pálidos copos buscan tantearnos la cara con dedos
                                                  [furtivos;
nos agazapamos en agujeros, de vuelta a sueños
                                  [olvidados, y aturdidos por la nieve
fijamos la vista en trincheras más verdes. Así,
             [adormilados por el sol, soñamos despiertos,
cubiertos de flores que deja caer un mirlo inquieto.
       ¿Será que nos estamos muriendo?

Exposure

Our brains ache, in the merciless iced east winds that
                                               [knive us...
Wearied we keep awake because the night is silent...
Low, drooping flares confuse our memory of the
                                               [salient...
Worried by silence, sentries whisper, curious,
                                               [nervous,
       But nothing happens.

       . . . .

Watching, we hear the mad gusts tugging on the
                                               [wire,
Like twitching agonies of men among its brambles.
Northward incessantly, the flickering gunnery
                                             [rumbles,
Far off, like a dull rumour of some other war.
       What are we doing here?

       . . . .

The poignant misery of dawn begins to grow...
We only know war lasts, rain soaks, and clouds sag
                                               [stormy.
Dawn massing in the east her melancholy army
Attacks once more in ranks on shivering ranks of
                                               [gray,
       But nothing happens.

       . . . .

Sudden successive flights of bullets streak the silence.
Less deadly than the air that shudders black with
                                             [snow,
With sidelong flowing flakes that flock, pause and
                                             [renew,
We watch them wandering up and down the wind's
                                           [nonchalance,
       But nothing happens.

       . . . .

Pale flakes with lingering stealth come feeling for
                                         [our faces–
We cringe in holes, back on forgotten dreams, and
                                         [stare, snow-dazed,
Deep into grassier ditches. So we drowse, sun-dozed,
Littered with blossoms trickling where the blackbird
fusses.
       Is it that we are dying?

Lentos, nuestros fantasmas se arrastran a casa; [observan los declinantes fuegos, abrillantados con incrustadas gemas rojo oscuro; canturrean allí los [grillos; por horas los inocentes ratones se regocijan: la casa es [suya; persianas y puertas, todas cerradas: las puertas están [cerradas para nosotros: volvemos a nuestro morir.	Slowly our ghosts drag home: glimpsing the sunk [fires glozed With crusted dark-red jewels; crickets jingle there; For hours the innocent mice rejoice: the house is [theirs; Shutters and doors all closed: on us the doors are [closed— We turn back to our dying.
Pues no creemos que de otra manera puedan arder los [buenos fuegos; ni que jamás sonrían verdaderamente los soles a un niño, [a la campiña, o a la fruta. Porque debido a la invencible primavera de Dios nuestro [amor se vuelve temeroso; por eso, no reacios, aquí estamos, por eso nacimos, pues el amor de Dios parece estar muriendo.	Since we believe not otherwise can kind fires burn; Nor ever suns smile true on child, or field, or fruit. For God's invincible spring our love is made afraid; Therefore, not loath, we lie out there; therefore were born, For love of God seems dying.
Esta noche, esta escarcha se adherirá sobre este fango [y sobre nosotros, resecando muchas manos, arrugando frágiles frentes. Los sepultureros, con temblorosas manos armadas de [azadas y de pilas, se detienen ante rostros a medias conocidos. Sus ojos [son de hielo, pero no pasa nada.	To-night, this frost will fasten on this mud and us, Shrivelling many hands, puckering foreheads crisp. The burying-party, picks and shovels in their shaking [grasp, Pause over half-known faces. All their eyes are ice, But nothing happens.

De Sola Pinto (p. 146) llama a *"Exposure"* el primero de los grandes poemas de Owen sobre el sufrimiento de la guerra, ese gran desastre internacional que él llamaba "el invierno del mundo". Poema de ocho estrofas de cinco versos, los cuatro primeros pararrimados ABBA; el último, libre, es mucho más breve y constituye una especie de refrán o estribillo. Una de sus formas, *"But nothing happens"* [pero no pasa nada] ocurre cuatro veces; de los cuatro siguientes, uno es en forma de pregunta (*What are we doing here?* [¿Qué estamos haciendo aquí?]); los otros tres terminan con la palabra *"dying"*. El poema se inicia como un eco irónico de la "Oda a un ruiseñor" de Keats. En Keats la naturaleza es benéfica, con su *"melodious plot of beechen green and shadows numberless"* [melodioso bosquecillo de verdes abedules e innumerablos sombras"] y *"verdurous glooms and winding mossy ways"* [lozanas sombras y musgosas sendas serpentinas]. En Owen, en cambio, estamos en la desolación de la guerra, un paisaje invernal de *brambles* [zarzas], *iced winds* [vientos helados] y *mad gusts* [frenéticas ráfagas]. De hecho, la palabra que da título al poema tiene que ver con la exposición a los elementos. El "no pasa nada" es profundamente irónico: nada pasa, salvo el frío que no cesa, y la muerte continua de los soldados. Los soldados están a la intemperie, atrapados en la Tierra de Nadie, congelándose, sin poder refugiarse, salvo a medias, en algún agujero en el barro. Hay muchas referencias al viento y a la nieve y al aire helado. El poema termina como empezó, con los soldados a la intemperie y todas las puertas cerradas para ellos: no tienen acceso a un refugio.

Comenzado en diciembre de 1917 en Scarborough, *"Exposure"* fue terminado en Francia en septiembre de 1918. En este último mes y principios de octubre, el batallón de Owen condujo un asalto exitoso contra la línea alemana en Beaurevoir-Fousomme, en Joncourt (Picardía) en la que murieron muchos de sus hombres. Por su actuación, recibió la Cruz Militar. *"Exposure"*, sobre su experiencia bélica a la intemperie en un crudo invierno, es uno de sus últimos poemas, y de difícil interpretación (y traducción).

l.1: *"Our brains ache"*. La "Oda al ruiseñor, de Keats", comienza: *"My heart aches, and a drowsy numbness pains / My sense"* [Me duele el corazón, y un doloroso sopor aturde / mis sentidos]. En Owen "duele el cerebro en medio de los despiadados vientos helados que nos acuchillan". Los soldados están en terrible tensión, a la intemperie. Esta primera línea es inconclusa, como denotan los puntos suspensivos al final. También son inconclusas las líneas dos, tres y once.

l.3: Saliente: parte de la trinchera enemiga más próxima, donde la lucha tendía a ser más enconada y feroz.

l.4: Hay aquí un uso insistente de sonidos con "s", que denotan el cuchicheo de los soldados: *silence, sentries, whisper, curious, nervous*.

l.9: *"A dull rumour of some other war"* [Un rumor sordo de alguna otra guerra]. Compárese El Evangelio según San Mateo 24:6: "Y oirás de guerras y rumores de guerras".

l.11: *"The poignant misery of dawn"* [La intensa miseria del alba]. Al contrario de lo que sucede en Keats, aquí el alba es hostil al hombre; aliada de la guerra: agrupa "su melancólico ejército en el este".

l.14: *"Ranks of grey"* [Filas de gris]. El uniforme de los alemanes era gris.

l.16: Como en el primer verso, hay aquí un uso onomatopéyico de los sonidos con **s**, en este caso para subrayar el silbido de las balas: *sudden succes**s**ive flight**s** bullet**s** **s**treak **s**ilence*.

l.28: *"The innocent mice"* [los inocentes ratones]. Contrastan con los soldados: inocentes, se regocijan. No tienen la capacidad de infligir daño.

ll. 31 y siguientes: *"Since we believe not otherwise kind fires burn"* [Pues no creemos que de otra manera puedan arder los buenos fuegos]. Esta estrofa es particularmente oscura. Estamos de acuerdo con una interpretación que hace Silkin de esta estrofa. Dice: "Volvemos a la guerra, que es nuestro morir, y elegimos hacerlo para que puedan preservarse nuestro hogar y nuestros valores espirituales" (Silkin, p. 204). Es decir: si creemos en un Dios y en sus valores, entonces los niños (la continuación de la especie), los campos y los frutos (el sustento) se tornan valiosos. Pues no creemos que de otra manera puedan arder los buenos fuegos; ni que jamás sonrían verdaderamente los soles a un niño, a la campiña, o a la fruta. Sin embargo, hay una advertencia de que el amor de Dios puede estar muriendo, ya que la guerra inevitablemente pone en duda la fe.

———————————————— /// ————————————————

Ofensiva de primavera	*Spring Offensive*

Hicieron un alto a la sombra de una última colina, / *Halted against the shade of a last hill,*
comieron, y, en posición de descanso, descansaron; / *They fed, and, lying easy, were at ease*
acomodando el pecho y las rodillas, / *And, finding comfortable chests and knees*
se durmieron, despreocupados. Pero muchos allí / *Carelessly slept. But many there stood still*
                                       [permanecían inmóviles,
enfrentando el cielo desolado e indiferente más allá de / *To face the stark, blank sky beyond the ridge,*
                                       [la cresta,
pues sabían que sus pies habían llegado al fin del mundo. / *Knowing their feet had come to the end of the world.*

. . . .

Maravillados permanecían, observando el alto pasto / *Marvelling they stood, and watched the long grass swirled*
                                       [que remolineaba
en la brisa de mayo, rumoroso de avispas y mosquitos, / *By the May breeze, murmurous with wasp and midge,*
pues aunque el verano les rezumara en las venas / *For though the summer oozed into their veins*
como una droga inyectada para calmar los dolores del / *Like the injected drug for their bones' pains,*
                                       [cuerpo,
profunda en sus almas colgaba la inminente línea del / *Sharp on their souls hung the imminent line of grass,*
                                       [pasto,
y terrible relampagueaba el cristal misterioso del cielo. / *Fearfully flashed the sky's mysterious glass.*

. . . .

Hora tras hora observan el cálido campo, / *Hour after hour they ponder the warm field –*
y el lejano valle detrás, donde el ranúnculo / *And the far valley behind, where the buttercups*
había bendecido con su oro las lentas botas por haber / *Had blessed with gold their slow boots coming up,*
                                       [brotado
donde ni siquiera podrían hacerlo las pequeñas zarzas; / *Where even the little brambles would not yield,*
prendiéndose y aferrándose como pesarosas manos; / *But clutched and clung to them like sorrowing hands;*
respiran como árboles imperturbables. / *They breathe like trees unstirred.*

. . . .

Hasta que una ráfaga fría estremece la pequeña palabra / *Till like a cold gust thrilled the little word*
ante la cual cada cuerpo y su alma se alistan / *At which each body and its soul begird*
y preparan para la batalla. Sin alarma / *And tighten them for battle. No alarms*
de clarines, ni flamear de banderas en lo alto, ni / *Of bugles, no high flags, no clamorous haste –*
                                       [clamorosa prisa:
solo la mirada que se levanta, ardiente, y enfrenta / *Only a lift and flare of eyes that faced*
al sol, como a un amigo a quien ha dejado de amarse. / *The sun, like a friend with whom their love is done.*
Ay, más ampliamente brilló contra el sol esa sonrisa, / *O larger shone that smile against the sun, –*
más poderosa que la del astro cuya merced se ha / *Mightier than his whose bounty these have spurned.*
                                       [desdeñado.

. . . .

De modo que pronto llegaron a lo alto del cerro, y juntos / *So, soon they topped the hill, and raced together*
                                       [corrieron
por un tramo abierto de hierbas y de brezo / *Over an open stretch of herb and heather*
sin protección. Y al instante ardió todo el cielo / *Exposed. And instantly the whole sky burned*
con furia contra ellos; la tierra de repente va abriendo / *With fury against them; and soft sudden cups*
                                       [millares

de ranúnculos para su sangre, y la verde ladera se abisma y se hace más empinada hacia el infinito [espacio.	*Opened in thousands for their blood; and the green slopes* *Chasmed and steepened sheer to infinite space.*

. . . .

Algunos de los que corrían en ese alto sitio postrero cayeron, víctimas de invisibles balas, o volaron en la hirviente explosión y furia del violento infierno o se precipitaron al vacío desde el borde del mundo: hay quienes dicen que Dios los atajó incluso antes de [que cayeran.	*Of them who running on that last high place* *Leapt to swift unseen bullets, or went up* *On the hot blast and fury of hell's upsurge,* *Or plunged and fell away past this world's verge,* *Some say God caught them even before they fell.*

. . . .

Pero ¿qué decir de los que desde el margen de la
                                   [existencia
se atrevieron a lanzarse con rapidez como para no
                                   [hundirse,
los pocos que corrieron y se salvaron de caer en el
                                   [infierno
y allí, más endemoniados que los demonios y las llamas,
con sobrehumana inhumanidad,
esas famosas glorias, inmemoriales vergüenzas,
lentamente se arrastraron hasta lograr volver, poco a
                                   [poco,
con asombro, y recobraron el aire fresco y pacífico...?
¿Por qué no hablan de los camaradas que sucumbieron?
	But what say such as from existence' brink
	
	Ventured but drave too swift to sink.
	
	The few who rushed in the body to enter hell,
	
	And there out-fiending all its fiends and flames
	With superhuman inhumanities,
	Long-famous glories, immemorial shames –
	And crawling slowly back, have by degrees
	
	Regained cool peaceful air in wonder –
	Why speak they not of comrades that went under?

Poema de seis estrofas irregulares: una tiene doce líneas, otras cinco, seis, ocho o nueve. La rima y la pararrima están distribuidas igualmente de forma irregular.

Owen empezó a escribir "*Spring Offensive*" probablemente en Scarborough en julio de 1918, y lo revisó luego en Francia en septiembre. El 22 de ese mes, envió una copia del poema en una carta a Siegfried Sassoon. En una nota, le decía: "¿Vale la pena continuarlo? No quiero escribir nada que haga a un soldado decir ¡*No Compris*!" No existe constancia de una respuesta de Sassoon.

El poema se refiere a la ofensiva de los aliados que tuvo lugar en el frente del Somme, en Fayet[155], en abril de 1917. Duró doce días y causó una terrible impresión en Owen, con serias secuelas. Cuenta Stallworthy en su biografía que Owen debió permanecer en el frente de batalla esos doce días, sin lavarse la cara ni quitarse las botas ni poder dormir profundamente. Durante ese tiempo, los soldados vivieron en hoyos para protegerse de las bombas enemigas. Una de ellas cayó a menos de dos metros de la cabeza de Owen, que voló por el aire por el impacto y se desvaneció. Pasó el resto de los días en un pequeño agujero, de tamaño apenas suficiente para permitirle yacer acostado, tapado con hierro corrugado. Fue probablemente esta terrible experiencia lo que desencadenó la neurastenia que llevó a su internación en Craiglockhart (Stallworthy, *Wilfred Owen. A Biography*, pp. 182-183).

En el poema sobre la ofensiva, ya el título mismo presenta la incongruencia entre los términos "ofen-

---

[155] En *The Collected Letters*, editadas por Harold Owen & John Bell (Oxford University Press: London, 1967) figura *Feyet*, pero en su biografía, Stallworthy escribe que en los mapas contemporáneos no hay un lugar con ese nombre, pero sí *Fayet*, aldea situada a una milla al noreste de Selency, en el departamento de Aisne, Picardía (Jon Stallworthy. *Wilfred Owen. A Biography*, p. 181).

siva" y "primavera", entre la guerra y la estación de renacimiento y floración, incongruencia que en el poema se manifiesta en el marcado contraste entre el idílico paisaje pastoril que sirve de trasfondo y la acción bélica, lo que Welland llama "contraste entre el paisaje natural y lo antinatural de la acción bélica" (Welland, p. 80), Esto es particularmente notable en la descripción, en la segunda estrofa, de "el alto pasto que remolineaba en la brisa de mayo..." y el terrible relampagueo del "cristal misterioso del cielo". La tercera estrofa también se detiene en "el cálido campo" y la bendición del ranúnculo, perturbados inmediatamente por la "ráfaga fría" que estremece en la siguiente estrofa, haciendo que "cada cuerpo y su alma" se alisten para la batalla. Otra vez Welland llama la atención a la inversión *"marvelling they stood"* [maravillados permanecían] de la segunda estrofa, que coloca en inmediata prominencia la admiración del prodigio que despierta la maravilla del paisaje (Welland, p. 80).

Encontramos un extraordinario ejemplo de ironía en la irrupción del batallón del poeta que quiebra la tranquilidad y belleza del paisaje pastoril. Aquí las lentas botas son la sinécdoque de la guerra que todo destruye: *"... And the far valley behind, where the buttercup / had blessed with gold their slow boots coming up..."* [y el lejano valle detrás, donde el ranúnculo / había bendecido con su oro las lentas botas].

Hasta los elementos naturales en un momento dado parecen contagiarse del desorden que ocasiona la guerra: *"The whole sky burned / With fury against them"* [ardió todo el cielo / con furia contra ellos].

El contraste temático fundamental que dramatiza el poema es entre la vida y la muerte. El campo, la brisa de mayo, el pasto y las flores, los insectos, los árboles, los soldados, su cuerpo y su alma, son la vida. La ráfaga fría, el cielo que arde por las bombas y la metralla, la furia del fuego, los proyectiles, "la hirviente explosión y furia del violento infierno", son la muerte. Y es la muerte la que gana la batalla. Como otros poemas de guerra, hay un hondo pesimismo en "Ofensiva de primavera". Termina (sin concluir) con una pregunta acerca del silencio que encierra a los camaradas que murieron. De ellos no se habla. Quizá la razón del silencio esté en que, vivos, eran parte de la felicidad compartida. La muerte se lleva consigo la esperanza. Y, como dice Owen en un poema de 1917, *Happiness* [Felicidad], la felicidad no vuelve: *"The former happiness is unreturning"* [La anterior felicidad no regresa].

l.1: Hicieron... Nótese que los soldados no son personalizados y que el enemigo no se menciona. La impersonalidad es total.

l.10: *"Like an injected drug for their bodies' pain"* [como una droga inyectada para calmar los dolores del cuerpo]. Welland observa que la imagen clínica moderna de la "droga inyectada" enfatiza la creencia en el poder curativo de la naturaleza. Actúa como una anestesia que alivia el recuerdo de horrores vividos.

l.11: *"Sharp on their souls hung the imminent ridge of grass"* [profunda en sus almas colgaba la inminente línea del pasto]. Owen destaca aquí la sintonía existente entre el mundo natural, aquí simbolizado por la imagen whitmaniana del pasto, y lo espiritual en el hombre.

l.17: *"(The brambles) clutched and clung to them like sorrowing arms"* [(Las zarzas) prendiéndose y aferrándose como pesarosas manos]. Uso de personificación y falacia patética[156]: las zarzas, como "pesarosas manos", son la naturaleza que intentan detener a los hombres e impedir la destrucción de la guerra.

l.29: *"Exposed. And instantly the whole sky burned..."* [sin protección. Y al instante ardió todo el cielo]. La inesperada cesura luego de *"Exposed"* anuncia la dramática brusquedad con que irrumpe el fuego enemigo (Welland, p. 81).

---

156   Véase nuestra nota sobre la falacia patética en el poema "El viento en los cerros" en la "Primera Parte. Sección III. Poetas mujeres". Asimismo, en la nota sobre el poema "El Ancre en Hamel", en la "Segunda Parte. Sección IV. Notas sobre los poemas de Blunden".

Apretados en ese estrecho agujero (fragmento)

Apretados en ese estrecho agujero, vieron que el alba
abría un mellado borde a su alrededor; un bostezo
de las fauces de la muerte, que casi los había tragado,
se le atascó en la mitad de la garganta como flema.

. . . .

[Y ellos recordaban que el Infierno tiene muchas bocas],
Estaban en una de las muchas bocas del Infierno
no visto por videntes en sus visiones; solo sentido
como dientes de trampas, cuando los huesos y los
                          [muertos se funden
bajo el fango donde cayeron hace mucho tiempo,
mezclados con el olor agrio y penetrante de la bomba.

Cramped in That Funnelled Hole (fragment)

Cramped in that funnelled hole, they watched the dawn
Open a jagged rim around; a yawn
Of death's jaws, which had all but swallowed them
Stuck in the middle of his throat like phlegm.

. . . .

[And they remembered Hell has many mouths],
They were in one of many mouths of Hell
Not seen of seers in visions; only felt
As teeth of traps; when bones and the dead are smelt
Under the mud where long ago they fell
Mixed with the sour sharp odour of the shell.

Escrito en Scarborough, probablemente el 4 de diciembre de 1917. Stallworthy cree que fue inspirado en la lectura de Tennyson y *El infierno*, de Barbusse (*Edition*, p. 183). Es una visión del descenso al infierno, en Owen generalmente presentado como un túnel. Consta de diez versos, distribuidos en dos grupos. El primero consta de cuatro pareados. El segundo es más largo, si bien no hay seguridad acerca de la primera línea, que exceptuamos. El patrón de rima de los cinco versos restantes es ABBAA.

Las imágenes son de guerra de trincheras: *hole* (agujero); *mud* (fango); *shell* (bomba).

Stallworthy cita un párrafo de *Le Feu* (1916) referido a un agujero en la tierra y sus melladas fauces [*ragged jaws*]. La fuente de Tennyson sugerida proviene de su poema *"The Charge of the Light Brigade"* [La carga de la brigada ligera], de 1854: *"Into the jaws of Death, / Into the mouth of Hell / Rode the six hundred"* [Hacia las fauces de la Muerte, / Hacia la boca del Infierno / Cabalgaron los seiscientos].

No es la muerte (fragmento)	*It Is Not Death (fragment)*
No es la muerte	*It is not death*
sin más allá	*Without hereafter*
para alguien con escasez	*To one in dearth*
de vida y su risa,	*Of life and its laughter,*
. . . .	. . . .
ni el dulce asesinato	*Nor the sweet murder*
asestado lento y uniforme	*Dealt slow and even*
al mártir	*Unto the martyr*
que le sonríe al cielo:	*Smiling at heaven:*
. . . .	. . . .
es la sonrisa	*It is the smile*
débil como un [declinante] mito,	*Faint as a [waning] myth,*
débil, y en exceso pequeña,	*Faint, and exceedingly small*
en la asesinada boca de un muchacho.	*On a boy's murdered mouth.*

No tenemos datos acerca de este fragmento, conocido también como *"The Young Soldier"*. Lo incluye Blunden en su edición de los poemas de Owen.

Una despedida (fragmento)

Vi el carmesí de su redonda boca hacerse más intenso [al caer,
como un Sol, en su profunda hora postrera;
observé nublarse la magnífica recesión del adiós,
mitad destello, mitad gesto de cólera,
y un esplendor final que quemaba el cielo de sus mejillas.
Y en sus ojos
las frías estrellas que se iluminaban, muy antiguas y tristes,
en cielos diferentes.

A Farewell (fragment)

*I saw his round mouth's crimson deepen as it fell,
Like a Sun, in his last deep hour;
Watched the magnificent recession of farewell,
Clouding, half gleam, half glower,
And a last splendour burn the heavens of his cheeks.
And in his eyes
The cold stars lighting, very old and bleak,
In different skies.*

Aquí el hombre que es comparado al sol que se pone, como si a las víctimas de la guerra se les diera una dimensión cósmica, como el ocaso o la guerra como un holocausto final. La imagen inicial, de la profundización de la boca a causa de la sangre, es un ejemplo notable de la maestría de Owen. También la metáfora de la muerte como una lenta despedida, un dejarse ir, es de extraordinaria belleza. En realidad, el poema entero es una joya. Por otra parte, este fragmento está impregnado de la compasión de la que habla Owen en su "Prefacio".

Se cree que este fragmento fue escrito en Scarborough en noviembre-diciembre de 1917 (Stallworthy: *Edition*, p. 100).

SECCIÓN V
Isaac Rosenberg

El nombre de Rosenberg como poeta de la Gran Guerra empezó a oírse unos años después del Armisticio. Algunos poemas suyos se habían publicado en vida[157]. Él publicó en forma privada tres pequeños poemarios, más bien opúsculos: *Night and Day* (London, 1912), *Youth* (London, 1915), y *Moses*, pieza teatral y poemas (London, 1916). Una de sus biógrafas, Jean Liddiard, destaca el hecho de que muchos manuscritos y cartas de Rosenberg (también sus pinturas) han desaparecido (Liddiard, p. 11), lo que sin duda dificulta el estudio y análisis de su obra. Por otra parte, las precarias condiciones en que componía su poesía, agachado en la trinchera, muchas veces con poca luz, sin oportunidad de poder revisar lo que había escrito, y el hecho de que tratara de que sus compañeros no supieran que escribía poemas, en ciertos casos ha hecho difícil descifrar su ortografía, gramática y puntuación.

Su nombre empieza a ser conocido en el ambiente literario con la publicación de *Poems by Isaac Rosenberg*, selección editada por Gordon Bottomley, con una memoria introductoria de Laurence Binyon (Heinemann, London, 1922). Hubo dos recopilaciones posteriores: *The Collected Works of Isaac Rosenberg*, edición de Gordon Bottomley y Denys Harding, con prólogo de Siegfried Sassoon (London: Chatto and Windus, 1937); y una nueva edición en 1949. Sin embargo, ya antes de la edición de 1922 hubo voces acreditadas que mencionaban su nombre, como escribe Bottomley en la introducción a su edición de 1922. Cita las palabras de T. S. Eliot, de un artículo sobre la poesía de Amy Lowell en *The Egoist* (vol. 5, n° 4, April 1918, p. 55):

> Que el público se pregunte por qué nunca ha oído hablar de los poemas de T. E. Hulme o Isaac Rosenberg, y por qué sí ha oído acerca de los poemas de Lady Precocia Pondoeuf y ha visto una fotografía del cuarto de los niños donde los escribió.

Jean Moorecroft Wilson, autora del estudio más completo sobre Rosenberg a la fecha, publicado en 2008, dice que en 1953 Eliot escribe que se trata del poeta más notable de los muertos en la Gran Guerra, cuya obra no solo debe su distinción al hecho de ser hebraica, sino que precisamente por ser hebraica es una contribución a la literatura inglesa (Moorecroft Wilson, p. 3). Antes, en 1932, el distinguido crítico F. R. Leavis había comparado a Rosenberg con Wilfred Owen. Consideraba a ambos poetas igualmente notables, pero a Rosenberg más interesante aún, técnicamente (Moorecroft Wilson, p. 11).

La introducción de Siegfried Sassoon a la edición de Bottomley y Harding de 1937 resulta de gran ayuda para la apreciación de la poesía de Rosen-

---

157 *"At the Braille Gallery"* en *The Jewish Chronicle*, May 24, 1912; *"Beauty"* y *"Our Dead Heroes"* en *South African Women in Council*, December, 1914; en *Colour*, 2, N° 5, *"Heart's First Word"*; en *Colour*, 2, N° 6, July 1915, *"A Girl's Thoughts"*; y en *Colour*, 3, N° 1, August, 1915, *"Wedded"*. En *Poetry: A Magazine of Verse*, IX, N° 3, December 1916, *"Marching"* y *"Break of Day In the Trenches"*; y en *Georgian Poetry 1916-1917*, *"Ah, Koelue..."*, un fragmento de *Moses*, obra teatral, publicada en Londres en 1916.

berg. Sassoon reconoce en Rosenberg "una fructífera fusión entre la cultura inglesa y la hebrea". Habla de una característica racial, "bíblica y profética". Con unas pocas excepciones, entre las que se destaca el poema *"The Jew"* [El judío], los poemas de Rosenberg no tienen que ver con *ser* judío. En la edición a que nos referimos, se destaca la presencia de imágenes bíblicas y el extraño acento (que se adivina por los giros y la sintaxis) de la voz poética: más de un poema parece articulado por alguien que habla con un acento extranjero. Todo esto enriquece a los poemas. Leemos en la introducción de Sassoon:

> Sus experimentos eran un penoso esfuerzo por lograr una expresión apasionada; su imaginación poseía una vital y muscular energía; con frecuencia veía las cosas en función de escultura, pero no tallaba ni cincelaba: *modelaba* las palabras con feroz energía y aspiración, hallando el éxtasis en la forma, soñando con grandeza de soberbia luz y profunda sombra; sus visiones poéticas están en su mayoría en colores sombríos y masas escultóricas indistintas, fundidas y abundantemente trabajadas. Al observar cómo trabaja con las palabras, veo que es un poeta de movimiento; con frecuencia usa palabras que expresan movimiento, esenciales para su expresión natural (Prefacio a *The Collected Works of Isaac Rosenberg*, ed. by Gordon Bottomley and Denys Harding, 1937, p. VII).

En otro párrafo de su Introducción, Sassoon se refiere a Rosenberg como poeta de guerra:

> Rosenberg no era de manera consciente un "poeta de guerra". Pero la guerra lo destruyó, y sus pocos pero impresionantes "poemas de trinchera" son un punto central de este libro (Ibíd., p. VII).

Los poemas de Rosenberg, igual que los de los demás poetas de guerra que incluimos, exploran en profundidad los rasgos característicos del infierno físico y espiritual de la guerra y sus efectos sobre el hombre: el cansancio, la desesperación, la locura, el dolor, la degradación que causa la tensión intolerable de la lucha. Los poemas son documentos del horror extremo, la despersonalización y el espanto, pero también de la resistencia, el valor, el amor entre los camaradas al borde constante de la muerte. Hay momentos milagrosos de alivio, e incluso de felicidad, tanto más conmovedores e intensos debido a su breve duración. Como los demás poetas, Rosenberg supo cristalizar todo esto en su poesía. En uno de sus mejores poemas (*"Returning, We Hear the Larks"*), al regresar del frente, el soldado oye el canto de las alondras:

Arrastrando estas angustiadas piernas, sabemos tan
[solo
que una maldita senda envenenada se abre sobre nuestro
[campamento
en un seguro sueño breve.
. . . .
Pero ¡oíd! Qué alegría, qué extraña alegría:
¡Aquí! En las alturas, la noche resuena con alondras
[invisibles.
Llueve la música sobre nuestro rostro vuelto hacia
[arriba, que escucha.

Claro que en general en su poesía domina la matanza y el silencio de la muerte, omnipresentes. En "El basurero de los muertos" escribe:

Nadie vio que la sombra de su espíritu agitara el pasto,
ni que se hiciera a un lado para dejar pasar la vida usada
[a medias
por las condenadas ventanas de la nariz y de la
[condenada boca,
cuando la veloz y ardiente abeja de hierro
vació la miel salvaje de su juventud.

Rosenberg era poeta y pintor, y se prosternaba ante el altar del arte, que le infundía ánimo y lo conservaba vivo, pero, ante todo, era poeta. Estaba decidido a que su experiencia de guerra enriqueciera su creación poética[158]. Desde el frente, escribe en una carta de fines de 1916 al poeta Georgian Laurence Binyon (1869-1943), que trabajaba como conservador de grabados y dibujos orientales en el Museo Británico y que escribiría una memoria sobre Rosenberg:

---

158 Se lo dice a Binyon en una carta de 1916 citada por Silkin (Silkin, p. XII).

Está lejos, muy lejos de aquí el Museo Británico (situado donde estoy, Siberia no está más distante y por cierto no hace tanto frío), aunque no demasiado lejos para que esta diminuta pizca mía, mi carta, llegue hasta allí. El invierno ha encontrado el camino hasta las trincheras finalmente, pero le aseguro, y lo dejo librado a su imaginación, que es con un arrobamiento de deleite que damos la bienvenida a su llegada. El invierno no es el menor de los horrores de la guerra. Estoy decidido a que esta guerra, con todos sus poderes de devastación, no domine mi arte poética, eso es, si tengo la suerte de salir con vida. No voy a dejar cubierto ni un solo rincón de mis sentidos, sino que me voy a saturar con las nuevas condiciones de mi vida, extrañas y extraordinarias, que más tarde habré de refinar en poesía (Liddiard, p. 206).

También una carta que escribe a una amiga, Winifreda Seaton en 1911 o 1912, echa luz sobre su doble pasión por el arte pictórico y la poesía:

Realmente me gustaría dedicarme a la pintura seriamente; creo que podría hacer algo allí, pero la poesía... me desespero por poder escribir alguna vez una poesía excelente. (En Moorcroft Wilson, p. 72).

Isaac Rosenberg nació en Bristol el 25 de noviembre de 1890, hijo de Dovber[159] y Anna Rosenberg, judíos lituanos que emigraron a Gran Bretaña en 1886, huyendo de las leyes antisemíticas y pogromos de su país. El padre se ganaba a duras penas la vida como buhonero, vendiendo cordones de zapatos y botones y otras baratijas. En 1897, en busca de mejores oportunidades, y de una educación judía para el primogénito Isaac, la familia se trasladó al East End de Londres, zona superpoblada, caracterizada por el amontonamiento, la pobreza, la enfermedad y el crimen. En ese tiempo cien mil judíos vivían hacinados en el área alrededor de Whitechapel, Mile End y Alegate. Al principio, toda la familia Rosenberg vivía en un solo cuarto. Isaac fue a un par de instituciones educativas antes de asistir, a los nueve años, a Baker Street Board School, una escuela estatal con buena educación religiosa judía. Allí puso de manifiesto un talento especial para el dibujo. Asimismo, fue allí donde descubrió la poesía inglesa, que absorbió con apasionamiento. En 1904, Isaac entró como aprendiz en la firma de grabadores de Carl Hentschel, en el 182-184 Fleet Street, que imprimían libros ilustrados[160]. Decidido a prepararse para estudiar arte en la escuela Slade, en 1907 empezó a tomar clases nocturnas de dibujo y pintura en Birkbeck College. La Slade School, fundada en 1871, parte del Departamento de Bellas Artes de la Universidad de Londres, gozaba de gran prestigio. Estaba en contacto con las últimas ideas europeas sobre el arte y habían pasado por ella profesores destacados, como Augustus John y Roger Fry. Si bien la tradicional (y convencional) Royal Academy dominaba la escena artística, Slade empezaba a ser reconocida como más innovadora e imaginativa. En 1911, Isaac, que visitaba la National Gallery para copiar cuadros de los grandes maestros, conoció allí a un grupo de señoras judías adineradas, una de las cuales, Mrs. Herbert Cohen, se ofreció a pagar sus estudios. En otoño de ese año, Isaac se inscribió en Slade y entró en contacto con nuevas tendencias, como el postimpresionismo y el cubismo y el modernismo en general. En una carta de 1912 a Miss Seaton, Isaac le escribe: "Estoy estudiando en la Slade, la mejor escuela para dibujo de Inglaterra. No hago más que dibujar, dibujar" (Moorcroft Wilson, p. 127). Ese mismo año le escribe a Mrs. Herbert Cohen, una de sus protectoras[161] que lo ayudaban monetariamente para sus estudios en la Slade:

Asistir a la Slade me ha abierto posibilidades –me ha enseñado a ver con mayor precisión– pero me ha demostrado algo especial: el Arte no es un

---

159 Cambió su primer nombre por "Barnett".

160 La firma dejó de funcionar a principios de la década de 1940, posiblemente debido a los bombardeos alemanes, y no han quedado rastros (Cohen, p. 54).

161 En esa época el mundo del arte operaba según un sistema de padrinazgo por el cual los jóvenes aspirantes a artistas dependían del apoyo de personas adineradas o filántropos que los subvencionaban y ante quienes debían responder.

juguete; es sangre y lágrimas; debe crecer con uno; y creo que yo he empezado demasiado tarde. (En Moorcroft Wilson, p. 153).

El joven Rosenberg era un ser solitario, introspectivo, sin mayor roce social, con dificultad para expresarse claramente, acostumbrado a recibir desaires y humillaciones, aunque estaba convencido de poseer una importante sensibilidad artística y poética. Toda su vida fue una lucha por superar su timidez y por lograr desarrollar al máximo su talento innato. Sus biógrafos hacen hincapié en el hecho de que se sentía diferente, atrapado en dos mundos, el hebraico de su familia de clase trabajadora, donde se hablaba yiddish, y el inglés de la cultura que lo rodeaba. Moorcroft lo caracteriza como un ser atrapado en dos seres distintos: uno era el muchacho inseguro de estatura menor que la normal, socialmente inepto, que tartamudeaba, casi payasesco, el otro un ser seguro de sí y desafiante, que se sabía poeta y artista.

Por otra parte, a causa de la poca educación que había recibido, más que insuficiente, sentía que estaba en desventaja en cuanto a su preparación en el arte y en la poesía. De hecho, Rosenberg no recibió educación formal después de los catorce años. Leyó mucho y se formó solo. En una carta que le escribe a los veinte años a Winifreda Seaton, una maestra de escuela que había conocido a través de un artista, le dice:

> No debe usted olvidar las circunstancias en que me he criado, la poca educación que he tenido. Nadie me dijo nunca lo que debía leer, ni puso la poesía en mi camino. Creo que yo no sabía lo que era la verdadera poesía hasta que leí a Keats hace un par de años. Es verdad que transité por la obra de Byron a los catorce años, pero me imagino que lo leí más por el argumento que por la poesía. Solía tratar de imitarlo. De todos modos, si no me gustó Donne al principio, puede usted entender por qué. Solo hace poco que la apreciación poética está irrumpiendo en mí (en Cohen, p. 31).

Laurence Binyon recuerda el momento en que lo conoció y lo describe:

Pequeño de estatura, moreno, de ojos brillantes, de tipo totalmente judío, parecía un muchacho con una mezcla inusual de confianza en sí mismo y de modestia. En realidad, nadie podría haber tenido un temperamento más independiente. Claramente sensible, no era susceptible ni agresivo. Propenso a vívidos entusiasmos, era tímido al hablar. En la conversación, uno descubría lo poco de segunda mano (para su edad[162]) que había en sus opiniones, lo fresca que era su mentalidad con respecto a todo lo que veía y leía. Había un extraño encanto en su manera de ser, que provenía de su honesta, transparente sinceridad. (Cohen, p. 78).

En 1912 publicó su primer libro de poemas, *Night and Day*, en forma privada, con un impresor llamado Israel Narodiczky[163], que fue quien también imprimió sus dos restantes publicaciones. En ese tiempo, Narodiczky era el principal editor de yiddish y hebreo de Londres. La edición de *Night And Day* era de cincuenta libros. No se vendió ningún ejemplar. Isaac regaló la edición entera a editores, poetas, amigos y parientes. Hoy cada libro se cotiza a cinco mil libras. Al parecer, Narodiczky estaba involucrado con anarquistas y otros rebeldes políticos. También publicó *Youth*, el segundo libro de Rosenberg, en una tirada de cien ejemplares, de los que se vendieron diez, a media corona cada uno, y el tercero y último, *Moses*.

Al año siguiente, Isaac conoció a Edward Marsh, influyente protector de las artes y editor de la serie de antologías poéticas de *Georgian Poetry*[164]. Binyon y Marsh eran figuras literarias importantes, igual que Gordon Bottomley. Laurence Binyon (1869-1943), poeta, era también Conservador de grabados y estampas del Museo Británico. Gordon Bottomley (1874-1948), poeta y dramaturgo, es autor de la pieza teatral *King Lear's Wife*. Pronto Rosenberg empezó a escribirse con ellos y a enviarles sus poemas, o a visitarlos y mostrarles sus dibujos y cuadros. Marsh

---

162 Isaac tenía veintiún años entonces.
163 Israel Narodiczky, 1874-1942, tenía su imprenta en Mile Road, East London.
164 Véase la nota 56 en p. 58.

compró una cantidad de obras artísticas de Rosenberg, si bien por poco dinero, pero lo ayudó.

Marsh presentó a Rosenberg a muchos de sus amigos, entre ellos a uno de los más notables pensadores de su tiempo, T. E. Hulme. Fue por intermedio de Hulme que Rosenberg conoció a Ezra Pound, gran renovador de la poesía, entonces en el apogeo de su período imaginista[165]. Pound, que no estaba de acuerdo con la postura ultra conservadora de Marsh en poesía, recomendó a Rosenberg a Harriet Monroe, editora de la importante revista *Poetry*, que en ese momento se publicaba en Chicago, quien en el número de diciembre de 1916 (IX, N° 3) incluyó dos poemas de Rosenberg, *"Marching"* y *"Break of Day In the Trenches"*.

En realidad, Rosenberg tampoco simpatizaba con la clase de poesía *"Georgian"* que promocionaba y publicaba Marsh, aunque, aun así, tenía esperanzas de que alguno de sus poemas apareciera en las antologías *Georgian*. Por otra parte, respetaba su relación con un hombre de la importancia de Marsh, que había sido secretario de Churchill en el almirantazgo y era una figura influyente en la escena poética inglesa. En una carta del 30 de julio de 1917 le escribe sobre sus ideas con respecto a la poesía:

> Estoy de acuerdo con usted en que la poesía debe tener un pensamiento definido y expresión clara, por más sutil que sea; no creo que debe haber, en absoluto, imprecisión, aunque sí algo oculto, cuya presencia se siente. (En Liddiard, p. 86).

Muchas de estas ideas las comparte con Hulme, que escribía sobre "la seca dureza" de la poesía y rechazaba toda forma de imprecisión. Son conceptos que retoma Pound en su manifiesto imaginista, publicado en el primer número de *Poetry*, la revista de Harriet Monroe, en 1913, en que aboga por la presentación de imágenes concretas, firmes, definidas, duras. Es que Rosenberg se está alejando de Shelley y su "carencia de robustez", como sostiene en *"Emerson"*, un ensayo inconcluso (en Liddiard, p. 103). Lo

vago y nebuloso desaparecerá de su poesía y de su arte.

En esa época, Rosenberg tenía esperanzas de poder ganarse la vida, no con la poesía, sino con el arte pictórico. Exhibió algunas obras en la Galería Whitechapel[166], pero poco a poco se sintió más atraído por la poesía. Isaac sufría de problemas pulmonares crónicos. En 1914, se le aconsejó trasladarse a un clima más cálido y seco, y pudo viajar a Sudáfrica, a casa de una hermana casada. Partió en junio de 1914 y permaneció hasta febrero de 1915. Una carta a Miss Seaton nos revela su estado de ánimo en ese momento y echa más luz sobre su forma de ser:

> No me gusta Londres por el egoísmo que instila en uno, que es una de las razones del peculiar sentimiento de aislamiento que creo que la mayoría de la gente tiene en Londres. Casi no conozco a nadie a quien lamentaría dejar de ver (exceptuando, por supuesto, los lazos naturales de afecto a la gente de uno); pero si es porque mi naturaleza no confía en la gente, o es intolerante, o si es que mi orgullo o mi torpeza enfrían a la gente, siempre he estado solo. (En Liddiard, p. 98).

En Sudáfrica continuó pintando y escribiendo poesía. Dio un par de conferencias sobre arte que se publicaron en un diario de Ciudad del Cabo. Estaba en Sudáfrica cuando se declaró la guerra. En la ocasión, compuso un poema, *"On Receiving News of the War"*.

Además de pintar y escribir poesía durante su estadía en Sudáfrica, escribió y dictó una interesante conferencia sobre la evolución del arte contemporáneo, en la que se muestra cauto en sus opiniones sobre el modernismo en el arte y se burla del futurismo de Marinetti. Dice que la única sensación que recibe del futurismo es la de una casa que se desmorona. No

---

165   Véase la nota 58 en p. 59.

166   La galería Whitechapel, situada en el lado norte del distrito de Whitechapel, fue fundada en 1901 como una de las primeras galerías públicas en Londres, dedicadas a exposiciones temporarias. En la galería se exhibió el *Guernica* de Picasso en 1938, como señal de protesta durante la Guerra Civil Española. Véase: [http://en.wikipedia.org/wiki/Whitechapel_Gallery].

obstante, en algunos de sus propios dibujos al carbón experimenta con la abstracción y la geometría[167], y muchos muestran la influencia del post impresionismo. En su conferencia se refiere a Blake, a quien se sentía atraído, quizá porque era, como él, artista, grabador y poeta y, además, visionario. Escribe allí de su "inspirada cualidad; esa inigualada divinidad que brilla de todas las cosas mortales cuando son miradas a través del ojo de la imaginación" (*"Art"*, en Liddiard, p. 49).

En sus conferencias habla de lo que el arte significa para él, con ideas tomadas en gran parte de *The Defence of Poetry*, de Shelley:

> El arte amplía la esfera de la vida al incrementar los límites del pensamiento. [...] El arte es una intensificación y una simplificación de la vida, que es fragmentaria y no tiene orden ni relación coherente con nosotros hasta haber pasado por el crisol del Arte. La ciencia explica la naturaleza físicamente, la filosofía explica la vida moralmente, pero el arte interpreta e intensifica la vida, al representar una porción por medio de las leyes de la unidad que gobiernan el todo. (De *"Art"*, dos conferencias dictadas en Sudáfrica y publicadas en *South African Women in Council*, Ciudad del Cabo, 1914. En Liddiard, p. 48).

En la misma conferencia ataca al cubismo, que encuentra "demasiado abstracto y desprovisto de toda base humana". Considera que "los símbolos que utiliza son símbolos de símbolos [...] aunque han introducido energía en el arte y se han esforzado por conectarlo más con la vida" (Ibíd., p. 86).

Rosenberg expresa algunas de sus ideas personales sobre el arte a través del personaje central de un cuento, *"Rudolph"*, que empezó a escribir en la primavera de 1911, a los veinte años, y no terminó. Rudolph es una especie de alter ego de su autor, un artista adolescente acuciado por la pobreza. Encontramos un ejemplo en este extracto:

---

167 Por ejemplo *Hark, Hark, the Lark*, de 1912, propiedad de su biógrafo, Joseph Cohen.

Van Eyck me interesa igual que me resulta interesante un estanque que refleja las nubes, o un paisaje visto a través de un espejo. Pero no es más que una transcripción fiel de lo que vemos. Mi ideal de un cuadro es la pintura de lo que no podemos ver. Crear, imaginar. Hacer tangible y real una ficción de la mente. Transportar al espectador a otros mundos donde la belleza es la única realidad. Rossetti es mi ideal. (En Liddiard, p. 53).

Regresó a Inglaterra en febrero de 1915, y publicó un segundo poemario, *Youth*. Ya hacía meses que había empezado la guerra. La aborrecía, lo mismo que odiaba la sola idea de tener que matar. A fines de 1915 le escribirá a Marsh: "Nunca me uní al ejército por razones patrióticas. Nada puede justificar la guerra". Sin embargo, carecía de empleo y de perspectivas. Se enteró de que su madre podría recibir una pensión si él se alistaba, por lo que a fines de octubre de ese año de 1915, tomó un volumen de poemas de John Donne y se unió al ejército, siendo destinado al Regimiento 12 de Suffolk, un batallón formado por hombres de baja estatura, como él, pero en la primavera de 1916 fue transferido al 11° Batallón, del Regimiento de the King's Own Royal Lancaster (KORL). En junio fue enviado a Francia. Poco antes de partir, publicó su tercer libro, *Moses*. Además de la pieza teatral, *Moses*, que ocupaba dieciocho páginas del total de las veintiséis, el panfleto contenía ocho poemas, varios de los cuales ya habían sido publicados en *Youth*. En *Moses*, Rosenberg rechaza al Dios omnipotente y ve a su autoridad en el Antiguo Testamento como tiránica y arbitraria. Escribe Cohen que *Moses* es el poema culminante sobre el tema del rechazo a Dios (Cohen, p. 140). En una carta al poeta Robert C. Trevelyan, trata de explicar el significado de su obra. Escribe: "*Moses* simboliza el deseo feroz de poseer virilidad y acción original en contraste con la esclavitud de la clase más abyecta" (en Cohen, p. 148).

A diferencia de los otros poetas aquí tratados, que eran oficiales debido a su educación y a su ventajosa posición social, Rosenberg padeció lo peor de la guerra de trincheras como soldado raso. No bebía, no era gregario, quería componer poesía. Se le hinchaban los pies y no podía domar el cuero duro de las botas. Sufrió hambre, vivió en pésimas condiciones de higiene, en medio del barro, los piojos y los cadáveres, tuvo que soportar todo el tiempo castigos por ser distraído y por olvidarse de las tareas que le imponían. Debido a su mala salud, estaba casi todo el tiempo enfermo, con problemas bronquiales y al borde de la tuberculosis. A todo esto se sumaba su condición de judío, que lo hacía víctima de discriminación y toda clase de burlas. En una carta del 11 de marzo de 1916, le dice a Lascelles Abercrombie: "Créame, el ejército es la invención más detestable de la tierra y nadie como un soldado raso en el ejército sabe lo que es ser esclavo" (en Liddiard, p. 176).

Sin embargo, todo tiene sus compensaciones: quizá porque no supo, o no pudo, acostumbrarse a ser un soldado, logró seguir escribiendo a pesar de todo.

Durante los veintiún meses que pasó en las trincheras mantuvo correspondencia con Marsh, Bottomley y Binyon. No tenía un momento de soledad para poder escribir. Aun así, se las arreglaba para hacerlo en los pedazos de papel que encontraba. Enviaba los borradores a su hermana Annie, en Londres, para que los pasara en limpio y los hiciera llegar a sus amigos. Además, debía soportar el mal humor del oficial responsable de censurar las cartas, que le decía que no podía molestarse con revisar "toda esa basura" (Cohen, p. 156).

Rosenberg murió la mañana del 1° de abril de 1918, durante la gran ofensiva alemana de la primavera de ese año, conocida para los aliados como Segunda Batalla del Somme. Su cuerpo no fue encontrado, pero en 1926 se hallaron los restos de 11 soldados del KORL y se les dio sepultura en Northumberland Cemetery, Fampoux, una aldea de la región Norte-Paso de Calais. Si bien el cuerpo de Rosenberg no pudo ser identificado individualmente, se sabía que estaba entre esos restos, restos que fueron vueltos a enterrar en el cementerio de Bailleul Road East, en St. Laurent-Blangy, una aldea al nordeste de Arras. La leyenda en su lápida reza: "Soldado Isaac Rosenberg 22311". Debajo de su nombre, fecha y regimiento, hay una Estrella de David grabada y las palabras "Artista y Poeta".

Hoy, gracias a algunas mentes esclarecidas, Rosenberg es considerado uno de los más grandes talentos naturales de su período literario. Paul Fussell afirma que *"Dead Man's Dump"* [El basurero de los muertos] es uno de los mejores poemas de la Primera Guerra (Fussell, p. 51). Su obra tiene una gran originalidad, tanto de visión como de técnica. La originalidad proviene, en parte, de su mirada de artista plástico. Hay un potente elemento visual en su poesía, que se percibe en la forma detallada con que describe objetos y paisajes y en su uso insistente del color. Ningún otro poeta soldado, con la posible excepción de Owen, ha hecho visualizar el horror de la guerra con la brutalidad de las devastadoras escenas de "El basurero de los muertos", donde un carro avanza en un campo lleno de cadáveres. Era parte de su tarea llevar alambre de púa a la Tierra de Nadie, en un carro tirado por mulas, y pasar encima de los cadáveres de soldados. Una estrofa dice:

———————————— /// ————————————

Las ruedas se bamboleaban sobre los desparramados [muertos
sin hacerlos sufrir, aunque sus huesos crujían;
de su boca cerrada no se escapaban gemidos.
Yacen allí amontonados, amigos y enemigos,
hombres nacidos de mujeres y de hombres,
y los proyectiles aúllan sobre ellos
noche tras noche y hasta ahora.

The wheels lurched over sprawled dead

But pained them not, though their bones crunched,
Their shut mouths made no moan.
They lie there huddled, friend and foeman,
Man born of man, and born of woman,
And shells go crying over them
From night till night and now.

———————————— /// ————————————

Jon Silkin, a quien consideramos el estudioso más autorizado de la obra de Rosenberg, hace una comparación interesante e iluminadora de algunas diferencias básicas entre este poeta y Wilfred Owen, en su capítulo sobre Rosenberg de su libro *Out of Battle*, sobre la poesía de la Gran Guerra, a cuyos puntos esenciales nos referiremos. La experiencia de la guerra fue definitoria en el caso de Owen: contribuyó a dar una orientación fundamental a su obra poética, cristalizándola como la expresión de su ultraje ante el incalificable e injustificado desperdicio del exterminio de millones de hombres. Su muerte dramatizó su prematura desaparición, dando un énfasis trágico a la ironía de su tragedia. Owen volvió al Frente para compartir el sufrimiento de otros, acuciado por la compasión, como intercesor y vocero de sus compatriotas.

En cuanto a la muerte de Rosenberg, ocurrió en la plenitud de su vida. Era joven (veintisiete años), pero ni siquiera se encontraron sus restos, y no fue entronizado. Silkin destaca el hecho de que sus orígenes humildes y su judaísmo contribuyeron a que fuera ignorado entre las dos guerras. Silkin se pregunta: "¿Qué país nacionalista puede esperarse que honre a quien, en muchos sentidos, era ajeno a su cultura?" (p. 274). Silkin usa el término *alien*, tan cargado de connotaciones negativas y hostiles de "extranjero" y "diferente". Contrasta a Rosenberg con Disraeli, también judío, pero Disraeli fue Primer Ministro, se convirtió al cristianismo y con su pirática pericia expandió el imperio.

Tanto Rosenberg como Owen odiaban la guerra, pero Rosenberg se alistó, no por convicción patriótica, sino por pobreza, lo que lo hacía una especie de mercenario. Por otra parte, Owen hace una importante y abultada contribución a la poesía de guerra, mientras que Rosenberg, que si bien es autor de los poemas de guerra más insólitos y personales, no tiene más que una producción que apenas ocupa una veintena de páginas de su poesía completa, *"Trench Poems, 1916-1918"*[168].

Silkin centra el logro de Owen en poemas sobre temas de odio, ironía y compasión, y los de Rosenberg en "lucha y cambio", temas de los cuales la guerra fue parte, pero no culminación. Según Silkin, Rosenberg no "encaja" en ninguna categoría. Él ve en los poemas de guerra de Owen un sentido de "completitud" de su producción poética, mientras que en Rosenberg son una pieza: no alteran la dirección de su obra. Si bien se trata de un punto de vista interesante, creemos que aquí Silkin entra en el terreno de la predicción o de la posibilidad.

---

168 En la edición de *Collected Poems* editada por Gordon Bottomley y Denys Harding, la sección titulada *"Trench Poems"* va de la página 69 a la 91. Son un total de veinte poemas.

Selección de poemas de Isaac Rosenberg

Al oír noticias de la guerra

Nieve es una extraña palabra blanca;
ni hielo ni escarcha
le han preguntado ni a un brote ni a un pájaro
cuál es el costo del invierno.

. . . .

Sin embargo, el hielo y la escarcha y la nieve
desde la tierra hasta el cielo
esta tierra de verano conoce
y nadie sabe por qué.

. . . .

Está en el corazón de todos.
Algún viejo espíritu
con su beso maligno ha trocado
nuestra vida en moho.

. . . .

Rojos colmillos han desgarrado Su cara.
La sangre de Dios ha sido derramada.
Él lamenta desde su solitario sitio
a sus hijos muertos.

. . . .

¡Ay! ¡antigua maldición roja!
Corroe, consume.
Devuelve a este universo
su prístino florecer.

On Receiving News from the War

Snow is a strange white word;
No ice or frost
Have asked of bud or bird
For Winter's cost.

. . . .

Yet ice and frost and snow
From earth to sky
This Summer land doth know,
No man knows why.

. . . .

In all men's hearts it is.
Some spirit old
Hath turned with malign kiss
Our lives to mould.

. . . .

Red fangs have torn His face.
God's blood is shed.
He mourns from His lone place
His children dead.

. . . .

O! ancient crimson curse!
Corrode, consume.
Give back this universe
Its pristine bloom.

Con este poema escrito en Ciudad del Cabo en 1914, irrumpe el tema de la guerra de manera explícita en la obra de Rosenberg. Fue compuesto en Sudáfrica, donde Rosenberg se enteró del estallido de la guerra. El 8 de agosto le escribió a Edward Marsh, enviándole una copia de su conferencia sobre el arte, donde le dice que aborrece la guerra. Escribe:

> Para cuando esta carta le llegue pienso que el mundo estará convulsionado y que usted estará muy ocupado con asuntos importantes. Sé que mi pobre e inocente ensayo no tiene ninguna posibilidad al lado de las peliagudas legiones de documentos acerca de la guerra sobre su escritorio, pero sepa que desprecio la guerra y odio la guerra, y espero que al káiser Wilhelm le den una buena paliza en el traste: es un travieso y agresivo escolar que quiere comerse todo el budín de ciruelas [...] Ahora es el momento de unirse a una expedición exploratoria al Polo Norte; regresar y encontrar todo en orden otra vez. (Liddiard, pp. 158-159).

Su poema revela que Rosenberg ve la guerra como un desastre y a la condición humana como responsable: la guerra está alojada en el corazón del hombre. Las imágenes del poema son negativas, y predicen un cataclismo: no solo caen nieve, hielo y escarcha, sino también mana sangre de los colmillos de los hombres. Es una maldición ancestral que corroe y consume, y mata la florescencia prístina del universo. Ya la segunda estrofa se refiere a la guerra como un fenómeno contra natura: la nieve, el hielo y la escarcha no caen desde el cielo, sino que van "de la tierra al cielo". Como en una obra de Shakespeare, se ha trastocado el orden del universo: la guerra es una ruptura de la armonía que se corresponde con una alteración del cosmos, y produce el caos. En *Macbeth* es de día, pero reina la oscuridad. En Europa es verano, pero nieva, y la nieve va de la tierra al cielo. También como en Shakespeare, la malignidad está en el corazón enfermo del hombre.

Es un poema de gran simpleza, con gran dominio de monosílabos. Asimismo, es de regularidad total: cinco cuartetos de rima alternada, ABAB. Muestra un uso marcado de la aliteración: *snow / strange; bud / bird; fangs / face; corrode / consume*.

l.7: *"This Summer land"* [esta tierra de verano]. Es invierno en Sudáfrica, pero un invierno templado para Rosenberg, acostumbrado a los fríos ingleses. La inversión de las estaciones (es verano en Europa) le sirve al poeta para introducir su idea de desorden cósmico. En el primer cuarteto se ha referido al hecho de que en Ciudad del Cabo ni las flores ni los pájaros sufren el invierno: el frío no quema las flores, y los pájaros no tienen que emigrar.

La nieve puede ser considerada una sinécdoque, o un ejemplo del uso del detalle a que se refiere Silkin cuando dice que "Rosenberg usa el detalle como representación microcósmica de una experiencia total" (Silkin, p. xi).

l.8: *"mould"* [moho]. El mal de la guerra es orgánico, originado en un hongo.

l.11: *"malign kiss"* [beso maligno]. Aunque una imagen de "aterradora complejidad", como escribe Silkin (p. 275), posiblemente esté relacionada con el beso de Judas.

l.17: *"Ancient crimson curse"* [antigua maldición roja]. Aquí puede verse el rastro de William Blake y su poema *"The Sick Rose"*, de Songs of Innocence and Experience: "*O Rose thou art sick. / The invisible worm, / That flies in the night / In the howling storm // Has found out thy bed / Of crimson joy / And his dark secret love / Does thy life destroy*" [Ay, Rosa, estás enferma. / El gusano invisible / que vuela en la noche / en la ululante tormenta// Ha encontrado tu lecho / de roja alegría / y su oscuro amor secreto / destruye tu vida]. Finalmente, la maldición nos purifica, nos libra de nuestra enfermedad (Silkin, p. 275).

l.20: *"pristine bloom"* [prístino florecer]. También aquí hay un eco de *"The Sick Rose"*: el poema de Rosenberg termina con una imagen de florescencia que puede sugerir restablecimiento del orden, o ciclo natural de las estaciones, ya que ha empezado con la nieve y termina con la flor.

———————————————— /// ————————————————

Los héroes muertos

Iluminaos, cielos gloriosos,
dad la bienvenida a nuestros valientes;
besad sus exultantes ojos,
dadles lo que ellos dieron.

. . . .

Haced relucir, uniformados serafines,
vuestras ardientes lanzas:
llegan días nuevos para superar
los oscuros años heroicos.

. . . .

Estremece su bautismal paso
el aire ufano y luminoso;
los guerreros penachos desplegados
allá en lo alto arden.

. . . .

¡Fulgurad, fulgurad, ay Canto!
Que estrella cante a estrella;
fuertes, como fuerte es nuestro dolor
son nuestros hijos.

. . . .

Su sangre es el corazón de Inglaterra;
junto a sus manos muertas
es la parte noble
que significa Inglaterra.

. . . .

Inglaterra: el tiempo os los dio;
ellos dieron esto en cambio
para ganar la Eternidad
y reclamar el beso de Dios.

The Dead Heroes

Flame out, you glorious skies,
Welcome our brave,
Kiss their exultant eyes;
Give what they gave.

. . . .

Flash mailèd seraphim,
Your burning spears;
New days to outflame their dim
Heroic years.

. . . .

Thrills their baptismal tread
The bright proud air;
The embattled plumes outspread
Burn upwards there.

. . . .

Flame out, flame out, O Song!
Star ring to star,
Strong as our hurt is strong
Our children are.

. . . .

Their blood is England's heart;
By their dead hands
It is, their noble part
That England stands.

. . . .

England—Time gave them thee;
They gave back this
To win Eternity
And claim God's kiss.

Poema patriótico tradicional, publicado en 1915, del tipo que ubicamos entre los de la "primera etapa" de la poesía de la Gran Guerra, cuyo representante característico es Rupert Brooke. Rosenberg no volvería a escribir poemas de la clase de *"The Dead Heroes"*. De hecho, en varias oportunidades se pronunció contrario a los poemas de Brooke. No lo respetaba como poeta y le molestaba la adoración que sentía Edward Marsh por él. En una carta a su protectora, Mrs. Henry Cohen, escribe:

> La *Poetry Review* que me envió es buena, aunque los artículos son demasiado extremos y necesitan más revisión, me parece. Los poemas de los soldados son fuertes pero creo que un tanto trillados. Los glorificados sonetos de Rupert Brooke no me gustaron por la misma razón. Me refiero a frases de segunda mano, etc., como *"lambent fires"* [fuegos de suave brillo], que le quitan realidad y fuerza. Debería abordarse [el tema de la guerra] de un modo más frío, más abstracto, con menos del millón de sentimientos de la mayoría; o todos los sentimientos deberían concentrarse en una notable emoción. Walt Whitman en *"Beat, drums, beat"* [Redoblad, tambores, redoblad] ha dicho lo

más noble sobre la guerra. [Carta de principios de junio de 1916, en *Collected Works*, edited by Gordon Bottomley and Dennis Harding, 1937, p. 348).

En *"The Dead Heroes"*, sin embargo, un poema anterior a la carta citada, Rosenberg comete los errores que critica, errores como el uso de invocaciones patrióticas (*"Flame out, you gloried skies"* [iluminaos, cielos gloriosos]), en la cuarta estrofa, línea repetida con una modificación: *"Flame out, flame out O Song!"* [¡Fulgurad, fulgurad, ay Canto!]. Hay también otras marcas típicas del tradicional poema de guerra, como la ponderación del valor y gallardía de los soldados, *"our brave"* [nuestros valientes], de *"exultant eyes"* [exultantes ojos], *"mailèd seraphim"* [uniformados serafines], con sus *"burning spears"* ["ardientes lanzas"]. Además, se predice que se ganará la Eternidad y se usa el nombre de la patria, Inglaterra, tres veces. Como a Sassoon, Graves, Owen y otros poetas de guerra, la terrible experiencia enseñará sobriedad y realismo a Rosenberg.

El poema también es tradicional estructuralmente: consta de seis cuartetos de rima alternada ABAB. Forma parte del poemario *Youth*, de 1915.

Primer fruto

No corté nada,
y ahora lo siento:
el jardín no tiene rejas
pero las ramas están pesadas de nieve;
los copos de pimpollos caen a montones
y las ocultas raíces suspiran: "¿Cuánto tiempo
estarán estropeadas nuestras flores?"

. . . .

Extraño, como si un pájaro fuera mudo;
extraño como una hoja sin color,
como un sordo que anhela oír
o mira sin poder creer,
el fruto suspiró: "Dedos, venid!"
Ay, cerradas manos, quedaos vacías otro año más.

First Fruit

I did not pluck at all,
And I am sorry now:
The garden is not barred
But the boughs are heavy with snow,
The flake-blossoms thickly fall
And the hid roots sigh, "How long will
Our flowers be marred?

. . . .

Strange as a bird were dumb,
Strange as a hueless leaf.
As one deaf hungers to hear,
Or gazes without belief,
The fruit yearned "Fingers, come!"
O, shut hands, be empty another year.

Poema que forma parte de *Moses*, de 1916. Con imágenes tradicionales, como no cortar el fruto, no entrar en el jardín a pesar de que no tiene rejas, terminar con las manos vacías, se refiere a oportunidades perdidas, muchas posiblemente sexuales. De carácter personal, tiene referencias autobiográficas, que el biógrafo Joseph Cohen intenta develar. Supone que hay una referencia a una muchacha de la que Isaac estaba enamorado, llamada Sonia Cohen, sobre la cual él tejió una serie de fantasías, pero ella quedó embarazada de un amigo de Isaac, también poeta, John Rodken, y todo terminó. Rosenberg le escribió a Sonia un breve poema en *Night and Day*, su primer poemario, de 1912, que comienza: "*Lady, you are my God / Lady, you are my heaven*" [Señora, es usted mi Dios / señora, es usted mi cielo].

Además de este amor fracasado, el biógrafo supone que puede haber en el poema resignación por oportunidades literarias perdidas: por ejemplo, no haber entrado en el movimiento poético de vanguardia, cuyos cultores eran entonces Ezra Pound y T. E. Hulme, y tampoco haber querido buscar un camino fácil en poesía, adaptándose al tipo tradicional que publicaba Edward Marsh en las antologías *Georgian* (Cohen, pp. 143-144).

El judío

Moisés, de cuyos ijares nací,
encendió con una lámpara en su sangre
diez leyes inmutables, una luna
para mutables hombres sin lámpara.

. . . .

Los rubios, los morenos, los pelirrojos,
con la misma sangre vigorosa
hacen de marea a la luna de Moisés.
Entonces ¿por qué se burlan de mí?

The Jew

Moses, from whose loins I sprung,
Lit by a lamp in his blood
Ten immutable rules, a moon
For mutable lampless men.

. . . .

The blonde, the bronze, the ruddy,
With the same heaving blood,
Keep tide to the moon of Moses.
Then why do they sneer at me?

Este breve poema, *"The Jew"*, tiene como centro temático la queja del poeta de que es objeto de discriminación por ser judío, lo que le duele. Todas las demás razas (rubios, morenos y pelirrojos) se burlan de él. Sin embargo, él es un hombre de Moisés, el legislador, el que sentó la ley inmutable con los diez mandamientos.

El poema consta de dos cuartetos de métrica regular, sin rima consonante. Es uno de los primeros poemas que escribió en las barracas, en 1915.

La condición de judío de Rosenberg no es una marca que caracterice su poesía, que carece de elementos específicamente judíos, salvo en su fragmento dramático *Moses*, donde utiliza mitología judaica, y en este poema. Por otra parte, hay consenso crítico de que se produce en su obra una fusión entre su trasfondo racial y su herencia inglesa, para producir la tensión peculiar que destaca Sassoon en su introducción a la edición de Bottomley y Harding de 1937, a la que ya nos hemos referido.

En Inglaterra, Rosenberg había conocido la discriminación racial, que se intensificó en el Frente, donde padece antisemitismo, tanto de los demás soldados como de sus superiores. Se queja de ello en una carta a Marsh, a la que alude Joseph Cohen en su biografía (Cohen, p. 127). Liddiard, por su parte, nota que las imágenes hebreas (más que judías) se tornan más significativas en la última poesía de Rosenberg (Liddiard, p. 32). El tema judío figurará en su poema *"The Burning of the Temple"* [El incendio del Templo], donde usa la destrucción de Jerusalén por las hordas babilónicas como metáfora de la carnicería de la guerra a su alrededor.

En *"The Jew"* hay una serie de referencias a la religión judía:

ll.1-4: *"Ten immutable rules"* [Diez leyes inmutables]. Los diez mandamientos, revelados a Moisés en el Monte Sinaí. Están en la Biblia, en Éxodo 20: 1-17 y Deuteronomio 5: 4-21. *Lamp*. La lámpara es la menora, antigua lámpara o candelabro de 7 brazos de oro, usada por Moisés en el desierto como santuario portátil. *A moon...* En el libro de los Números, 10:10, Dios le habla a Moisés sobre la celebración de la luna nueva. Rosh Codesh (comienzo del mes) es el nombre del primer día de cada mes en el calendario hebreo, marcado por la aparición de la luna nueva. Se representa a Moisés con la luna o los cuernos de la luna, que significan la luna creciente. Moisés era la figura central de un antiguo culto a la luna en la península del Sinaí.[169]

l.4: *"mutable lampless men"* [mutables hombres sin lámpara]. Los mandamientos son no mudables; no se pueden cambiar. Los hombres son cambiantes, inconstantes. *"Lampless"* [sin lámpara]. Posiblemente una referencia a no judíos.

---

169 [http://www.truthcontrol.com/moses].

Agosto 1914	***August 1914***
¿Qué se quema de nuestra vida	*What in our lives is burnt*
en este fuego?	*In the fire of this?*
¿El querido granero del corazón?	*The heart's dear granary?*
¿Lo mucho que echaremos de menos?	*The much we shall miss?*
. . . .	. . . .
Tres vidas tiene una vida –	*Three lives hath one life –*
oro, hierro y miel.	*Iron, honey, gold.*
Oro y miel no están ya –	*The gold, the honey gone –*
queda lo duro y lo frío.	*Left is the hard and cold.*
. . . .	. . . .
De hierro es nuestra vida	*Iron are our lives*
en nuestra juventud fundido.	*Molten right through our youth.*
Un espacio quemado en campos maduros,	*A burnt space through ripe fields*
un diente roto de una bella boca.	*A fair mouth's broken tooth.*

Si bien el título alude al inicio de la guerra, fue escrito en 1916, entre los meses de junio y agosto (Cohen, p. 152). Consta de tres cuartetos en que riman los versos segundo y cuarto. La característica dominante de *"August 1914"* es la economía: se trata de un poema caracterizado por la brevedad y la condensación, riquísimo en palabras cargadas de significado y connotaciones. Destacamos tres metáforas: la vida compuesta por tres elementos, el hierro (dureza y frialdad), la miel (dulzura) y el oro (lo precioso); el granero como el corazón (uno almacena granos, el otro afectos); y "un diente roto en una bella boca", o la destrucción de lo bello en el holocausto de la guerra. Está luego "lo mucho" que echaremos de menos, otro ejemplo de concentración, pues *mucho* connota la abundancia de la vida.

l.2: *"In the fire of this"* [En este fuego] es un ejemplo del uso idiosincrásico del lenguaje, una característica de Rosenberg.

l.3: *"Dear granary"* [Querido granero]. "Dear", otro ejemplo del uso idiosincrásico al que aludimos en la nota anterior. Esta primera estrofa contrasta el granero del corazón, el centro mismo de nuestra humanidad, con el fuego de la herrería, en la que Marte, dios de la guerra, forja el destino de los hombres.

l.4: *"Much"* es otro ejemplo.

El barco de tropas

Grotescos y extrañamente apiñados,
contorsionados para doblegar
al sueño el alma adormilada,
yacemos despatarrados
sin poder dormir.
Es tan frío el húmedo viento,
y los bamboleantes hombres tan desconsiderados,
que de adormecerse uno,
los vientos lo manosean o los pies de alguno
le pisotean la cara.

The Troop Ship

Grotesque and queerly huddled
Contortionists to twist
The sleepy soul to a sleep,
We lie all sorts of ways
And cannot sleep.
The wet wind is so cold,
And the lurching men so careless,
That, should you drop to a doze,
Wind's fumble or men's feet
Are on your face.

Este breve y sencillo poema de junio de 1916 tiene interés biográfico, pues se refiere al cruce del Canal de la Mancha en el viaje de Rosenberg a Francia, donde ya estaba el 3 de junio. Dos días después, su división partía para el Frente en Somme. El poema, de tono coloquial oral, está formado por una serie de imágenes visuales y descriptivas del tiempo marino. Destacamos la descripción de las posturas de los soldados ("contorsionistas"), que revelan la mirada atenta del artista plástico, así como el uso acertado de la metáfora *"sleepy soul"* y la personalización de los vientos debido al verbo *"fumble"*, tentar con torpeza o manosear.

Desde Francia　　　　　　　　　　　　*From France*

Embebía el espíritu las luces del café,　　　　*The spirit drank the café lights;*
Y toda la cálida vida que allí brillaba,　　　　*All the hot life that glittered there,*
Y decían los hombres a las alegres mujeres:　*And heard men say to women gay,*
"Así es la vida en Francia".　　　　　　　　*'Life is just so in France'.*

. . . .　　　　　　　　　　　　　　　. . . .

Con las luces del café sueña el espíritu,　　　*The spirit dreams of café lights,*
y con dorados rostros y tenues tonos,　　　　*And golden faces and soft tones,*
y oye a los hombres que gruñen a los quebrantados　*And hears men groan to broken men,*
　　　　　　　　　　　　　　[hombres:
"Esta no es la Vida en Francia."　　　　　　*This is not Life in France'.*

. . . .　　　　　　　　　　　　　　　. . . .

Piedras apiladas y una inscripción chamuscada　*Heaped stones and a charred signboard show*
y pasto crecido sobre los hombres muertos,　　*With grass between and dead folk under,*
y algunos pájaros que cantan mientras el espíritu cobra　*And some birds sing, while the spirit takes wing.*
　　　　　　　　　　　　　　　　[vuelo
y esta es la Vida en Francia.　　　　　　　　*And this is life in France.*

Este poema data de los meses junio-agosto de 1916. Rosenberg llegó a Francia, a Le Havre, con su regimiento, el 3 de junio de 1916. Según uno de los biógrafos de Rosenberg, Joseph Cohen, el poeta escribió, desde el Frente en la región del Somme, tres poemas breves: este, *"Home Thoughts from France"* y *"August 1914"*. Los dos poemas sobre Francia contrastan la idea generalizada tradicional que se tenía de ese país como alegre y despreocupado, con la Francia en guerra. *"From France"* presenta tres viñetas del país, que con dos o tres elementos caracterizan la situación reinante. La primera viñeta (y estrofa) es la tradicional, del pasado feliz: un café iluminado, la "cálida vida", las mujeres alegres. La segunda es el presente: ya no hay luces ni alegrías, sino gruñidos y hombres quebrantados. La tercera es una escena de guerra: piedras apiladas, una inscripción chamuscada, hombres muertos, algunos pájaros que cantan y el espíritu que "echa a volar", probablemente para huir del terrible presente.

Pensamientos del hogar desde Francia	*Home Thoughts from France*
Pálidos, frágiles rostros de alegría,	*Wan, fragile faces of joy,*
lastimeras bocas que se esfuerzan	*Pitiful mouths that strive*
por iluminar con una sonrisa el lugar	*To light with smiles the place*
con el que soñamos salir con vida,	*We dream we walk alive,*
. . . .	. . . .
a vosotros extiendo las manos,	*To you I stretch my hands,*
manos cerradas en despiadado trance	*Hands shut in pitiless trance*
en una tierra de calamidad y ruina,	*In a land of ruin and woe,*
desolada tierra de Francia.	*The desolate land of France.*
. . . .	. . . .
Rostros preciosos, alarmados y estremecidos,	*Dear faces startled and shaken,*
desde el polvo con feroces sonidos	*Out of wild dust and sounds*
me llaman, me atraen, me tientan y me entristecen	*You yearn to me, lure and sadden*
el corazón con fútiles fronteras.	*My heart with futile bounds.*

La Francia de este segundo poema, también de 1916, es un país en guerra. El poeta habla a los habitantes de una Francia azotada por la guerra. Las imágenes, casi todas visuales, de rostros entristecidos, "alarmados y estremecidos", polvo, manos cerradas y bocas lastimeras, dan paso hacia el final a una imagen auditiva de guerra (feroces sonidos), el característico "detalle" de Rosenberg que encapsula inmensas connotaciones. El poema termina con una críptica referencia a "fútiles fronteras", que relacionamos con el poeta, apátrida, un paria que está lejos del país por el cual lucha, aplastado por la tristeza, sin vía de escape. Esta interpretación personal encuentra sustento en el poema de Browning del que *"Home Thoughts from France"* se hace eco, titulado *"Home Thoughts from Abroad"*, es decir, "Pensamientos del hogar (o de la patria) desde el exterior", un poema de Robert Browning de 1845, en que el poeta victoriano añora su patria desde Italia. Comienza con un deseo impulsado por la nostalgia: *"Oh, to be in England / Now that April's there"* (Ay, estar en Inglaterra ahora que abril está allí), es decir, ahora que allá es primavera. A diferencia de Browning, Rosenberg no siente nostalgia de Inglaterra. No es cuestión de fronteras, no es cuestión de países, sino de una profunda soledad interior, el subtexto del poema.

El 15 de noviembre de 1917 (ya ha estado un año en Francia) le escribe una carta a Winifreda Seaton:

> La mayor parte del país de Francia que he visto ha sido devastado por la guerra, desgarrado. Hasta los bosques se ven horribles con sus árboles destruidos por la metralla; nuestros únicos recuerdos de sentimientos cálidos y agradables son las raras veces entre aldeas humanas… (Moorcroft Wilson, p. 314).

Marchando (Visto desde la fila izquierda)	*Marching (As Seen from the Left File)*
Mis ojos se fijan en enrojecidos cuellos	*My eyes catch ruddy necks*
vueltos tenazmente hacia atrás:	*Sturdily pressed back -*
Todo es el brillo móvil de un ladrillo rojo.	*All a red brick moving glint.*
Como péndulos llameantes, las manos	*Like flaming pendulums, hands*
se balancean sobre el caqui,	*Swing across the khaki -*
sobre el caqui de tono mostaza,	*Mustard-coloured khaki -*
al compás de los pies automáticos.	*To the automatic feet.*
. . . .	. . . .
Guardamos la antigua gloria	*We husband the ancient glory*
en estas manos y en estos cuellos desnudos.	*In these bared necks and hands.*
No está rota la fragua de Marte,	*Not broke is the forge of Mars;*
pero una mente más sutil golpea el hierro	*But a subtler brain beats iron*
para herrar los cascos de la muerte	*To shoe the hoofs of death,*
(que el dinámico aire ahora escarban).	*(Who paws dynamic air now).*
Dedos ciegos sueltan una nube de hierro	*Blind fingers loose an iron cloud*
para hacer llover la oscuridad inmortal	*To rain immortal darkness*
sobre los fuertes ojos.	*On strong eyes.*

Breve poema, de 1916, de dos estrofas, la primera de siete, la segunda de nueve versos sin rima, en que se describe a los hombres que marchan desde la perspectiva de uno de ellos. La primera estrofa, que bien podría caracterizarse como "imaginista", en el sentido de que sigue el modernismo de Pound, contiene imágenes visuales fragmentarias, o "detalles", según la técnica característica de Rosenberg: los "enrojecidos" cuellos de los soldados que marchan, una impresión general de "ladrillos rojos", un símil, "como péndulos llameantes", manos, uniformes caqui mostaza, pies automáticos. Aquí puede apreciarse la mirada del pintor: todo es forma y color. La segunda estrofa da paso a una mirada reflexiva que se centra en el militarismo detrás de los soldados que marchan. El poeta encuentra la antigua gloria en las manos y cuellos de los hombres, agrega una referencia mitológica (la fragua de Marte), que glorifica la guerra, y finalmente la intimación de la muerte, siempre presente, aunque "los fuertes ojos" (¿obnubilados?) se resguardan tras una oscuridad inmortal. Hay una paradoja central: el contraste entre los seres humanos, vulnerables, y la antigua forja de Marte. El dios de la guerra golpea el hierro para usar como calzado para la contienda. La línea entre paréntesis ("que el dinámico aire ahora escarban") es una referencia a que ahora los aviones han reemplazado a los caballos.

"*Marching*" fue escrito en marzo de 1916, incluido en *Moses*. Luego se publicó en *Poetry*, en el número de diciembre de 1916, gracias a los buenos oficios de Ezra Pound, legendario protector de poetas. Rosenberg se lo envió a Marsh, aunque el poema no podía resultarle aceptable al convencional Marsh por pecar de exceso de modernismo. Por otra parte, la carta contenía la confesión de que él "nunca se unió al ejército por razones patrióticas", y que "Nada puede justificar la guerra" (Cohen, p. 133).

En las trincheras	***In the Trenches***
Corté dos amapolas	*I snatched two poppies*
del reborde de los parapetos,	*From the parapets ledge*
dos amapolas rojo brillante	*Two bright red poppies*
que centellaban en el reborde.	*That winked on the ledge.*
Detrás de la oreja	*Behind my ear*
me puse una.	*I stuck one through,*
La otra amapola rojo sangre	*One blood red poppy*
te la di a ti.	*I gave to you.*
. . . .	. . . .
Las bolsas de arena se redujeron,	*The sandbag narrowed*
se rieron de nuestra broma	*And screwed out our jest,*
y te arrancaron la amapola	*And tore the poppy*
que llevabas en el pecho…	*You had on your breast…*
Cayó… una bomba. ¡Ay! Jesucristo,	*Down – a shell – O! Christ,*
Me ahogo… a salvo… cegado por el polvo,	*I am choked…safe…dust blind, I*
veo amapolas en el suelo de la trinchera	*See trench floor poppies*
esparcidas. Tú yaces hecho añicos.	*Strewn. Smashed you lie.*

Este poema de dos estrofas de ocho versos cada uno, no incluido en las ediciones de Rosenberg, data de agosto de 1916. Rosenberg se lo envió a Sonia Cohen en una carta, en que se refiere a él como *"a little poem, a bit commonplace I'm afraid"* [un poemita, un tanto trillado, me temo]. Sirve como una suerte de borrador de un acabado poema posterior, *"Break of Day in the Trenches"*, que incluimos a continuación. Por *"commonplace"* es posible que se refiera a la conjunción rojo sangre / amapolas rojas, hecha famosa por *"In Flanders Fields"*, el popular poema de John McCrae que incluimos y comentamos en la "Primera parte. Sección II. La poesía de guerra: primera etapa". El poema de Rosenberg retoma la imagen de las amapolas y la hace confluir con la muerte de un soldado en la trinchera. El rojo de la amapola connota la sangre derramada. Poema económico, se caracteriza por un tonillo de retintín y la repetición de las palabras "amapolas" y "reborde". El tono y la métrica contrastan irónicamente con la sorpresiva muerte del soldado.

Amanecer en las trincheras	***Break of Day in the Trenches***
La oscuridad se desmigaja:	*The darkness crumbles away*
es el mismo viejo Tiempo druida de siempre.	*It is the same old druid Time as ever,*
Solo un ser viviente trepa por mi mano,	*Only a live thing leaps my hand,*
una rata, extraña y sardónica,	*A queer sardonic rat,*
cuando arranco una amapola del parapeto	*As I pull the parapet's poppy*
para ponérmela detrás de la oreja.	*To stick behind my ear.*
Graciosa rata, te dispararían si conocieran	*Droll rat, they would shoot you if they knew*
tus cosmopolitas simpatías.	*Your cosmopolitan sympathies,*
Ahora que has tocado esta mano inglesa	*Now you have touched this English hand*
harás lo mismo con una alemana,	*You will do the same to a German*
pronto, sin duda, si te place	*Soon, no doubt, if it be your pleasure*
cruzar el adormilado verdor que nos separa.	*To cross the sleeping green between.*
Parecería que sonrieras por dentro mientras pasas	*It seems you inwardly grin as you pass*
junto a fuertes ojos, gallardos miembros, altivos atletas	*Strong eyes, fine limbs, haughty athletes,*
con menor suerte en la vida que tú,	*Less chanced than you for life,*
encadenados a los caprichos de la muerte,	*Bonds to the whims of murder,*
desparramados en las entrañas de la tierra,	*Sprawled in the bowels of the earth,*
en los desgarrados campos de Francia.	*The torn fields of France.*
¿Qué ves tú en nuestros ojos	*What do you see in our eyes*
ante los hierros y llamas que chillan	*At the shrieking iron and flame*
arrojados a través de los inmóviles cielos?	*Hurled through still heavens?*
¿Qué estremecimiento? ¿Qué corazón espantado?	*What quaver -what heart aghast?*
Las amapolas, cuya raíz está en las venas humanas,	*Poppies whose roots are in men's veins*
caen, y todo el tiempo caen;	*Drop, and are ever dropping;*
pero la mía está a salvo en la oreja,	*But mine in my ear is safe,*
tan solo un poco blanca de polvo.	*Just a little white with the dust.*

Este excelente poema de 1917 se abre con el comienzo del día, característico de la poesía cortesana, algo tan alejado de la realidad de la guerra, que ya insinúa la actitud irónica de la voz poética, una de las marcas de *"Break of Day in the Trenches"*. En el primer verso, el verbo *crumbles*, "desmigajarse", por su parte, describe la llegada del alba como un lento desmenuzamiento de la oscuridad, poderosa personificación metafórica que posiblemente podamos relacionar con el "polvo", simbólico, de muerte, que cierra el poema. En el segundo verso, "Druida", de la antigua orden de sacerdotes de la Inglaterra prerromana, agrega al proceso del tiempo connotaciones de magia, misterio, ritual y sacrificio. Inmediatamente después (versos tercero y quinto) se introducen dos imágenes centrales: la rata y la amapola. La rata, desagradable como es, tiene que ver con la continuidad de la vida en el circo de muerte del campo de batalla: se las arregla para subsistir en medio del fuego y la destrucción. La pobre amapola, terca persistencia de la belleza, tan fuera de lugar, tiene los momentos contados.

La rata es cosmopolita, ignorante (¿inocente?) de partidismos y fronteras. Germanos y aliados no son de su incumbencia. Práctica, aferrada a la vida, ilustra el triunfo de la ironía en la mirada del poeta. Es libre y neutral: puede cruzar a su antojo la horrible Tierra de Nadie, aquí glorificada, con nostalgia pastoril, como "adormilado verdor". Recuerda a la pulga, del poema de John Donne *"The flea"* [La pulga], que mezcla la sangre de los amantes al picar primero a él, luego a ella: "*It sucked me first, and now sucks thee, / And in this flea, our two bloods mingled be*" (poema publicado póstumamente en la primera edición de poemas de Donne de 1633).

La rata se presenta como superior a los levemente ridículos "altivos atletas", que parecen extraídos del romanticismo tardío de Housman. Es indudable que la rata tiene una mejor perspectiva de vida que los atléticos soldados.

Las cuatro líneas finales, que identifican el rojo de las amapolas con la sangre que fluye por las venas humanas, son un triunfal broche de ironía: caen todo el tiempo. Igual que los soldados, las amapolas caen, pero el poeta se jacta de que la suya está a salvo en su oreja, aunque un poco blanca de polvo, leve indicación de su mortalidad.

Rosenberg envió este poema a Edward Marsh en una carta del 6 de agosto de 1916, en que dice:

Adjunto un poema que escribí en las trincheras, que con seguridad es tan simple como una charla común. Puede usted objetar que la segunda línea es igualmente vaga, pero esa era la mejor manera que tenía de expresar la sensación del amanecer.

Paul Fussell llama a *"Break of Day in the Trenches"* el mejor poema de la Gran Guerra por su cadencia emocional y fina ironía (Fussell, p. 250).

Los inmortales	***The Immortals***

Los maté, pero no se morían.	*I killed them, but they would not die.*
¡Sí! Todo el día y la noche	*Yea! all the day and all the night*
por su causa no podía descansar ni dormir,	*For them I could not rest or sleep,*
ni resguardarme de ellos ni esconderme huyendo.	*Nor guard from them nor hide in flight.*
. . . .	. . . .
Entonces, en mi agonía regresé	*Then in my agony I turned*
y me enrojecí las manos con su sangre.	*And made my hands red in their gore.*
En vano, pues cuanto más rápido los mataba	*In vain - for faster than I slew*
más crueles que antes se levantaban.	*They rose more cruel than before.*
. . . .	. . . .
Maté y maté con loco ensañamiento;	*I killed and killed with slaughter mad;*
maté hasta quedarme sin fuerzas.	*I killed till all my strength was gone.*
Pero aún se levantaban y me torturaban,	*And still they rose to torture me,*
porque los Diablos solo mueren en broma.	*For Devils only die in fun.*
. . . .	. . . .
Solía pensar que el Diablo se escondía	*I used to think the Devil hid*
tras la sonrisa de las mujeres y la parranda del vino.	*In women's smiles and wine's carouse.*
Lo llamaba Satanás, Belcebú.	*I called him Satan, Balzebub.*
Pero ahora lo llamo piojo roñoso.	*But now I call him, dirty louse.*

Otro poema de 1917 emparentado con la estética metafísica. En el siglo XVIII, Samuel Johnson acuñó el término "metafísico", con significado despectivo, para designar a un grupo desagregado de poetas ingleses del siglo XVII, que incluía a John Donne, George Herbert, Andrew Marvell, Henry Vaughn, Richard Crashaw, y otros, cuya poesía utilizaba *conceits*[170], metáforas y símiles desusados y con frecuencia rebuscados. Johnson hallaba en ellos una suerte de *concordia concors*, una combinación de imágenes disímiles o la intención de descubrir semejanzas en cosas aparentemente diferentes. Los poetas metafísicos fueron valorizados por siglos posteriores. En su ensayo *"The Metaphysical Poets"* (1921), T. S. Eliot elogia las características intelectuales y antirrománticas que Johnson y sus contemporáneos criticaban, su capacidad para relacionar ideas heterogéneas y unir el pensamiento y la sensibilidad. *"The Immortals"* es un poema compañero de *"Louse Hunting"* [A caza de piojos] los dos de enero-febrero de 1917 (Silkin, p. 298). Ambos se refieren a los tormentos sufridos por los soldados debido al acoso de los piojos. Ambos no dejan de tener su lado cómico. En estos últimos poemas, Rosenberg encuentra su voz, en que su timbre e impulso irónico mucho le debe a Donne, el metafísico que él descubre luego de los románticos. En *"The Inmortals"* no nombra a los piojos, sus atormentadores. Habla de los Diablos, Satanás y Belcebú, ocultos tras la sonrisa de las mujeres o "la parranda del vino".

---

170   Véase la nota 126 en p. 120.

A la caza de piojos	*Louse Hunting*
Cuerpos desnudos, totalmente desnudos y brillosos,	*Nudes — stark and glistening,*
gritando con lívido júbilo. Rostros con sonrisas que son [muecas	*Yelling in lurid glee. Grinning faces*
y miembros rugientes	*And raging limbs*
que giran sobre el piso como un solo fuego.	*Whirl over the floor one fire.*
Allá, atareado, un soldado	*For a shirt verminously busy*
se arranca de la garganta una camisa verminosa con [palabrotas	*Yon soldier tore from his throat, with oaths*
que harían encogerse a cualquier dios, aunque no a los [piojos.	*Godhead might shrink at, but not the lice.*
Y pronto la camisa arde en las llamas	*And soon the shirt was aflare*
de la vela que encendió cuando nos acostamos.	*Over the candle he'd lit while we lay.*
. . . .	. . . .
Luego todos nos desnudábamos de un salto	*Then we all sprang up and stript*
para la cacería de la verminosa especie.	*To hunt the verminous brood.*
Pronto como una pantomima demoníaca	*Soon like a demons' pantomine*
rugía el lugar.	*The place was raging.*
Véase la fiesta de las siluetas,	*See the silhouettes agape,*
véase la algarabía de las sombras	*See the glibbering shadows*
mezcladas con los batallantes brazos sobre la pared.	*Mixed with the battled arms on the wall.*
Véanse los garganteros dedos como ganchos	*See gargantuan hooked fingers*
hundirse en la suprema piel	*Pluck in supreme flesh*
para tiznar la suprema pequeñez.	*To smutch supreme littleness.*
Véanse los festivos miembros menearse en una acalorada [danza escocesa	*See the merry limbs in hot Highland fling*
porque alguna fenomenal sabandija	*Because some wizard vermin*
arrancó de la calma esta algazara	*Charmed from the quiet this revel*
cuando nuestros oídos a medias se adormecían	*When our ears were half lulled*
con la oscura música	*By the dark music*
sonada por la trompeta de Morfeo.	*Blown from Sleep's trumpet.*

Poema de 1917 compuesto por dos estrofas no rimadas, la primera, de nueve versos; la segunda, de dieciséis. La escena es un dormitorio en un cuartel o barracón y los personajes son soldados que se despiertan, atormentados por los piojos. La voz poética es la de uno de esos soldados, posiblemente el poeta mismo, que describe lo que sucede como una especie de ojo de cámara que enfoca una escena dantesca o una suerte de grotesca pantomima de cuerpos masculinos desnudos, fragmentados: son caras, miembros y garganta, o prendas de vestir, como camisa. Las estrofas consisten en una serie de imágenes visuales, una característica del pintor. En el quinto verso se introduce el epíteto "verminoso" (de *verme*, gusano), aplicado a la progenie de piojos que martirizan a los soldados. En la segunda estrofa la "pantomima demoníaca" es un rugir de demonios. Nuevamente se enfatiza la despersonalización: se habla de siluetas, de sombras, dedos gigantescos, brazos batallantes, suprema piel, miembros que bailan una danza escocesa. A las imágenes visuales se suman las auditivas: gritos, risas, rugidos, música…

La técnica de *"Louse Hunting"* es lo más distante posible de la de los *Georgians* de las antologías de Marsh. De hecho, parece seguir los principios del imaginismo de Ezra Pound[171]: el lenguaje del poema es preciso y cuidado, al punto que se emplea la palabra exacta; hay ausencia de clichés; es notable la creación de ritmo; y las imágenes son visuales, concretas, "duras". Como ejemplo del lenguaje "imaginista" del poema, destacamos el uso de gerundios (*yelling, raging*), que imprimen vértigo y desesperación al cuadro de hombres desesperados por la aflicción. Son también justos los epítetos: "*lurid glee*" [lívido júbilo], "*gibbering shadows*" [farfullantes sombras], "*battled arms*" [batallantes brazos], "*gargantuan hooked fingers*" [garganteros dedos como ganchos].

Existía un boceto, un dibujo de la escena que hizo Rosenberg, inspirado en dos artistas del grotesco, Goya y Daumier, y también de un sábado de brujas. Hay también influencia de tres poemas de Robert Burns, *"Tam O'Shanter"*, *"To a Louse"* [A un piojo] y *"Jolly Beggars"*.

―――――――――――――― /// ――――――――――――――

―――――――
171   Véase en "Edmund Blunden" en la Sección IV, Memorias de guerra.

Al regresar, oímos las alondras

Sombría es la noche.
Y aunque tenemos nuestra vida, conocemos
la siniestra amenaza que allí acecha.

. . . .

Arrastrando estas angustiadas piernas, sabemos tan [solo
que una maldita senda envenenada se abre sobre nuestro [campamento
en un seguro sueño breve.

. . . .

Pero ¡oíd! Qué alegría, qué extraña alegría:
¡Aquí! En las alturas, la noche resuena con alondras [invisibles.
Llueve la música sobre nuestro rostro vuelto hacia [arriba, que escucha.

. . . .

La muerte podría caer desde la oscuridad
tan fácil como el canto,
pero solo caía el canto,
como caen los sueños de un ciego sobre la arena
junto a mareas peligrosas,
como el oscuro cabello de una niña que sueña que allí [no hay peligro,
o como sus besos, que ocultan una serpiente.

Returning, We Hear the Larks

Sombre the night is.
And though we have our lives, we know
What sinister threat lurks there.

. . . .

Dragging these anguished limbs, we only know
This poison-blasted track opens on our camp-
On a little safe sleep.

. . . .

But hark! joy-joy-strange joy.
Lo! heights of night ringing with unseen larks
Music showering on our upturned list'ning faces.

. . . .

Death could drop from the dark
As easily as song-
But song only dropped,
Like a blind man's dreams on the sand
By dangerous tides,
Like a girl's dark hair for she dreams no ruin lies there,
Or her kisses where a serpent hides.

Poema escrito en 1917, que consta de cuatro párrafos poéticos, sin rima. Los tres primeros son tercetos de tres líneas; el último, una estrofa de siete. Presenta un paisaje de guerra y su contraste con el cantar de una bandada de alondras, que pasan volando y momentáneamente traen paz y armonía y, sobre todo, paradójicamente, alegría, "extraña" alegría. Por un instante, el espíritu humano puede elevarse y escuchar música, un verdadero bálsamo en medio de la noche y la amenaza de la guerra. La presencia de las alondras en el poema, y en la guerra, marcan la intrusión del absurdo: están fuera de lugar, igual que las amapolas de "Amanecer en las trincheras". Son mensajeros de belleza y alivio.

Sin embargo, el paso de las alondras es solo un momento, un interludio: se palpa el acecho de una "siniestra amenaza" en la noche sombría. Los soldados, de "angustiosos miembros" extenuados, bien conocen la senda envenenada (por temores y pesadillas) que lleva al alivio momentáneo del sueño, único refugio seguro. El lenguaje mismo de las primeras estrofas enfatiza, en la voz poética, la sorpresa que siente ante el paso de las aves. Su manera de hablar misma expresa sorpresa, que se manifiesta en el uso de guiones, repeticiones y exclamaciones: *"But hark! Joy-joy-strange joy. / Lo!"*.

Por otra parte, hay ausencia de esperanza en los hombres, indicada por la repetición del verbo *know*, usado dos veces: por el momento "tenemos nuestra vida", pero *sabemos* que hay una amenaza siniestra, y solo *sabemos* que la "maldita" senda de esperanza lleva a un "pequeño" sueño seguro.

La guerra no se nombra nunca, posiblemente porque, por un instante, se puede olvidar gracias al canto de las alondras, interludio de paz que ocurre en la estrofa tercera. Las dos primeras se centran en una sensación de amenaza, y la cuarta y última implica una vuelta a la realidad del campo de batalla. De hecho, el final del poema marca el regreso a la terrible realidad bélica, que el canto de las alondras no ha podido borrar. La siniestra estrofa cuarta comienza con la mención de la muerte y la oscuridad. La oscuridad puede *caer* (no elevarse) tan fácilmente como el cantar de las alondras, que también *cae*.

El símil que usa el poeta para la canción es igualmente de oscuridad: la canción cae como los sueños de un ciego sobre la arena, lo que presenta una situación sin perspectivas ni promesas de mejoría. ¿Puede el ciego volver a ver? La canción, enterrada en la arena ¿puede renacer? Hay mareas peligrosas que se llevarán la arena. El segundo símil no es más prometedor: una ilusa muchacha de oscuros cabellos sueña (como ilusa que es) que no hay peligro, pero el peligro está en ella, en sus besos, que esconden una serpiente que puede atacar en cualquier momento.

El basurero de los muertos

Los chapoteantes armones sobre el camino roto
traqueteaban, pesados con su herrumbrada carga
de alambres de púa como coronas de espinas
y estacas como cetros antiguos,
destinada a detener el torrente de hombres bestiales
contra nuestros hermanos queridos.

. . . .

Las ruedas daban bandazos sobre los muertos dispersos
sin hacerlos sufrir, aunque sus huesos crujían;
de su boca cerrada no se escapaban gemidos.
Yacen allí amontonados, amigos y enemigos,
hombres nacidos de mujeres y hombres,
y los proyectiles aúllan sobre ellos
noche tras noche y hasta ahora.

. . . .

La tierra los ha esperado,
todo el tiempo de su crecimiento,
impaciente por su putrefacción:
¡Ahora, por fin son suyos!
En la fuerza de su fuerza
suspendidos, detenidos y sujetos.

. . . .

¿Qué feroces imaginaciones encendieron sus oscuras
[almas?
¡Tierra! ¿Han entrado ya en ti?
A algún lado deben de haber ido
y en tu duro lomo vertido
la bolsa de su alma,
vaciada de las esencias ancestrales de Dios.
¿Quién las arrojó? ¿Quién lo hizo?

. . . .

Nadie vio la sombra del espíritu agitar el pasto,
ni se hizo a un lado para que la vida a medio usar se fuera
por los condenados orificios nasales y la condenada boca,
cuando la veloz y ardiente abeja de hierro
drenó la miel salvaje de su juventud.

. . . .

¿Qué hay de nosotros que, arrojados a la crepitante pira
caminamos, con nuestros habituales pensamientos
[intocados,
nuestros afortunados miembros como si de icor se
[alimentaran,
al parecer para siempre inmortales?

Dead Man's Dump

The plunging limbers over the shattered track
Racketed with their rusty freight,
Stuck out like many crowns of thorns,
And the rusty stakes like sceptres old
To stay the flood of brutish men
Upon our brothers dear.

. . . .

The wheels lurched over sprawled dead
But pained them not, though their bones crunched,
Their shut mouths made no moan.
They lie there huddled, friend and foeman,
Man born of man, and born of woman,
And shells go crying over them
From night till night and now.

. . . .

Earth has waited for them,
All the time of their growth
Fretting for their decay:
Now she has them at last!
In the strength of their strength
Suspended–stopped and held.

. . . .

What fierce imaginings their dark souls lit?

Earth! have they gone into you!
Somewhere they must have gone,
And flung on your hard back
Is their soul's sack
Emptied of God-ancestralled essences.
Who hurled them out? Who hurled?

. . . .

None saw their spirits' shadow shake the grass,
Or stood aside for the half used life to pass
Out of those doomed nostrils and the doomed mouth,
When the swift iron burning bee
Drained the wild honey of their youth.

. . . .

What of us who, flung on the shrieking pyre,
Walk, our usual thoughts untouched,

Our lucky limbs as on ichor fed,

Immortal seeming ever?

Quizá cuando las llamas nos azoten con furia,	*Perhaps when the flames beat loud on us,*
el temor nos sofoque las venas	*A fear may choke in our veins*
y la sobresaltada sangre se detenga.	*And the startled blood may stop.*
. . . .	. . . .
El aire resuena a muerte,	*The air is loud with death,*
el oscuro aire se arrebata de fuego,	*The dark air spurts with fire,*
son incesantes las explosiones.	*The explosions ceaseless are.*
Fuera del tiempo ahora, hace algunos minutos,	*Timelessly now, some minutes past,*
estos muertos andaban a trancos por el tiempo con [vigorosa vida	*Those dead strode time with vigorous life,*
hasta que la metralla dio la orden de "¡Basta!".	*Till the shrapnel called 'An end!'*
Aunque no para todos. Con sangrantes punzadas	*But not to all. In bleeding pangs*
algunos, llevados en camilla, soñaban con su hogar,	*Some borne on stretchers dreamed of home,*
con cosas queridas, que la guerra de su corazón borraba.	*Dear things, war-blotted from their hearts.*
. . . .	. . . .
¡Maníaca tierra! Que aúllas y corres, con el vientre	*Maniac Earth! howling and flying, your bowel*
chamuscado por el dentado fuego, el amor de hierro,	*Seared by the jagged fire, the iron love,*
la impetuosa tormenta del salvaje amor.	*The impetuous storm of savage love.*
¡Oscura tierra! ¡Oscuros Cielos! Que en humo químico [se columpian,	*Dark Earth! dark Heavens! swinging in chemic smoke,*
¿Qué muertos nacen cuando besáis cada alma silente	*What dead are born when you kiss each soundless soul*
con relámpagos y truenos desde vuestro minado [corazón,	*With lightning and thunder from your mined heart,*
que el ser del hombre ahondó y cuyos ciegos dedos [libertaron?	*Which man's self dug, and his blind fingers loosed?*
. . . .	. . . .
Los sesos de un hombre salpicaron	*A man's brains splattered on*
la cara de un camillero;	*A stretcher-bearer's face;*
sus agitados hombros se desprendieron de su carga,	*His shook shoulders slipped their load,*
pero cuando se inclinaron para volver a mirar,	*But when they bent to look again*
el alma agonizante ya estaba demasiado hundida	*The drowning soul was sunk too deep*
para toda ternura humana.	*For human tenderness.*
. . . .	. . . .
Dejaron este muerto con los otros muertos,	*They left this dead with the older dead,*
tendido en el cruce de caminos.	*Stretched at the cross roads.*
. . . .	. . . .
Ennegrecidas por extraña descomposición	*Burnt black by strange decay*
yacen sus siniestras caras,	*Their sinister faces lie,*
los párpados sobre los ojos,	*The lid over each eye,*
el pasto y la colorada arcilla	*The grass and coloured clay*
con más movimientos que ellos,	*More motion have than they,*
unidos a los grandes silencios enterrados.	*Joined to the great sunk silences.*
. . . .	. . . .
Aquí hay uno que murió no hace mucho;	*Here is one not long dead;*
su oscuro oído captó nuestras ruedas desde lejos,	*His dark hearing caught our far wheels,*
y el alma asfixiada extendió las dos débiles manos	*And the choked soul stretched weak hands*

para alcanzar la palabra viva que las lejanas ruedas [anunciaban;	To reach the living word the far wheels said,
la inteligencia, embotada por la sangre, se agitaba para [alcanzar la luz,	The blood-dazed intelligence beating for light,
gritaba a través de la ansiedad de las torturantes ruedas [a lo lejos,	Crying through the suspense of the far torturing wheels
deseando que el extremo se rompiera,	Swift for the end to break
o que las ruedas se rompieran,	Or the wheels to break,
gritando mientras la marea del mundo ante sus ojos se [rompía:	Cried as the tide of the world broke over his sight.
. . . .	. . . .
"¿Vendrán? ¿Vendrán alguna vez?"	Will they come? Will they ever come?
Incluso cuando los cascos de las mulas,	Even as the mixed hoofs of the mules,
las mulas de temblorosas panzas	The quivering-bellied mules,
y las ruedas que avanzaban se mezclaban	And the rushing wheels all mixed
con la torturada visión del moribundo, vuelta hacia [arriba.	With his tortured upturned sight.
Así tomamos la curva con estrépito,	So we crashed round the bend,
oímos el alarido débil,	We heard his weak scream,
oímos su último sonido,	We heard his very last sound,
y nuestras ruedas rozaron su cara muerta.	And our wheels grazed his dead face.

Este poema, la obra maestra de Rosenberg, es considerado uno de los mejores escritos sobre la Gran Guerra.

En su biografía de Rosenberg, Joseph Cohen cita unos párrafos que echan luz sobre la situación descripta en *Dead Man's Dump*. Provienen de *History of the 40th. Division*, la división que peleó en el Somme y a la que pertenecía Rosenberg:

> ...El transporte era una verdadera pesadilla. Todas las provisiones de municiones, agua, raciones, ropa, etc. se hacían en carros tirados por mulas, ya que el barro, que en gran parte del trecho a recorrer llegaba a la cintura, hacía imposible el uso de vehículos. A la noche, un convoy de alrededor de ochenta animales llegaba a un batallón. Aunque la distancia total a cubrir desde el batallón al frente era de unas pocas millas, el viaje duraba entre doce y quince horas. [...] Debido a que el suelo había sido bombardeado constantemente durante la ofensiva del Somme, estaba lleno de embudos de explosión, desde hacía mucho llenos de fango; cuando un animal u hombre se caía, era extremadamente difícil extraerlo vivo... Pronto se hizo evidente que para la mayoría de los hombres era físicamente imposible continuar con este violento esfuerzo nocturno, por lo que había que procurarse refuerzos, para poder darles el descanso de una noche cada tres. (Cohen, p. 208).

Rosenberg se basa en su experiencia directa. A fines de febrero de 1917, fue reasignado a la Compañía de Campo 229, de *Royal Engineers* [Ingenieros Reales], unidad en la que permanecería hasta que fue de licencia a su casa en septiembre de ese año. Este destino lo aliviaba de desempeñar tareas en las trincheras, pero por la noche lo exponía a los peligros de la Tierra de Nadie. Su trabajo era ayudar a llevar hasta el frente, de noche, cargas de alambre de púa en carros con armones tirados por mulas, con el fin de reforzar las barricadas de alambre en las áreas de las líneas del frente. Los carros, que se desplazaban en la oscuridad, muchas veces pasaban por encima y aplastaban los cuerpos insepultos de soldados muertos. Era un trabajo duro, sucio, pesadillesco, que se llevaba a cabo bajo las peores condiciones imaginables (Cohen, p. 160).

El testimonio de una carta escrita a Edward Marsh, fechada el 8 de mayo de 1917, nos dice que ya la composición de *"Dead Man's Dump"* estaba bastante adelantada. En esa ocasión, Rosenberg escribe:

> Estamos acampando en los bosques ahora y pasamos la gran vida. Mis pies casi se han sanado y mi lista de quejas ha disminuido casi hasta la invisibilidad. He escrito algunas líneas sugeridas por los viajes en que transportamos alambre de púa en armones, aplastando cadáveres que yacen aquí y allá. No creo que lo que he escrito sea muy bueno, pero sí que la sustancia lo es, y cuando lo trabaje lo mejoraré. (En Liddiard, p. 218).

Hay otra carta de junio, a Gordon Bottomley, donde le dice que está a punto de completarlo.

Se trata de un poema descriptivo que presenta la Tierra de Nadie después de la batalla, sembrada de cadáveres a medio enterrar y de algunos heridos agonizantes, que asoman la cabeza entre el fango y la suciedad. De hecho, es un vaciadero de desperdicios humanos, una metáfora de la matanza bélica indiscriminada, un triunfo de la muerte. Unos carros con armones[172] tirados por mulas, cruzan el campo a toda velocidad, con la misión específica de llevar alambres de púa a ciertas áreas del frente. Al mismo tiempo, buscan heridos sobrevivientes, de los que hay muy pocos. Aplastan los muertos con las ruedas, haciendo crujir los huesos de los cadáveres. El poema está narrado desde la perspectiva del ocupante de un carro, que, además de describir la escena, hace comentarios y da voz a sus sentimientos.

"Dead Man's Dump" es de un realismo espeluznante, que no ahorra detalles truculentos: presenta con crudeza el horror de la guerra. Son algunos ejemplos: *"The wheels lurched over sprawled dead"* [Las ruedas daban bandazos sobre los muertos dispersos];

---

[172] Armón: juego delantero de la cureña de campaña, con el cual se completa un carruaje de cuatro ruedas. Se separa cuando la pieza ha de hacer fuego (DRAE).

"A man's brains splattered on / A stretcher-bearer's face" [Los sesos de un hombre salpicaron / la cara de un camillero]; *"Burnt black by strange decay / Their sinister faces lie"* [Ennegrecidas por extraña descomposición / yacen sus siniestras caras].

El poema se compone de trece estrofas de extensión irregular; la mayoría tiene seis, siete o nueve líneas, aunque hay una de solo dos (la décima) y otra de cinco (la quinta). Si bien no es rimado, hace uso esporádico de rima consonante: *"back/sack"* (estrofa 4ª); *"grass/pass"* (estrofa 5ª); *"decay/clay/they; lie/dye"* (11ª); *"dead/said"* (12ª); o asonante (imperfecta o pararrima): *"mouth/youth"* (estrofa 5ª). Está caracterizado por verbos de movimiento (*"plunged"*, *"racketed"*, *"lurched"*) y gran cantidad de adjetivos descriptivos, muchos usados metafóricamente: *"lucky limbs"*, *"startled blood"* (estrofa 6ª), *"sunk silences"* (11ª), *"choked soul"* (12ª). Se utiliza personificación: *"shells go crying"* (estrofa 2ª), *"earth has waited... fretting for their decay"* (3ª), *"the shrapnel called: An end!"* (7ª), *"Maniac Earth! Howling and flying, your bowel..."* (8ª), *"torturing wheels"* (12ª), *"the wheels said"* (12ª), *"tortured... sight"* (13ª). Asimismo, hay repetición de palabras, lo que contribuye a enfatizar la atmósfera obsesiva: *"from night till night; in the strength of their strength"* (2ª), *"doomed"* (5ª), *"this dead with the older dead"* (19ª), *"wheels"* (usada tres veces en la estrofa 12ª), *"break"* (repetida en la misma estrofa).

Entre otras características del verso, encontramos el uso de la pregunta retórica. En la cuarta estrofa hay tres ejemplos; en la sexta: *"What of us...?"*; en la octava una pregunta retórica ocupa los tres últimos versos: *"What dead are born... / blind fingers loosed?"*. En la décimo tercera, *"Will they come?"* se repite con énfasis. También hay exclamaciones: *"Earth!..."* (4ª), *"Maniac Earth!"* (8ª), *"Dark Earth! Dark Heavens!"* (8ª). El recurso de aliteración se usa en la cuarta estrofa: *"soul's sack"*; en la quinta: *"shadow/shake"*, *"burning bee"*; en la octava, *"soundless soul"*; en la novena, *"shook shoulders"*. Por último, no escasean las metáforas: *"wild honey of their youth"* (5ª), *"half used life"* (5ª), *"these dead strode time with vigorous life"* (7ª), *"iron life"*; *"mined heart"* (8ª).

Estrofa 1: El poema comienza con la mención del carro que lleva como carga rollos de alambre de púa, metaforizados como "coronas de espinas", que son las del dolor de Jesucristo en la crucifixión. Por extensión, aluden al sufrimiento de los soldados en el Frente.

l.2: *"The rusty stakes like sceptres old"*: Los armones llevan también herrumbradas estacas como "cetros antiguos", para sostener el alambre de púa e intentar formar una alambrada capaz de detener el avance del enemigo.

Estrofa 2. l.10: *"Friend and foeman"* [amigos y enemigos]. Los muertos de la Tierra de Nadie son tanto aliados (británicos y franceses) como alemanes, lo que recuerda el cosmopolitismo de la rata del poema *"Break of Day in the Trenches"*, que se mueve indistintamente entre uno y otro bando.

ll.12-13: *"Shells go crying over them / From night till night and now"* [Los proyectiles aúllan sobre ellos / noche tras noche y hasta ahora]. Hay aquí personificación (*shells go crying*). La repetición de "noche" enfatiza lo interminable del tormento.

Estrofa 3. l.14: *"Earth has waited for them..."* [La tierra los ha esperado] es otro ejemplo de personificación. La tierra ha esperado a sus muertos: el hombre nace para morir. La Tierra es aquí una diosa maligna. Inquieta por la demora, por fin tiene a sus muertos, que ha reclamado, aguardando su deterioro ("*fretting for their decay*" [impaciente por su putrefacción]).

ll.18-19: *"In the strength of their strength / Suspended—stopped and held"* [En la fuerza de su fuerza / suspendidos, detenidos y sujeto]. La tierra tiene a sus hombres en el poderío de su vigor (otro uso de la repetición). "Suspendidos", etc. Posiblemente cayeron sobre el alambre de púa de la trinchera, y allí murieron.

Estrofa 4. l.20: *"Hard back"* [En tu duro lomo]. Los cuerpos de los muertos yacen en el "duro lomo" de la tierra, aun sin enterrar o hundirse.

l.24: *"Their soul's sack"* [la bolsa de su alma]. Posiblemente el cuerpo, que aloja al alma, como sugiere Silkin (p. 288).

l.25: *"Emptied of God-ancestralled essences"* [Vaciadas de las esencias ancestrales de Dios]. Sin las esencias espirituales creadas por Dios solo queda lo material, la bolsa del cuerpo.

l.26: *"Who hurled them out? Who hurled?"* [¿Quién las arrojó? ¿Quién lo hizo?]. ¿Quién fue el que arrojó las almas, separándolas del cuerpo?

Estrofa 5. l.27: *"None saw the spirits's shadow shake the grass"* [Nadie vio la sombra del espíritu agitar el pasto]. El uso de la aliteración y de los sibilantes destaca el misterioso momento de la muerte, el silencioso desprenderse del alma del cuerpo.

Esta estrofa es posiblemente uno de los grandes triunfos poéticos de Rosenberg. *"The half used life"* [la vida a medio usar] expresa con dolor la prematura muerte de tantos hombres, cuando les quedaba la mitad de la vida por vivir.

ll.30-31: *"When the swift iron burning bee / Drained the wild honey of their youth"* [La veloz y ardiente abeja de hierro / drenó la miel salvaje de su juventud]. Excelsa metáfora: la muerte es como una abeja que drena la miel de la vida.

Estrofa 6. l.32: *"What of us who, flung on the shrieking pyre..."* [¿Qué hay de nosotros que, arrojados a la crepitante pira...]. La voz poética vuelve la mirada a los sobrevivientes, que se queman en la pira de sacrificio que es la guerra.

l.34: *"On ichor fed"* [alimentados de icor]. En el mito clásico, *icor* es el dorado y etéreo fluido en la sangre de los dioses e inmortales. Un ejemplo de ironía aplicado a los soldados, como se ve en los versos finales de la estrofa, que se refiere a la muerte de los soldados y a su *"startled blood"* (sobresaltada sangre) cuando se sienten paralizados de terror.

Estrofa 7: Hay un vuelo lírico en esta estrofa, que cambia el ritmo en los primeros versos, usa repeticiones (*"air"*), e inversiones gramaticales (*"The explosions ceaseless are"* [Son incesantes las explosiones] y oposición vida-muerte. Presenta a la muerte como reina en el campo de batalla. Se lleva a muchos. Los que quedan, tendidos en camillas, sueñan con el hogar y la paz.

Estrofa 8: Con la invocación a la Tierra, "maníaca" y "oscura" hay en el poema un cambio de tiempo y asunto. La estrofa anterior ha concluido con una nota de ternura. La nueva estrofa es impetuosa, comparable a la tormenta del amor salvaje de la tierra por sus huéspedes. Esta estrofa es denunciatoria: el apareamiento de la Tierra y los Cielos brama con la guerra, su humo y su fuego, sus rayos y truenos.

Estrofa 9: Un nuevo giro, y una vuelta al duro realismo. Esta vez un camillero trata de socorrer a un soldado herido, posiblemente alzarlo a la camilla, cuando su cara es salpicada por los sesos del herido. El "alma agonizante" ya estaba "demasiado hundida".

Estrofa 10: Brevísima estrofa de tan solo dos versos. Dejan al muerto con los otros muertos, en el cruce de caminos, que aquí conducen todos a la muerte.

Estrofa 11: Horrenda descripción del campo de la muerte; l.68. "*Sunk silences*" [silencios enterrados] sugiere el silencio de la tierra, pero también el silencio y la ausencia del espacio que llenaban los soldados cuando vivos. También sugiere los espacios en la tierra que llenan ahora de muertos (Silkin, p. 287).

Estrofa 12: Uno de los soldados vive aún, y se aferra a la vida. Parece rogar que lo salven.

Estrofa 13: El agonizante clama por que se apuren a socorrerlo. Los del carro lo oyen, pero es demasiado tarde para detenerse. Las ruedas le aplastan la cara.

ll.84-85: "*We heard his weak scream, / We heard his very last sound*" [Oímos el alarido débil / oímos su último sonido]. El recurso de la repetición de la anáfora dramatiza la impotencia ante la muerte. El último verso, de trágico realismo, es como el broche de oro del horror y el patetismo de un poema de fuerte denuncia contra la guerra y la deshumanización.

En estos días pálidos y fríos

En estos días pálidos y fríos
qué rostros oscuros arden
desde hace tres mil años,
cuyos ojos vehementes anhelan,

. . . .

mientras debajo de las cejas
como expósito su espíritu busca a tientas
los estanques de Hebrón otra vez,
la colina del Líbano en verano.

. . . .

Dejan estos rubios días tranquilos
en el polvo tras su paso;
ven con vivos ojos
cuánto hace que están muertos.

Through These Pale Cold Days

*Through these pale cold days
What dark faces burn
Out of three thousand years,
And their wild eyes yearn,*

. . . .

*While underneath their brows
Like waifs their spirits grope
For the pools of Hebron again
For Lebanon's summer slope.*

. . . .

*They leave these blond still days
In dust behind their tread
They see with living eyes
How long they have been dead.*

En este último poema escrito desde el frente, en los fríos días sin sol de marzo de 1918, cuando aún no se había ido el invierno ni llegado la primavera, Isaac Rosenberg rememora a sus ancestros judíos. Imagina sus rostros morenos y ve en sus ojos el anhelo por regresar a su añorada Palestina. Imagina la nostalgia que sienten por volver a ver Hebrón, con sus *uadis* (arroyadas) y la colina del Líbano. Rosenberg era también un exiliado, preso en Francia, un país extranjero, y es posible que en este poema exprese su nostalgia del terruño. Durante un año había tratado de que lo transfirieran al Batallón Judío (los *"Judains"*), que en ese momento servía en Egipto y Palestina, pero sin suerte. El Batallón o Legión de los *Judains*, formado por voluntarios, había sido fundado durante la Gran Guerra por Vladimir Jabotinsky (1880-1940), un ruso nacido en Odesa y afincado en Inglaterra, líder sionista y escritor, que luchaba por el regreso de los judíos a Palestina, la Tierra Prometida, que consideraba una necesidad histórica[173]. Jabotinsky es autor de *The Story of the Jewish Legion* (New York, 1945).

Hebrón, en Cisjordania, (la palabra "Hebrón" deriva de "amigo") es el sitio de la comunidad judía más antigua del mundo, que se remonta a los tiempos bíblicos. Allí está la Tumba de los Patriarcas, sitio sagrado para el judaísmo, el cristianismo y el Islam. Según el Génesis, es una caverna (llamada de Macpelah) que compró Abraham para enterrar a su esposa, Sara. Se cree que allí están enterrados también Abraham, Isaac, Rebeca, Jacob y Lea[174].

Observa Joseph Cohen que el frío mencionado en el poema se equipara a la incomodidad, la intolerancia, la amenaza de destrucción física y la muerte del espíritu; se opone al calor desértico del verano del Líbano, que connota comodidad, amistad, comprensión, seguridad y triunfo del espíritu. El deseo de Rosenberg de unirse a los *Judains* se corresponde con el deseo de sus ancestros de recobrar Palestina, tierra de leche y miel. El poema es pesimista, aunque resignado (Cohen, pp. 2-3).

Rosenberg envió *"Through These Pale Cold Days"* a Edward Marsh en una carta, en que le decía:

> Es en realidad la suerte de haber podido hacerme de un pedazo de vela de una pulgada lo que me incita a escribir esta breve epístola. Debo medir mi carta con el tiempo de la luz... No he oído nada del Batallón Judío y por supuesto eso me molesta,

---

173 [http://es.wikipedia.org/wiki/Zeev_Jabolinsky].

174 [http://es.wikipedia.org/wiki/Hebr%C3%B3n].

más todavía porque no me han dado ninguna razón, pero cuando deje las trincheras averiguaré más... Quería escribir una canción de batalla para los *Judains*, pero no se me ocurre nada fuerte y maravilloso todavía. Aquí le envío una pequeña cosa [el poema].

No he visto nada de poesía durante una eternidad, de modo que no debe usted ser demasiado crítico. Mi vocabulario, de por sí escaso, está ahora empobrecido y desnudo. (En Liddiard, p. 246).

La carta a Marsh está fechada 28 de marzo de 1918. Rosenberg fue muerto el 1° de abril, cuatro días después.

Bibliografía

— Poesía y poetas —

Blunden, Edmund. *Undertones of War*. London, New York, Toronto: Oxford University Press, 1956.

——— Editor. *The Poems of Wilfrid Owen*. Edited with a Memoir and Notes by Edmund Blunden. London: Chatto & Windus, 1955.

Brooke, Rupert. *The Complete Poems*. London: Sidgwick & Jackson Limited, 1932, 1945.

Buckman, Peter, and William Fifield. "Interview with Robert Graves", 1969. *Writers at Work. The Paris Interviews*. 4th Series. Harmondsworth, Middlesex: Penguin Books, 1976.

Campbell, Patrick. *Siegfried Sassoon. A Study of the War Poetry*. Jefferson, North Carolina, and London: McFarland & Company, Inc, Publishers.

Graves, Robert. *Poetic Unreason*, New York: Biblo and Tannen Booksellers and Publishers, 1925; reimpreso en 1968 (http://books.google.com.ar).

———*The White Goddess*. London: Faber & Faber, 1948.

——— *The Common Asphodel: Collected Essays on Poetry 1922-1949*. London: 1949.

——— *The Crowning Privilege. The Clark Lectures, 1954-1955*. London: Cassell & Co, 1955; Harmondsworth, Middlesex: Penguin Books, 1959.

——— *The Greek Myths*. 2 vls. London: Penguin, 1955.

———*Goodbye to All That*. Harmondsworth, Middlesex, England: Penguin Books, 1957, 1960.

———*Poems Selected by Himself*. Harmondsworth, Middlesex: Penguin Books, 1957.

Graves, Robert & Laura Riding. *A Pamphlet against Anthologies*. London: Jonathan Cape, 1927.

——— *A Survey of Modernist Poetry*. London: William Heinemann Ltd, 1929.

Graves, Robert & Alan Hodge. *The Long Weekend. A Social History of Great Britain, 1918-1939*. London: Faber and Faber Limited, 1940; London: Four Squares, 1961, 1965.

Graves, Robert & Omar Ali-Shah. *The Rubaiyyat of Omar Khayyam*. London: Cassell, 1967.

Hynes, Samuel. *A War Imagined: The First World War and English Culture*. New York: Athenaeum, 1991.

Lehmann, John. *The English Poets of the First World War*. London: Thames and Hudson, 1982.

Montezanti, Miguel Ángel, Amanda Belamina Zamuner, Cristina Andrea Featherstone y Sandra Faviana Datko. *Extraño encuentro: La poesía de Wilfred Owen*. La Plata: Universidad Nacional de La Plata, 2000.

Reilly, Catherine. *Scars Upon My Heart: Women's Poetry of the First World War*. London: Virago, 1981

Sassoon, Siegfried. *Poems Newly Selected 1916-1935*. London: Faber and Faber, 1941, 1948.

——— *Siegfried's Journey: 1916-1920*. London: Faber & Faber, 1946.

———*Sherston's Progress*. Harmondsworth, Middlesex: Penguin Books, 1936, 1948.

———— *The War Poems of Siegfried Sassoon.* LaVergne, USA: Merchant Books, 2009.

———— *Siegfried Sassoon. The War Poems.* Arranged and Introduced by Rupert Hart-Davis. London: Faber & Faber, 1983.

Schmidt, Michael. *An Introduction to 50 Modern British Poets.* London: Pan Books Ltd., 1979.

Silkin, Jon. *Out of Battle. The Poetry of the Great War.* London and New York: Routledge and Kegan Paul, 1972, 1987.

Sillars, Stuart. *Fields of Agony: British Poetry of the First World War*, Tirril: Humanities-Ebooks, 2007.

Stallworthy, Jon. *The Oxford Book of War Poetry.* Oxford: Oxford University Press, 1984, 2008.

———— Editor. *The Poems of Wilfred Owen.* New York. London. W. W. Norton, 1963 & 1983.

———— *Wilfrid Owen.* A Biography. Oxford: Oxford University Press, 1977.

Thorpe, Michael. *Siegfried Sassoon: A Critical Study.* London: Oxford University Press, 1966.

Walter, George, ed. *The Penguin Book of First World War Poetry.* London: Penguin Books, 2004.

Ward, Candice, ed. *World War One British Poets. Brooke, Owen, Sassoon, Rosenberg and Others.* Mineola, New York: Dover Thrift Editions, 1997.

Welland, D. S. R., *Wilfrid Owen. A Critical Study.* London: Chatto & Windus, 1960.

— Trasfondo literario —

De Sola Pinto, Vivian. *Crisis in English Poetry 1880-1940.* London: Hutchinson University Library, 1951, 1958.

Fussell, Paul. *The Great War and Modern Memory.* Oxford, New York: Oxford University Press, 1975, 2000.

Jarrell, Randall. *Poetry of the Age.* New York: Vintage, 1953, 1955 (Nota sobre Robert Graves).

Reid, Alastair. "Remembering Robert Graves". *The New Yorker*, septiembre 4 de 1995.

Wilson, Jean Moorcroft. *Isaac Rosenberg. The Making of a Great War Poet. A New Life.* London: Orion Books Ltd., 2008.

———— *Siegfried Sassoon: The Journey from the Trenches. A Biography (1918-1967).* London: Gerald Duckworth and Co., Ltd, 2203.

Winn, James Anderson. *The Poetry of War.* Cambridge: Cambridge University Press, 2008.

— Trasfondo histórico-político —

Clausewitz, Karl Von. *De la Guerra.* Tr. Francisco Moglia. Buenos Aires: Distal, 2003.

Ferrell, Robert H, General Editor. *The Twentieth Century Almanac.* New York: World Almanac Publications, 1985.

Hochschild, Adam. *To End All Wars. A Story of Loyalty and Rebellion, 1914-1918.* New York: Houghton Mifflin Harcourt, 2011.

Lewis, Wyndham. *Blasting and Bombardiering.* London: Eyre & Spottiswoods, 1937.

Montgomery, D. H. *The Leading Facts of English History.* Boston, New York, London: Ginn and Company, 1949.

Morris, Richard B and Graham W. Irwin. *Harper Encyclopedia of the Modern World.* New York, Evanston, and London: Harper & Row, Publishers, 1970 (citada como Harper).

Trevelyan, George Macaulay. *A Shortened History of England.* Harmondsworth: Penguin, 1942, 1978.

Tuchman, Barbara W. *The Guns of War.* New York: Ballantine Books, 1962, 2004.

— Otros —

Ellmann, Richard and Robert O' Clair, editors. *The Norton Anthology of Modern Poetry*. New York: W. W. Norton & Company, Inc., 1973.

Forster, E.M. "Virginia Woolf", 1941. En *Two Cheers for Democracy*. Harmondsworth: Penguin, 1951, 1974.

Partridge, Eric. *A Dictionary of Slang and Unconventional English*. New York: The Macmillan Company, 1937. Seventh Edition, 1970.

Woolf, Virginia. *Three Guineas*. London, New York, San Diego: Harcourt Brace & Company, 1938, 1966.

www.ingramcontent.com/pod-product-compliance
Lightning Source LLC
Chambersburg PA
CBHW030853170426
43193CB00009BA/587